本书得到江汉大学、江汉大学人文社科学科创新基地、江汉大学武汉语言文化研究中心的学术著作出版资助

汉语反义复合词形成演变的认知研究

曾 丹 ◎ 著

中国社会科学出版社

图书在版编目（CIP）数据

汉语反义复合词形成演变的认知研究 / 曾丹著 . —北京：中国社会
科学出版社，2019.7
ISBN 978-7-5203-5359-5

Ⅰ. ①汉…　Ⅱ. ①曾…　Ⅲ. ①汉语—复合词—研究　Ⅳ. ①H146.1

中国版本图书馆 CIP 数据核字（2019）第 230535 号

出 版 人	赵剑英
责任编辑	任　明
责任校对	刘　娟
责任印制	郝美娜

出　　版	中国社会科学出版社
社　　址	北京鼓楼西大街甲 158 号
邮　　编	100720
网　　址	http：//www.csspw.cn
发 行 部	010-84083685
门 市 部	010-84029450
经　　销	新华书店及其他书店

印刷装订	北京君升印刷有限公司
版　　次	2019 年 7 月第 1 版
印　　次	2019 年 7 月第 1 次印刷

开　　本	710×1000　1/16
印　　张	15.25
插　　页	2
字　　数	242 千字
定　　价	85.00 元

目　　录

导　论

反义复合词是指由两个意义相反或相对的单音节语素构成的并列式复合词。对于此类词语，学界目前有着不同的称谓。杨伯峻（1984）、杨吉春（2007）称之为"反义复词"，刘才秀（1987）称之为"反义合成词"，陈伟武（1989）、束定芳（2008）称之为"反义复合词"，谭达人（1989）称之为"反义相成词"，戴惠本（1993）称之为"对立词"，兰玉英（1998）称之为"反义连文词语"，魏达纯（1998）称之为"反义语素合成词"。虽然称谓不一，但大多强调了此类词语构成语素之间的意义关系和语法特征。意义关系主要体现为反义对立，语法特征则主要体现为"词根+词根"的复合型组合模式。"反义复合词"较为明晰地突出了这两点，因此本书以此作为该类词语的称谓。

我们知道，反义词表示的是相反或相对的意义，突出的是事物具有的对立特征，而当两个长期连用的反义词词汇化为反义复合词之后，它所突出的便不再是对立特征，而是事物内在的统一性。与同义复合词相比，它词汇化的难度更大，需要"在功能上发生转类，在意义上转指包容对立两极的上位概念"（董秀芳，2011：116）。反义复合词的这种构词方式相当特别，值得我们关注。

反义复合词存在于世界多种语言之中，如汉语、英语、德语、俄语、阿拉伯语、日语、韩语、越南语、壮语等。研究它，具有普遍意义。系统梳理反义复合词的历时演变过程，探讨其结构特点、演变机制、内在动因和认知理据，将有利于汉语词汇研究、语言类型研究的深入和拓展。

一　反义复合词的界定

反义复合词的界定主要涉及两个方面的问题：①反义关系的确立；②词与词组的区分。

（一）反义关系的确立

对于如何判定反义词的问题，学界多有讨论。蒋绍愚（2005：129）认为可将反义关系分为三类：互补、极性对立和反向。可用下列图示表示：

图 0-1　三类反义关系

蒋绍愚（2005：130）指出，反义词并不是两个词的意义毫不相干，而是同中有异。"同"是构成反义词的基础。从义素分析的角度来看，A、B 两个词如果中心义素和一部分限定义素相同，只有一个义素不同，而 A、B 两词不同的义素，或是互补，或是极性对立，或是反向，那么，A、B 两词是反义词，否则就不是。

本书在对反义关系进行甄别时，主要参考蒋绍愚的观点。

（二）词与词组的区分

词与词组的区分，是一个比较麻烦的问题。虽然有不少学者就此展开过讨论，但始终没有找到能将两者完全区分开来的判别标准。目前所提出的一些方法和标准都只对部分词语有效，不能涵盖所有的情况。下面，笔者将对现有的判别标准作简要介绍。

王力（1985：10）提出，"咱们若要辨别双音词，最好的办法就是试把一个字插进那原来的两个字的中间。假使可以插进一个字，仍旧有可能说，就不能认为双音词"。插入法能在一定程度上区分词与词组，但也存在局限性，对于那些可作有限扩展的离合词，它就无能为力了。

黄月圆（1995）指出，在一般情况下，复合词的语音、语义和语法上都有别于短语。语音上，复合词的重音不同于短语。不过，汉语不存在这方面的差别。语义上，复合词语义专门化。语法上，复合词的组成部分不可分离。具体表现为：①词的组成部分不能受修饰语的修饰；②词的中间不能插入其他成分；③词的组成部分不能并列。但是，这些标准不能作为普遍原则来划分复合词和短语，因为它们都存在例外。

　　郭锐（2002：32—34）认为，词有两个基本特征：备用性和独立运用性（单说或与别的成分发生临时组合）。可以从这两个特征出发区分词和词组。从备用性看，词是作为备件放在词库中的。句子和词组是无限的，而作为备用单位的词则是有限的。词的有限性体现在两个方面：数量有限，长度有限。因此可以根据词的有限性来区分词和词组。从独立运用性来看，总的原则是：作为独立运用的单位，词与词的组合规则和语素与语素的组合规则有所不同，可以根据两者的差异来切分词。可以从搭配规则、扩展和整体功能这三方面来区分词和词组。以上标准虽然能在一定程度上对词进行划分，但仍然存在不够完备的地方。有限性是一个较为模糊的概念，在实际操作中很难确定具体的标准。而独立运用性主要侧重的仍是词的语法功能，在划分时同样存在例外的情况。

　　由于汉语中的词是由词组发展而来的，两者之间存在着一定的联系，很难截然分开。另外，古代汉语和现代汉语在复合词判定方面也存在一定的差异，适用于现代汉语的方法可能不一定适用于古代汉语。因此，笔者在研究时会根据反义复合词的实际情况和个性特征，参考前人所提出的标准来对词和词组进行区分。具体而言，就是语法和语义相结合的标准。语法上，主要采用插入法，考察该结构是否能够扩展。不能扩展的是词，能扩展的则是词组。语义上，主要考察构成成分间的意义是否融合或发生改变。发生了融合或改变的，视为词。反之，则视为词组。以"好歹"为例，从语法上看，如果其构成成分之间不能插入连词"和"进行扩展，那么它已凝固成词，反之则尚处于词组阶段。从语义上看，如果"好歹"的意义不是构成成分意义的简单相加，而是发生了进一步的融合或改变，那么它已发展为词，反之则判定它为词组。

二　反义复合词的研究现状

　　反义复合词是并列式复合词中较为特殊的一类。近年来，它越来越受到学界的关注。目前的研究主要侧重于汉语的反义复合，也有少量关于其他语言的研究。

（一）汉语反义复合词研究

　　前辈时贤对汉语反义复合词的探讨涉及宏观和微观两个方面。宏观上，分析了该类词语的语法特点、语义特点、产生时间及原因、发展演变及内在机制、与其他语言的异同关系等问题。微观上，或选取某个（类）反义复合词展开深入探究，或以某本专书为范围进行分析统计。

1. 宏观研究

（1）反义复合词的语法特点

从组合关系上看，反义复合词是由两个反义语素并列组合而成。两个语素排序的先后问题引起了学者们的关注。大部分学者都认为该类词语的内部排序受到义序和调序规律的影响，但在义序、调序的作用大小方面存在争议。谭达人（1989）对 371 个反义复合词进行了统计分析，指出调序的力量要大于义序。张谦（2006）、杨吉春（2007：79）也采用数据统计的方法分别考察了 298 个和 326 个反义复合词的义序、普通话声调次序和中古音声调次序，发现符合义序的反义复合词比例要高于符合调序的比例，义序的作用大于调序。结论与谭文相反。兰玉英（1998）支持义序原则，她认为影响反义连文顺序的是事物内在的逻辑顺序，如时间、盛衰顺序，但更多的是语言习惯。从语言与文化的联系上看，有些语言习惯的形成，背后存在文化原因。束定芳、黄洁（2008）指出反义复合词的词序排列总体上遵循了 Pollyanna 原则，即先"好"后"坏"的原则，具体又分为"空间和时间准则""利弊准则""自我中心准则"和"等级准则"等。但在更高的层面上，语音上的节律原则又制约着语义原则，在与语音原则发生冲突时，语义原则让位于语音原则。樊莹莹（2011）提出除了调序和义序以外，反义复合词构成语素的声母发音方法和发音部位对排序也有影响。发音方法上主要表现为声母遵循由清到浊的顺序，发音部位上则表现为声母发音的舌位遵循由后到前的顺序，旨在弥补调序和义序的不足。从现有研究来看，影响反义复合词语素排序的因素主要是语音和语义两个方面。语音方面不仅涉及声调，还与声母的发音方法和发音部位有一定关系。语义方面则涉及时间顺序原则、民族思维方式和民族文化特征等因素。

从构词语素的语法属性上看，杨吉春（2007：87）认为反义复合词构词语素的组合关系存在 7 种类型：名+名、动+动、形+形、数+数、代+代、形+动、形+名。张金竹（2015：19）也归纳了 7 类，但与杨吉春的分类稍有不同，具体为：名+名、动+动、形+形、形+名、形+动、动+形、代+代。郭奕晶（2000）、王冠（2006）除了罗列单一语法类别的组合外，还提到了兼类的问题，即"动语素兼形容语素+动语素兼形容语素""名语素兼形容语素+名语素兼形容语素""方位词素兼动词素+方位词素兼动词素"。笔者认为，考察反义复合词语素的语法属性，需要遵循两个基本原则：一是以反义复合为前提；二是应以成词之初的语法性质为衡量依据，而非根据现代汉语的情况来评判。反义复合词是在两个反义词并举的基础上凝固而成的。如果成词前的并列组合不是由两个反义词所构成，那么就不能归入反义复合词之列。刘叔新（2006：133）指出形成反义聚合的两个词的词性要相同。黄伯荣、李炜（2016：185）认为反义词一般只在理性意义的某个方面相反或相对，其他方面还要尽量保持一致，包括词性、语体色彩、音节数目等。邵敬敏（2016：116）在论及反义词的鉴定标准时提出反义词必须属于同一范畴，必须属于同一词性。因此，杨吉春提到的"形+动""形+名"、张金竹提到的"形+名""形+动""动+形"等类别有待进一步调整。我们需要追溯词语凝固之初构词语素的语法性质，根据成词时的语法性质来判定两者的关系类别。如果两者的语法性质相同，则符合反义复合要求，可根据当时的语法性质进行归类。如果两者的语法性质不同，则不宜纳入反义复合词的范围之内。接着，我们来看兼类复合的问题。从现代汉语的共时平面看，有些反义复合词的构成语素存在兼类现象，但回溯到构词之初，情况可能就有所不同。如"生死"最初是由反义动词"生"和"死"的组合凝固而成，应归入"动+动"类，而非"动语素兼形容语素+动语素兼形容语素"。不过，从我们对反义复合词演变轨迹的梳理情况来看，确实存在可以算作兼类复合的案例。我们知道，单音词在先秦时期非常发达。有些反义词在不同义项上均构成反义关系，而且经常用于并举语境之中，如表方位的"上"与"下"、表动作的"上"与"下"。据考证，两者凝固成词的时间也相近，因此可以视为兼类复合。

（2）反义复合词的语义特点

关于语素义与词义的关系，刘才秀（1987）将反义复合词的语义分为五类：①两义兼备的；②寓于一义的；③双义兼备或寓于一义的；④含有新义的；⑤词义转移的。戴惠本（1993）、张谦（2006）将反义复合词的语义类型分为三类：①构成语素意义的加合；②偏于其中一个语素意义；③在构成语素的基础上形成新的意义。齐红飞（2004）将反义复合词的词义构成分为直接型和转化型两类，前者包含合取式、析取式和偏取式三个小类，后者包含偏义转化式和组合转化式（相似转化、相关转化）两个小类。杨吉春（2008）将反义复合词词义与词素义之间的关系归纳为六类：①加合型 AB＝A＋B；②概括型 AB＞A＋B；③转指型 AB＝C；④比喻型 AB＝C；⑤偏义型 AB＝A（B）；⑥选择型 AB＝或 A 或 B。陈文君（2014）将"A_1A_2"式反义复合名词的语义类型分为语义加合型和语义糅合型，后者又分为"词义＝语素义的上位概念""词义＝偏指义""词义＝泛指义""词义＝转喻义""词义＝抽象义"五个小类。张金竹（2015：20—21）认为反义复合词构词成分与整词的语义关系可分为四种类型：加合类、偏指类、概括类和引申类。从以上分类不难看出，反义复合词的意义与语素义之间存在着显性关联与隐性关联两种关系。显性关联是指反义复合词的词义可以由语素义直接体现出来，具体分为三种情况：两个语素义直接相加，即 A＋B；两个语素义二选其一，即或 A 或 B；只有一个语素义发挥作用，即 A（B）。值得注意的是，在此类关系中，词义所选取的可能是语素义的本义，也可能是其引申义。隐性关联则是指反义复合词的词义不能由语素义直接体现出来，它是语素义在隐喻、转喻等认知机制作用下进一步整合而生成的新的引申意义。

关于反义复合词所表示的意义范畴，兰玉英（1998）将其归纳为时间、空间、度量、性质、变化、状态、过程、人物关系、行为关系、感情态度和地位次序等类别。张金竹（2015：22、64、101）将 N＋N 类反义复合词分为空间、时间、人、躯体部位和事物等五类，将 A＋A 类反义复合词分为表度量、表性质和表评价等三类，将 V＋V 类反义复合词分为动作性强、动作性次强、动作性弱、动作性次弱和无动作性五类。两位学者的分类主要基于现代汉语语义系统。如果从历时角度考量，反义复合词所涉及的意义范畴会更广，因为有不少反义复合词在发展演变过程中曾经出现过多个义项，只是有些在现代汉语中不再沿用。

（3）反义复合词产生的时间

学界一般认为反义复合词是在并列词组的基础上发展而来，经历了由反义并列词组到反义复合词的演变过程。从现有研究来看，陈伟武（1989）、郭奕晶（2000）认为殷代甲骨文中就已经存在反义复合词。杨吉春（2007：195）则将反义复合词成词的最早时间确定在先秦，认为反义复合词比一般的复合词成词要早，是复合词产生的先驱。

　　笔者认为，判定反义复合词的产生时间，应充分考虑两方面的因素：一是作为复合词的一个类别，它的产生时间应该与汉语复合词的产生相匹配；二是反义复合词产生之初，其意义多为两个语素意义的加合，与反义并列词组的意义区别不大。我们需要从语法关系上厘清两者的区别，慎重判定其成词时间。王力（2004：398）指出上古汉语以单音词为主，但从先秦史料看，汉语已经不是纯粹的单音节语，出现了双音节词。殷国光、龙国富、赵彤（2016：337）认为上古时期（公元3世纪以前）很多联合式复合词还处在形成过程中，语素的结合还不够紧密。董秀芳（2011：9）指出殷商时代语言的词汇系统本质上是单音节的，复音化的各种构词法萌芽于西周早期，发达于春秋战国。因此，从复合词的发展历程来看，将反义复合词的成词时间界定在先秦似乎更为合理。但杨吉春（2007：195）提出反义复合词比一般的复合词成词要早，是复合词产生的先驱。这一观点则有待商榷。前文曾提到，反义复合词的构成语素表示相反或相对的意义，与同义复合词相比，它词汇化的难度更大。王力（1999：88）指出汉语大部分的双音词都是经过同义词临时组合的阶段的。而且，程湘清（1992）、董秀芳（2011：103）都认为在汉语词汇双音化发展之初，偏正式复合词的数量要多于并列式复合词。因此，不论是从构成语素的意义范畴，还是从其结构关系看，反义复合词都不太可能比一般复合词成词时间更早。

　　（4）反义复合词产生的原因

　　关于反义复合词是如何产生的，前辈时贤分别提出了自己的看法。陈伟武（1989）认为修辞手法能促进反义复合词的产生。从其所举例证来看，陈文中所指的修辞"融合引申"相当于认知语言学的隐喻模式，即基于相似关系而衍生出新义。郭奕晶（2000）、齐红飞（2004）、张谦（2006）都考虑到了语言内外因素的影响，指出反义复合词的产生符合汉语双音化的趋势，汉民族辩证统一的传统思维方式和汉语行文的修辞需求推动了反义复合词的形成和发展。丁烨（2006）提出反义复合词的产生和社会交际需要有关，它反映了汉民族的文化心理和文化底蕴。杨吉春（2007：314）分析了语言表达的需要和思维方式的影响等原因。她认为对举和连用对举的语言表达方式直接促使反义复合词成词。汉民族辩证思维中的对立统一规律在反义复合词词化过程中发挥了重要作用。综上所述,反义复合词是在内外因共同作用的基础上产生的。从外部因素看,汉民族对立统一的思维方式影响了人们的语言表达习惯。从内部因素看,反义连用的行文模式为其词汇化提供了客观条件,双音化趋势则进一步推动了反义复合词的生成和发展。

关于反义复合词偏义现象的产生原因,陈伟武(1989)否定了"用词宽缓说""避讳说""节律说"等从修辞角度出发的观点。他指出先秦时期反义复合词的偏义现象基本上是词汇现象和语法现象,是一定上下文对反义复合词的语义选择或语义限制。魏达纯(1998)认为汉民族"和谐对称、对立统一、委婉曲折"的传统文化心理导致了"形"全而"义"偏的偏义复词的大量出现和广泛使用。刘道锋(2005)指出好恶偏义复合词的语义总是指向不受人们欢迎的那个语素,该类词语是语言拜物教的产物。不难看出,学者们在对待反义复合词偏义现象时,多倾向于从语义角度探寻原因,揭示造成"形义不对称"的民族文化心理。

(5)反义复合词的发展演变

从目前的研究来看,反义复合词的发展演变实际上就是语法化的过程。江蓝生(2001:157)指出,语法化大致可分为两个方面:一是指实词逐渐虚化为没有实在意义的语法成分的过程;二是指短语或词组逐渐凝结为一个单位的过程。可以分别简化为词的虚化和短语的词汇化。从反义复合词的演变历程及共时状况来看,其所有成员都经历了由词组到词的词汇化过程,其中有不少还在不同程度上发生了虚化。对于语法化的原则、动因和机制问题,很多学者都有所探讨。沈家煊(1994)归纳出了语法化的九条原则:并存原则、歧变原则、择一原则、保持原则、降类原则、滞后原则、频率原则、渐变原则和单向循环原则。他的另一篇文章(1998)介绍了五种虚化机制:隐喻、推理、泛化、和谐和吸收。刘坚等(1995)从句法位置的改变、词义变化、语境影响、重新分析四个方面分析了诱发和影响汉语词汇语法化的因素,认为这些因素从不同侧面对虚词的产生和形成发生影响。同时,它们又是互相交错、互为条件的,常常是几个因素同时起作用,共同推动实词的语法化过程发生和发展。马清华(2003)认为,现实作用力、心理力量(包括认识和态度、激情、情感联想、通感、认知联想、求新和猎奇、注意、附会)、语言接触、语言内部力量（包括经济性原则、习惯组合、词义磨损、表达力更新和加强、词类分配、体系调整）是推动词义变化的四种力量。

关于反义复合词的语法化，杨吉春（2007：317—318）认为反义复合词词化程度等级具有不平衡性。反义复合词的虚化主要包括实词性内部的虚化和实词性向虚词性转变而产生的虚化。其中，前者是主要的，后者是次要的。反义复合词的词化和虚化是一个连续系统，前者是后者的基础，后者是前者的延续。反义复合词的词化虚化现象呈现出多项多层的演化格局，受到意义、功能、表达、思维、认知和隐喻等多种因素的共同作用。李宗江（2009）指出反义复合词的副词化，既是一个词汇化的过程，也是一个语法化的过程。其副词化的外部条件包括结构和语音两方面。从结构上看，是用于一个"条件—结果"的关系结构中，当表示条件关系的虚词不出现时，反义复合词就处在了状语的位置上，这是其副词化的结构基础。从语音上看，两个成分都是单音节，且内部排序相对固定，这是其凝固化的韵律基础。其副词化的内部条件是两个反义词构成的联合结构，由代表具体特定认知范畴的条件关系泛化为一般的条件关系。

（6）反义复合词的演变动因

学者们运用认知语言学理论对反义复合词的演变动因进行了揭示。束定芳、黄洁（2008）指出反义复合词形成后，一般都会经历一个概念合成过程，带来语义变化。变化的类型包括：综合化、单极化、隐喻化或转喻化。这些概念整合引起的语义变化与人的整体思维和隐喻思维以及情感偏向等有关。王兴社（2014）将认知语言学中的转喻观和凸显观整合起来，建构了 MP 分析模型，探讨反义复合词形成演变的认知机制。他认为转喻机制在人的思维过程中占主导地位。因此，转喻式反义复合词是反义复合词的主体，占绝大多数。张金竹（2015：169）指出反义复合词的成词过程实质上是非/去范畴化的过程。N+N 类反义复合词整词由典型名词的中心地位逐渐向边缘成员或非典型成员过渡，词汇化程度相对较低。A+A 类反义复合词的词汇化程度较高，主要通过概念整合的转喻机制实现整体转类，处在名词类范畴的边缘地位。V+V 类反义复合词的词汇化程度居中，处于名动两大词类范畴的中间状态。可见，大部分学者都认同反义复合词的发展演变受到人类认知思维的影响和制约这一观点。在今后的研究中，可对认知模型和运转规律作进一步深入探讨。

（7）反义复合词的汉外比较

闻石（1989）讨论了古埃及语、拉丁语、德语、古撒克逊语、英语和汉语等语言中的反义分化和反义复合现象。张培成（2000）对英语成对词和汉语联合式复合词进行了比较，其中就涉及由反义关系构成的成对词。他指出反义关系成对词与汉语反义复合词之间虽然不能完全对应，但在构成和语义方面的相同点很多，也很明显。姜艳红、王清（2014）比较了汉语和俄语中的反义复合词。指出汉语反义复合词多，而俄语中则相对较少；汉语反义复合词由相对词或相反词构成，而俄语中只由相反词构成；俄语反义复合词的语序较汉语而言相对灵活一些。张慧贞（2010）、顾琳（2012）对汉韩反义复合词进行了比较研究。张慧贞（2010）提出汉韩反义复合词的语素排序遵循说话人优先原则、凸显原则、象似性原则和礼貌原则。两者既有共性，又存在差异。韩语固有词和自造汉字反义复合词中不存在比喻型和偏义型两种语义类型，但其表指称范畴的反义复合词较为丰富。顾琳（2012）指出汉语反义复合方位词的意义要比韩语中的丰富，且句中组合方式更灵活多样。在表时间义或约量义时，汉语跟韩语选用的反义复合方位词之间存在不对应性。张金竹（2015）指出隶属汉藏语系的33种语言中，都存在一定数量的反义复合词。阿尔泰语系中反义复合词相对较少，且两个词干之间大都由连字符"–"连接。印欧、南亚以及系属不明的日语、朝鲜语、越南语中存在少量反义复合词。从跨语言比较的研究成果看，反义复合现象在多种语言中存在，但其他语言中反义复合词的数量都比汉语少，语义内涵和语法功能也都不及汉语丰富。

2. 微观研究

要更好地了解反义复合词形成演变的过程，就必须将宏观研究建立在翔实可靠的微观研究基础之上。在反义复合词的微观研究方面，学者们或关注有代表性的单个反义复合词，或探讨某一典型类别，或选取封闭性语料展开专书研究。

（1）反义复合词的个案研究

关于反义复合词"多少"，吕叔湘（1985：345—349）谈到了"多少"的疑问用法、虚指和任指用法；方一新（1997：32—33）谈到了"多少"询问事物情状的用法；蔡镜浩（1990：89—90）、马叔俊

（1999）、张延成（2000）、杨荣祥（2005：181）均谈到了"多少"的偏义复合词用法。方一新、曾丹（2007）探讨了反义复合词"多少"的演变机制、语法化动因及其与表感叹的程度副词"多"的衍生关系。陈昌来、占云芬（2008）认为句法位置、语义搭配关系和认知因素共同促成了"多少"的词汇化及虚化。在"多少"的虚化过程中，一直伴随着主观化因素。萧红（2012）指出在近代汉语时期"多少"成了反义复合疑问词语系统中虚化程度最高、使用频率最高的疑问词。

　　关于反义复合词"早晚"，谭耀炬（2002）指出"早晚"具有表示"将来"的用法，该用法大约始见于元代，至清代中叶以后逐渐从书面共同语中退出。卢志宁（2003）描绘了"早晚""多早晚""多咱"等反义复合时间词在近代汉语不同阶段的意义和用法。袁嘉（2009）运用概念整合理论分析了"早晚"的词汇化现象。他认为最初的"早晚"指一天时间里的两个时间段，整合度最低；后来指抽象的时间，整合度上升；到了表任指的反义并列式复合词，其整体功能已经转移为副词，其意义已经不指正反两极，而是表示不确定的将来的任何时间点，整合度最高。于立昌（2017）指出"早晚"因语义语用环境不同，其词汇化的结果也不同：在疑问句中词汇化为询问时间的疑问代词"早晚$_1$"，在表达主观判断的句子中词汇化为语气副词"早晚$_2$"。"早晚$_1$"的词汇化过程更多体现为客观时间的早或晚，而在"早晚$_2$"的词汇化过程中，主观性特征发挥了重要作用。

　　关于反义复合词"反正"，宗守云、高晓霞（1999）指出"反正"常出现在口语中，起逻辑联系语的作用，用以衔接因果、条件、并列、解注、承接和转折等关系，其中前两种关系是最主要的。李宏（1999）分析了"反正"的语义，即表示条件虽然不同而结果不变。并将"反正"句分为两类：第一类的语义关系是深层语义和表层语义关系相同，第二类的语义关系是深层语义和表层语义有别，"反正"的意义通过深层语义关系体现出来。董正存（2008）认为"反正"是在隐喻机制的作用下发展为情态副词的，用以表示"无论如何、不管怎样"的周遍意义和主观情态。在自然口语中，"反正"又进一步语法化为说话人进行思考的标记，体现说话人组织话语的痕迹。其语法化程度在不断加深。刘善涛、李敏（2010）强调在"反正"的语法化过程中，语义是基础条件，隐喻、推理、主观化等认知因素和高频使用促使它在句法位置、语篇功能和语用目的等方面发生变化。

除了上述词语外，邢福义（1999）研究了"兄弟"和"弟兄"在方言中的使用情况，王天佑（2010）、刘哲（2011）、王婉玉（2017）讨论了"死活"的语义演变及其语法化，王晓辉（2016）分析了"彼此"的词汇化及其成因，徐晓蕾（2012）、徐复岭（2013）考察了"横竖"的演变过程及其原因等。

（2）反义复合词的分类研究

从词性上看，副词类反义复合词是学界关注的焦点。不少学者对反义复合语气副词、反义复合情态副词进行了深入探讨。张谊生（2004）、龚俊恒（2009）、黄溢芝（2012）分析了反义复合语气副词的性质、功能、分布和成因等。张谊生（2004：319—352）认为，反义复合语气副词虚化的第一步应是具体义素的脱落和使用领域的扩大；第二步是人际功能的突现或篇章功能的强化。导致其形成的虚化机制包括分界消失、词义融合、语境吸收和重新分析等。触发因素包括语义基础和句法环境、使用频率和虚化程度。而其进一步虚化的前提条件则是主观情态的强化和篇章语境的诱发。龚俊恒（2009）认为该类词语具有突出焦点、使语言呈现主观色彩等语用功能。黄溢芝（2012）指出该类词语的形成是汉语语用心理机制和语法化机制双重作用的结果。语法构式对其语义内涵的形成起决定性作用。在反义复合情态副词研究方面，张薇（2013）指出语义的相宜性、句法环境的诱发和双音化趋势的推动是该类词语语法化的三个条件。

从组合类型上看，"形+形"类反义复合词引起了学者们的研究兴趣。段益民（1996）指出该类词语的语法性质具有混沌性，可做名词，也可做形容词。语义特征灵活，包括分解、融合、包容和偏指等。同一格式可表不同语义，不同格式可表同一语义。同一语义间又可能有细微差别。张媛（2015）认为在现代汉语中"形+形"反义复合构式是一种比较独特的语言现象，随着其语法范畴从形容词向名词、再向副词的转变，该构式的组构性逐渐减弱，单位性则逐渐增强。认知语法自下而上的成分分析法为该构式的各种语法表现提供了理论依据，同时这类构式作为整体也发挥出相应的压制作用。

从语义范畴上看，马喆、邵敬敏（2009）讨论了反义方位复合词表约量的问题。指出反义复合词"左右"表示约量的范围最广，"前后"主要表示时点约量，"上下"主要表示非时间约量。反义对举的两个语素之间构成了空间距离，具有可容度，由此获得模糊性，从而从空间范畴获得了量范畴的意义。其发展的不一致性与其认知难度有密切关系：认知难度大的，更容易用来表示约量；认知难度小的，较少用于表示约量。萧红（2012）分析了反义复合词表疑问的情况。她指出反义复合疑问词在中古汉语里突现，其意义经历了从模糊表量逐渐精细化的过程。近代汉语时期该类词语开始了系统内部的汰择，其中"多少"意义逐步抽象化，功能不断扩展，不仅单独用于询问时占优，在叠架形式中也逐步取代了"若何""几许"。随着北方方言的强势推行，"多少"由北方方言向南方方言扩散，流行地域变得更广。

（3）反义复合词的专书研究

魏达纯（1998）从构成情况、语素的位置、内容及成因等角度对《颜氏家训》中的反义复合词进行了考察和研究。汪梅枝（2005）论述了《论衡》中"反义连文"的特点和作用。文中的"反义连文"包括词和词组。徐山（2006）在梳理东汉王符《潜夫论》反义复合词的基础上，分析了《汉语大词典》对《潜夫论》相应的反义复合词的编纂情况，指出《汉语大词典》存在失收词条、书证迟后、漏立义项等方面的问题。

（二）其他语言反义复合现象研究

弗洛伊德（1986：53—58）曾论及反义复合及相关语言现象。他谈到埃及语中有些词语可以用来同时指称两个意义相对的事物，还有些复合词由代表完全相反意义的两个音节构成，却只表示一个构成成分的意思。同时还提到了拉丁语、德语、英语中的类似现象。郑亚南（2000）分析了英语中的成对反义词。成对反义词属于惯用语范畴，是用 and 连接两个反义词形成一个固定结构，表示一个完整的概念。可承担名词、动词、形容词和副词的语法功能。秦礼君（2000）对日语中由反义汉字构成的复合词进行了分析，指出该类复合词的意义与汉字意义之间存在四种关系：复合词义等于汉字义之和；复合词义等于其中一个汉字义；以原汉字义为基础生成新义；复合词既表示汉字义之和，又有引申义。李代燕（2017）探讨壮语中的反义复合词。她认为壮语反义复合词主要由动语素、形容语素和名语素构成。其中，形容语素多为相对对立关系，少数为绝对对立关系，动语素多为反向对立关系，而名语素则三种对立关系都有。语素排序遵循时空、利弊、自我中心和等级四个原则。刘艳芬（2018）以《越南语词典》为范围，选出 127 个越南语反义复合词作为研究对象，从构词、词源和词性等方面分析了该类词语的特点。

从现有研究来看，世界各种语言中的反义复合词大致可分为两类：一是自源类，即在内外因素的作用下一种语言自发生成反义复合词；二是他源类，即在语言接触的过程中，从其他语言中借入反义复合词及其组合模式，并在其基础上衍生出新的词语和用法。如何厘清不同语言间反义复合现象的内在关联及其类型关系，是值得我们进一步深入探讨的问题。

三　研究范围及方法

在介绍了反义复合词的研究现状之后，我们来谈一谈本书的研究范围及方法。

（一）研究范围

基于词汇发展传承性方面的考虑，本书所选取的反义复合词一般都是在现代汉语中还存在的。那些只出现于汉语史的某个阶段，后来在词汇系统中消失，未能得到现代汉语继承和保留的反义复合词，暂不列入本书的研究范围之内，只是在个别情况下，顾及类型的全面性时，才偶尔涉及这类词。以现代汉语中仍在使用的反义复合词为研究对象，其优势在于可以从历时演变和共时状态两个维度全面考察反义复合词的发展与演变过程，有利于将古代汉语与现代汉语勾连起来，更好地揭示语言发展的规律。

本书以《现代汉语词典》（第 5 版）所收词条为选词范围，根据本章第一节确立的反义关系界定标准，共选出 245 个反义复合词（见附录），从微观和宏观两方面展开调查研究。在详细描绘单个反义复合词的形成演变过程及当前使用状况的基础之上，对汉语反义复合词的特征、规律等进行总结归纳，层层推进，逐步揭示汉语反义复合词所体现的语言普遍规律。

（二）研究方法

1. 历时研究与共时研究相结合。本书选取有代表性的反义复合词进行历时研究，讨论其从古至今的嬗变轨迹，厘清各义项间的衍生关系。同时，对其在现代汉语中的用法做共时分析。如第三章第三节对"长短"的研究就是从历时和共时两方面展开的。既描绘了"长短"在汉语史各个发展阶段的语义演变情况，又对其义项在现代汉语中的分布进行了考察。

2. 个案研究与系统研究相结合。在讨论单个词语发展变化的同时，力图寻找系统内部成员共同的发展倾向，总结带有普遍意义的规律。如第二章第四节谈到"俯仰"喻指"时间短暂"的意义时，用"呼吸""弹指""转瞬"等表示瞬间动作的词语进行了类比，揭示出这一隐喻模式的普遍性。

3. 传世文献与现代方言相印证。通过对历代文献的考察，厘清反义复合词形成演变的发展脉络，并结合现代方言材料加以证明。如第一章第四节对"姊妹"和"姐妹"的研究。

4. 定量统计与定性分析相结合。本书选取能代表汉语史不同发展阶段语言特点的经典文献进行调查统计，通过数据分析来揭示研究对象的演变情况，将定量与定性有机结合起来。如第四章第二节对"始终""终始"历时兴替关系进行调查时所采用的就是这一方法。

5. 表层描写与深层解释相结合。本书以语言事实为基础，着力阐释认知在语言发展过程中的作用和意义。对语义演变动因的解释既散见于个案分析之中，同时又有专章论述，即本书的第五章。

第一章 由名语素构成的反义复合词

本章主要研究由名语素构成的反义复合词。在我们所调查的反义复合词中，有94个是由名语素构成的。列举如下：

本末 彼此 标本 表里 宾主 朝野 晨昏 春秋 雌雄 旦夕 弟兄 东西 恩怨 儿女 凤凰 夫妇 夫妻 父母 干支 纲目 公婆 公私 功过 功罪 官兵 广袤 规矩 行列 晦朔 将士 姐妹 今昔 军民 考妣 劳资 利弊 矛盾 卯榫 男女 南北 内外 女儿 女士 女子 平仄 阡陌 前后 乾坤 人物 日夕 日夜 日月 枘凿 僧尼 僧俗 山水 上下 参商 始末 始终 士女 手脚 手足 首尾 水火 朔望 夙夜 题跋 天地 天壤 天渊 文武 先后 霄壤 兄弟 序跋 轩轾 因果 阴阳 鸳鸯 宇宙 原委 源流 凿枘 早晚 朝夕 质量 中外 中西 昼夜 子女 姊妹 祖孙 左右

笔者选取其中语义演变丰富、具有一定代表性的词语进行具体研究。

第一节 "前后"的形成演变及其认知研究

"前"和"后"是一组对立的方位词，在先秦时期就已出现连用的情况。例如：

(1) 故有无相生，难易相成，长短相形，高下相倾，音声相和，前后相随。(《老子·道经》，9)

(2) 漂翻翻其上下兮，翼遥遥其左右。泛潏潏其前后兮，伴张弛之信期。(《楚辞·九章·悲回风》，102)

例(1)、例(2)中的"前后"与"有无""难易""长短""高下""音声""上下"等相对成文，结构松散，中间可插入连词"与"而语义不变，属于反义并列式词组。

"前"和"后"除了表示空间关系的对立以外，还可表示时间关系的对立。这个义项上的"前""后"连用，也已见于先秦文献，但用例很少。例如：

（3）利在故法前令则道之，利在新法后令则道之。利在故新相反，前后相勃，则申不害虽十使昭侯用术，而奸臣犹有所谰其辞矣。（《韩非子·定法》，959）

从上下文可知，例（3）中的"前后"为反义并列式词组，指"前令"和"后令"，"前""后"表示时间上的相对关系。下面，笔者将从四个方面来对"前后"进行讨论。

一　表示时间方位的"前后"

到了汉代，"前后"逐渐凝固成词，表示时间的先后，即从开始到结束的整个时间过程。例如：

（1）（秦）前后斩首虏四十五万人。（《史记·白起王翦列传》，2335）

（2）赵孝成王时，而秦王使白起破赵长平之军前后四十余万，秦兵遂东围邯郸。（《史记·鲁仲连邹阳列传》，2459）

（3）（史丹）为将军前后十六年，永始中病乞骸骨。（《汉书·史丹传》，3379）

（4）其于天官、《京氏易》最密，故善言灾异，前后所上四十余事，略相反覆，专攻上身与后宫而已。（《汉书·谷永传》，3473）

表示此意义的"前后"在句中的位置比较灵活，既可出现在谓语动词之前，如例（1），也可出现在谓语动词之后，如例（2）、例（3）。此外，它还可以修饰"所"字结构，如例（4）。

"前后"表示时间过程的用法在后世文献中亦不乏例证。例如：

（5）太祖重之，以为新安太守，前后凡十三年，游玩山水，甚

得适性。(《宋书·羊欣传》，1662)

（6）帝素肥，瘘不能御内，诸王妃妾怀孕，使密献入宫，生子之后，闭其母于幽房，前后十数。(《南齐书·刘休传》，612)

（7）前后数数扣击，沩山问难，对答如流。(《祖堂集》卷一九《香严和尚》，700)

（8）熙宁中会之，前后凡给四百余券，子孙相承，世世不绝。(《梦溪笔谈》卷一一，420)

（9）(帖木真) 又复回去，住了三日，前后共住了九日。(《元朝秘史》卷二，35)

（10）得贵前后共吃了三杯酒。(《警世通言》卷三五，537)

汉代以后，"前后"还出现了偏义的用法，多偏指"前"，表时间，可译为"之前、以前"。例如：

（11）盖天命当兴，圣王当出，前后气验，照察明著。(《论衡·吉验》，97)

（12）书生明术数，乃过宿之，亭民曰："此不可宿，前后宿此，未有活者。"(《搜神记》卷一八"安阳亭书生"条，229)

（13）蟒开口广丈余，前后失人，皆此蟒气所噏上。(《博物志·杂说下》，111)

（14）此度疾病，异于前后，自省必无起理。(《南齐书·萧景先传》，663)

例（11）告诉我们"天命要兴起、圣王要出现之前都会有明显的天象征兆"，"前后"偏指"前"，表示某事件发生之前的一段时间。例（12）从文意可知，"此处不能住宿是因为之前留宿于此的人都死了"，"前后"指说话人当下时间之前的一段时间。例（13）"前后失人皆此蟒气所噏上"，义即"之前消失的人都是被这条蟒蛇的气息吸上来了"，"前后"偏指"前"。例（14）"异于前后"即"和以前不同"，从上下文可知，"前后"只有"前"表义，而"后"不表义。

大约到了南北朝时期，"前后"开始出现在时间词之后，表示以某一时间为参照点的稍前到稍后的一段时间。例如：

（15）春酒，河南地暖，二月作；河北地寒，三月作，大率用清明节前后耳。（《齐民要术·造神麴并酒》，496）

（16）余五百一十五以上，进退在天正十一月前后，以冬至定之。（《魏书·律历志下》，2702）

具体而言，表示该意义的"前后"可以出现在以下三类时间词语①之后：

（一）数量式表时词语。例如：

（17）某二十岁前后，已看得书大意如此，如今但较精密。（《朱子语类》卷一〇四，2613）

（18）三更前后，果然降了一阵雪，下了一阵雨。（《全元戏曲》卷二刘唐卿《蔡顺奉母》三折，591）

（19）卢俊义杀到里面，约莫二更前后，方才风静云开，复见一天星斗。（《水浒全传》八六回，1068）

（20）十月前后，俱已完备，选日开张药店，不去做主管。（《警世通言》卷二八，438）

（21）到一更前后，苗忠道："小娘子，这里不是安顿你去处，你须见他们行坐时只要坏你。"（《警世通言》卷三七，562）

（22）当夜二更三点前后，史弘肇真个来推大门。（《喻世明言》卷一五，235）

（23）因又嘱他十月前后务要还来一次，贾琏领命。（《红楼梦》六六回，942）

例（17）中，"二十岁前后"本是表年龄的数量短语，在此处用以指示时间，"二十岁前后"相当于"二十岁前后时"，表示从二十岁稍前到二十岁稍后的一段时间。我们可用"他大约二十岁前后"进行来比较。

---

① 此分类依据郭攀《"时点性参照点＋双向复合性方位词"的综合考察》（2001）。

"他大约二十岁前后"不能改写为"他大约二十岁前后时",则该"前后"只表数量,不表时间。例(18)至例(23)中,与"前后"相搭配的时间词语的构成方式均为"数词+时量词"。有的是一层单用,如"三更""二更""十月""一更"等。有的则是多层复合,如"二更三点"。

(二)固有的时间词语。例如:

(24)愁人最是,黄昏前后,烟雨楼台。(《全宋词》陈亮《眼儿媚·春愁》,2109)

(25)记帕折香绡,簪敲凉玉,小约清明前后。(《全宋词》仇远《薄幸》,3401)

(26)【驻马听】(云)夜来则是半夜前后。(《全元戏曲》卷三王仲文《不认尸》四折,29)

(27)这泾河龙王也不回水府;只在空中,等到子时前后,收了云头,敛了雾角,径来皇宫门首。(《西游记》九回,122)

(28)青龙属木,木旺于春,立春前后,已动身了。月尽月初,必然回家,更兼十分财采。(《喻世明言》卷一,7)

(29)老爷今日走得早,大约晌午前后就可到家。(《儿女英雄传》四〇回,860)

(30)这元旦、灯节前后,绍闻专一买花炮,性情更好放火箭,崩了手掌,烧坏衣裳。(《歧路灯》一三回,140)

固有的时间词语主要包括"朝代、年号、季节、节气、节日、假日、习惯性时间表示词语等"(郭攀,2001)。例(24)"黄昏"、例(26)"半夜"、例(27)"子时"、例(29)"晌午"均为习惯性时间表示词语,例(25)"清明"、例(28)"立春"为节气。例(30)"元旦、灯节"为节日。它们和"前后"相搭配,表示从该时间稍前到稍后的一段时间。

(三)事件性表示词语。例如:

(31)【中吕·粉蝶儿】打这厮损别人,安自己,他直吃到上灯前后。(《全元戏曲》卷一高文秀《双献功》四折,575)

(32)当时尚以为戏言,谁知次日前来,乘间便下了毒物。约计

其时，总在上灯前后。(《狄公案》二二回，65)

例（31）、例（32）中的"上灯前后"指的是从"上灯"这一事件发生之前到之后的一段时间，"上灯"为事件性表示词语。

这几类时间词语不仅可以单独接"前后"，还可以先联合为多层复合结构，再和"前后"相搭配。例如：

（33）（野鹤云）明日巳时前后，你在那乱砖之下板僵身死。(《全元戏曲》卷一关汉卿《裴度还带》二折，267)

（34）（正末做惊科，云）今晚三更前后，至圯桥等待师父。(《全元戏曲》卷三李文蔚《圯桥进履》二折，83)

（35）到第三日晌午前后，你整整齐齐打扮了来，咳嗽为号。(《水浒全传》二四回，297)

例（33）"明日巳时"是固有时间词语内部的复合，例（34）"今晚三更"、例（35）"第三日晌午"则是固有时间词语和数量式表时词语的复合。

二　表示空间方位的"前后"

魏晋以后，"前后"可用来表示空间上的"从前到后"。例如：

（1）蜀军分据险地，前后五十余营。(《三国志·吴志·孙权传》，1124)

（2）之镇，舫千余乘，部伍前后百余里，六平乘并施龙子幡。(《宋书·臧质传》，1914)

（3）坚南伐司马昌明，戎卒六十万，骑二十七万，前后千里，旗鼓相望。(《魏书·临渭氏苻健传》，2077)

以上例句中的"前后"均表示从前到后的一段空间距离。例（1），"前后五十余营"即"从前到后（有）五十多个营寨"。例（2），"部伍前后百余里"即"军队的队伍从前到后（有）一百多里长"。例（3），

"前后千里"即"从前到后（有）一千里"。"前后"由表示"前和后"两个对立的空间方位发展出"从前到后"的意义，这是一个转喻的过程。"前"和"后"是"从前到后"这段空间距离的两个顶点，起着划分界限的作用。在这段空间距离中，它们最容易被识别和记忆，具有认知的突显性，因而能够被用来转指整段空间距离。

"前后"的这一用法被后世文献所沿用。例如：

（4）世忠艨艟大舰数倍宗弼军，出宗弼军前后数里，击柝之声，自夜达旦。（《金史·宗弼传》，1753）

（5）（苻坚云）今若雄兵大举，有先锋中军合后，左右接连，旗鼓相望，前后千里，必有万全之功。（《全元戏曲》卷三李文蔚《蒋神灵应》一折，47）

（6）却说先主自猇亭布列军马，直至川口，接连七百里，前后四十营寨，昼则旌旗蔽日，夜则火光耀天。（《三国演义》八三回，713）

（7）僧官战索索的道："前后是二百八十五房头，共有五百个有度牒的和尚。"（《西游记》三六回，465）

魏晋时期，表示空间关系的"前后"还产生了泛指"周围"的用法。例如：

（8）诸龙变化，令宫中众物，皆为龙耀，绕王前后。（吴康僧会译《六度集经》卷五，3/29/a）

（9）世尊即与千二百五十比丘，整衣持钵，前后围绕，诣彼请所，就座而坐。（姚秦佛陀耶舍共竺佛念译《长阿含经》卷二，1/14/b）

例（8）中，"绕"为"环绕、围绕"之义，"绕王前后"似乎应理解为"环绕在王的周围"。例（9）中，"前后"所指的方位也不只是"前"和"后"，还应包括"左"和"右"，因为只有这样才能称得上"围绕"。上文中提到"前后"可指代"从前到后"的一段空间距离，这时它所表示的是一维的空间概念。而当"前后"表示"周围"的意义时，它所表示的则是二维的空间概念。后者同样是在转喻机制推动下产生的。

这一用法在后世文献中可以找到用例。例如：

（10）人家更在深岩口，涧水周流宅前后。（《全唐诗》卷九五沈佺期《入少》，1027）

（11）误踏蛇背，其冷如冰；虎在前后，异常腥臭。（《太平广记》卷六六"谢自然"条（出《集仙录》），409）

（12）【赚煞】我这一点真情魂缥缈，他去后不离了前后周遭。（《全元戏曲》卷四郑光祖《倩女离魂》一折，588）

（13）那老龙在半空，运化津涎，不离了王宫前后。（《西游记》六九回，881）

在以上例句中，"前后"的前面或已经出现了具体的方位参照物，如例（10）的"宅前后"、例（13）中的"王宫前后"，或可以根据上下文补出方位参照物，如例（11）"（人）前后"、例（12）"（他）前后"。

当句子中无法补出具体的方位参照点时，"前后"所表示的方位就变得更加抽象，可理解为"到处"。例如：

（14）（净上云）自从做了甲头，好生自在。我前后游玩一回，来到这门首。（《全元戏曲》卷四张国宾《相国寺》四折，324）

（15）那皇帝将公主画影图形，前后访问。（《西游记》三〇回，377）

（16）希贤道："约了天早同去买药，因家人叫呼不应，不见踪迹，前后找寻，才看见死了的。"（《二刻拍案惊奇》卷一八，381）

三　转指其他事物的"前后"

除了表示时间和空间概念之外，"前后"还可以用来指代其他的事物。具体而言，可表示以下两个意义：①事件发生的经过、过程；②轻重。① 下面分别讨论。

（一）事件发生的经过、过程

大约从汉代开始，"前后"出现了指代"事件发生的经过、过程"的用法。例如：

（1）虽欲尽节效情，安知前后？（《全汉文》卷二五东方朔《答客难》，266 下）

（2）凡天下之事，不可增损，考察前后，效验自列，自列，则是非之实有所定矣。（《论衡·语增》，344）

以上例句中的"前后"出现在谓语动词之后，充当句子的宾语。此时，它不再表示方位，而是转指"事件发生的经过、过程"。它的这一用法和前文所提到的表示时间方位的用法有着密切联系。因为"前后"能用来表示时间方位，而任何事件都是在一定时间内发生的，时间是事件"经过、过程"的凸显特征，通过转喻机制的作用，便可用来转指"经过、过程"。

这一用法在后世文献中亦可找到例证。例如：

（3）【步步娇】养子方知娘生受，各自思前后。（《全元戏曲》卷九无名氏《白兔记》二二出，408）

（4）唐牛儿供道："小人并不知前后。"（《水浒全传》二二回，259）

---

① 在古代医学文献中，我们发现了用"前后"指称"大小便"的例子。《素问·玉机真藏论》："岐伯曰：脉盛，皮热，腹胀，前后不通，闷瞀，此谓五实。脉细，皮寒，气少，泄利前后，饮食不入，此谓五虚。"《金匮要略·呕吐哕下利病脉证治》："哕而腹满，视其前后，知何部不利，利之即愈。"这里的"前后"其实是由"前后溲"省略而来的。根据《汉语大词典》，"溲"指排泄大小便。《国语·晋语四》："臣闻昔者大任娠文王不变，少溲于豕牢而得文王，不加病焉。"而"前后溲"则指的是大小便。《史记·扁鹊仓公列传》："臣意诊之，曰：'涌疝也，令人不得前后溲。'"司马贞索隐："前溲谓小便。后溲，大便也。"此义与"前后"其他各义无关，故不列入正文。

（5）此猴若立一处，能知千里外之事；凡人说话，亦能知之；故此善聆音，能察理，知前后，万物皆明。（《西游记》五八回，751）

（6）王为述前后，因示母书。（《聊斋志异》卷五《鸦头》，605）

（7）贾政问了前后，也只好含糊应了，只说等薛蝌递了呈子，看他本县怎么批了再作道理。（《红楼梦》八六回，1231）

例（3）至例（7）中的"前后"都指的是"事件发生的经过、过程"。表示该意义的"前后"常和"思"［如：例（3）］、"知"［如：例（4）、例（5）］、"述"［如：例（6）］、"问"［如：例（7）］等表示思考、了解、询问的动词相搭配。

以上例句中的"前后"都是单独充当句子或介词的宾语。其实，除了单用之外，它还能和"始终""始末""根由"等相关词语连用。例如：

（8）行者即将那打杀草寇前后始终，细陈了一遍。（《西游记》五七回，732）

（9）廷秀见问，向前细诉前后始末根由。（《醒世恒言》卷二〇，434）

（二）轻重

明清时期，"前后"还可以用来指"轻重"。例如：

（10）往往来来争胜败，返返复复两回还。钩拳棒打无前后，不见输赢在那边。（《西游记》五三回，686）

（11）不是说句不顾前后的话，当初东府里太爷倒是修炼了十几年，也没有成了仙。（《红楼梦》一二〇回，1639）

（12）总是宝兄弟见四妹妹修行，他想来是痛极了，不顾前后的疯话，这也作不得准的。（《红楼梦》一一八回，1607）

（13）却说郑氏知道易行听了贵兴指使，打了梁天来，不觉勃然

大怒，也不顾甚么前后，对准易行，兜脸就是一掌。（《九命奇冤》八回，37）

以上例句中的"前后"均相当于"轻重"。我们推断，它的意义来源于隐喻。根据"结构相似，意义相同"的象似原则，人们常常会将一个语言结构的意义隐喻到另一个相似的结构之上。

四 "前后"的重叠式"前前后后"

"前后"能够重叠使用，其重叠方式为"AABB"，即"前前后后"。"前前后后"既可用来表示时间方位，也可用来表示空间方位，还可以转指"事件发生的经过、过程"。

（一）表时间方位的"前前后后"

（1）自孔子告曾子，曾子说下在此，千五百年无人晓得。待得二程先生出，方得明白。前前后后许多人说，今看来都一似说梦。（《朱子语类》卷二七，698）

（2）我这些时不曾住脚，前前后后，请了有三四个人，都是不济的和尚，脓包的道士，降不得那妖精。（《西游记》一八回，230）

例（1）、例（2）中的"前前后后"表示时间的先后，指开始到结束的一段时间。

（二）表示空间方位的"前前后后"

（3）那妖精前前后后，寻不着唐僧等。（《西游记》六五回，837）

（4）众公人要王主人寻白娘子，前前后后，遍寻不见。（《警世通言》卷二八，433）

（5）一时交代完毕，邓九公又请安老爷到他那庄子前前后后走了一荡。（《儿女英雄传》三九回，823）

例（3）至例（5）中的"前前后后"相当于"到处"，表示抽象的空间方位。

（三）转指"经过、过程"的"前前后后"

（6）周得胜便把他那年寻邓九公遇着十三妹的始末原由，前前后后据实说了一遍。（《儿女英雄传》二一回，369）

（7）彩云就把如何在郁亨夫人家认得维亚太太，如何常常往来，如何昨天约去游园，如何拍照，直到现在觐见德皇，赐了锦匣，自己到车子里开看，方知维亚就是维多利亚皇后的托名，前前后后、得意扬扬的细述了一遍，就把那照片递给雯青。（《孽海花》一三回，106）

例（6）、例（7）中的"前前后后"指的是"事件发生的经过、过程"。

第二节　"左右"的形成演变及其认知研究

对于反义复合词"左右"，前人时贤曾有所论及。张相《诗词曲语辞汇释》（1953：489）、太田辰夫《中国语历史文法》（2003：267—268）、李崇兴等《元语言词典》（1998：447）均谈到了它在古汉语中的副词用法。而郭攀《"时点性参照点+双向复合性方位词"的综合考察》（2001）、牛顺心《对举的方位复合词》（2004）、张豫峰《"X+前后/左右/上下"的分析》（2004）则讨论了"左右"和表时间、数量、年龄的词语相搭配的情况，从共时和历时角度进行了一些分析和解释。本节将系统研究反义复合词"左右"的各种意义和用法，梳理其语义演变的轨迹，并对其演变动因做出合理的解释。

"左"和"右"在先秦时期就已出现，各有多个义项。在空间方位义上，"左"和"右"意义相对，为反义关系。而在"辅佐"义上，"左"和"右"则为近义关系。《尔雅·释诂下》："左、右，亮也。"宋邢昺疏："左、右即亮也，亦皆谓佐助。"《说文·左部》："左，手相左助也。"《说文·又部》："右，手口相助也。""左右"连言，共同表示"帮助、辅佐"义。例如：

（1）后以财成天地之道，辅相天地之宜，以左右民。（《周易·泰》，165）

（2）昔在中叶，有震且业。允也天子，降予卿士。实维阿衡，实左右商王。（《诗经·商颂·长发》，627 中）

例（1）"辅相天地之宜，以左右民"，汉郑玄注："辅相，左右，助也。"例（2）"实左右商王"，汉毛亨传："左右，助也。"

"左右"由此义项还引申出了"祖护、保护""支配、控制"等意义。因在文章的研究范围之外，故不作详细论述。本节根据句法功能的不同将反义复合词"左右"分为名词和副词两类，分别进行讨论。

一　名词"左右"

根据名词"左右"使用情况的不同，我们将它分为四类来展开论述：表空间方位的"左右"、指人的"左右"、表概数的"左右"和表时间方位的"左右"。

（一）表空间方位的"左右"

在先秦文献中，表空间方位的"左""右"既可单用，也可连用。例如：

（1）有杕之杜，生于道左。（《诗经·唐风·有杕之杜》，366 中）

（2）张侯曰："自始合而矢贯余手及肘，余折以御。左轮朱殷，岂敢言病？吾子忍之！"（《左传·成公二年》，424 下）

（3）有殡，闻远兄弟之丧，哭于侧室；无侧室，哭于门内之右。（《礼记·檀弓下》，248）

（4）奋衣由右上，取贰绥跪乘，执策分辔驱之，五步而立。（《礼记·曲礼上》，96）

（5）大保率西方诸侯入应门左，毕公率东方诸侯入应门右，皆布乘黄朱。（《尚书·顾命下》，504）

（6）泉源在左，淇水在右。女子有行，远兄弟父母。（《诗经·卫风·竹竿》，325 下）

（7）目巧之室，则有奥、阼，席则有上下，车则有左右，行则有随，立则有序，古之义也。（《礼记·仲尼燕居》，1273）

（8）大夫之丧，其升正柩也，执引者三百人，执铎者左右各四人，御柩以茅。（《礼记·杂记下》，1111）

例（1）、例（2）为"左"单用的例子。例（3）、例（4）为"右"单用的例子。例（5）、例（6）为"左""右"相对使用的例子。而例（7）、例（8）则为"左""右"连用的例子。例（7）中，"左右"和"上下"相对应，从文意来看，两者的结构都较为松散，可插入连词"和"而语义不变。例（8）中，由于受到"各"的限制，"左右"只能理解为"左边和右边"。由此可见，在上述"左""右"连用的例子中，"左右"为反义并列式词组，尚未凝固成词。

在我们所调查的先秦文献中，有一部分"左右"已经出现了词汇化的倾向。它们似乎不具体指"左"或"右"，而是泛指"周围、旁边"。例如：

（9）文王陟降，在帝左右。（《诗经·大雅·文王》，504 上）

（10）平平左右，亦是率从。（《诗经·小雅·采菽》，490 中）

例（9）、例（10）尚处在从词组到词的过渡阶段，因此其词义不太明确，既可理解为是指"左和右"，又可理解为泛指"周围、旁边、附近"。

汉代以后，指"周围、旁边、附近"的"左右"最终凝固成词，并被广泛运用。例如：

（11）火入之，一星居其左右，天子且以火为败。（《汉书·天文志》，1277）

（12）冰解漕下，缮乡亭，浚沟渠，治湟陿以西道桥七十所，令可至鲜水左右。（《汉书·赵充国传》，2986）

（13）至如荥阳左右，周数百里，岁略不收，元元之命，实可矜伤。（《三国志·魏志·高柔传》，689）

（14）南阳郦县山中有甘谷水，谷水所以甘者，谷上左右皆生甘菊，菊花堕其中，历世弥久，故水味为变。（《抱朴子内篇》卷一一，205）

据文意可知，例（11）中的"左右"不能理解为"左和右"，只能理解为"旁边"。"一星居其左右"可译为"有一颗星星在它的旁边"。例（12）中"鲜水"为湖名，是我国最大的咸水湖——青海的古名。"鲜水左右"可译为"青海附近"。例（13）、例（14）中的"左右"也都出现在处所名词之后，表示"周围、旁边、附近"的意义。

从认知角度看，"左右"从词组演变为词的过程是一个转喻的过程。"左右"本指两个对立的方向"左"和"右"，凝固成词后则表示"周围、旁边、附近"的意义。"部分代整体"的转喻模式是其演变的内在机制和动因。

表示此意义的"左右"除了能出现在处所名词之后，还能出现在指人名词之后，可译为"身边、身旁"。此时，指人名词常省略。例如：

（15）陆贾者，楚人也。以客从高祖定天下，名为有口辩士，居左右，常使诸侯。（《史记·郦生陆贾列传》，2697）

（16）帝（病）〔崩〕，忽常在左右，安得遗诏封三子事！（《汉书·霍光传》，2933）

（17）复召为光禄大夫，常居左右，论事说议，无不是者。（《论衡·定贤》，1108）

（18）太祖闻而召佗，佗常在左右。（《三国志·魏志·华佗传》，802）

例（15）至例（18），"左右"之前都省略了指人名词。具体而言，例（15）"居左右"可补充为"居（高祖）左右"，例（16）"忽常在左右"可补充为"忽常在（帝）左右"，例（17）"常居左右"可补充为"常居（武帝）左右"，例（18）"佗常在左右"可补充为"佗常在（太祖）左右"。上述例句中的"左右"均和人相联系，可理解为"身边、身旁"。

"左右"的这一用法一直延续到后世。例如：

（19）数年，还投吴喜为辅师府录事参军，喜称其才，进之明帝，得在左右。（《南齐书·刘休传》，612）

（20）一两日间，儿子便到，跪拜起居："自离左右多时，且喜阿娘万福。"（《敦煌变文校注》卷六《目连缘起》，1011）

（21）伯时作画，每使侍左右，久之遂善画，尤工作马，几能乱真。（宋陆游《老学庵笔记》卷二，18）

（22）布谢归；然身虽在卓左右，心实系念貂蝉。（《三国演义》八回，70）

（23）一个人到了成丁授室，离开父母左右，便是安老夫妻恁般严慈，那里还能时刻照管的到他？（《儿女英雄传》三〇回，566）

（二）指人的"左右"

虽然先秦时期的"左右"在表空间方位的义项上尚处于由词组到词的过渡阶段，但是，这并不意味着它在先秦没有出现词的形式。经过调查，我们发现在先秦文献中确实存在已经词汇化了的"左右"。例如：

（1）悉率左右，以燕天子。（《诗经·小雅·吉日》，430 上）

（2）秦大夫及左右皆言于秦伯，曰："是败也，孟明之罪也，必杀之。"（《左传·文公元年》，301 上）

（3）左右曰："夫人少辟火乎?"（《谷梁传·襄公三十年》，160 上）

以上例句中的"左右"不表示空间方位，而是指代"两旁的人"，通常指君王身边的近臣或侍从。"左右"的这一词汇化过程是以转喻为基础来完成的。具体而言，"左"和"右"本是人所处的空间位置，在转喻机制的作用下，被用来共同指代处于该位置上的人。

在此意义的基础上，"左右"还引申出了表示尊称的用法。例如：

（4）是故不敢匿意隐情，先以闻于左右。（《史记·张仪列传》，2296）

（5）天子哀闵单于弃大国，屈意康居，故使都护将军来迎单于

妻子，恐左右惊动，故未敢至城下。(《汉书·陈汤传》，3012)

例（4）、例（5）均出现在对话的语境中。为了表示对听话者的尊敬，说话者在提到听话者时，不直称对方，而是用其执事者"左右"来代指。这体现了中国传统礼仪文化的特色。

"左右"不仅可以用来尊称在上位者，还常出现在书信中用以尊称对方。例如：

（6）是仆终已不得舒愤懑以晓左右。(《全汉文》卷二六司马迁《报任少卿书》，271 上)

（7）备内欲自规，仍伪报曰："备与璋托为宗室，冀凭英灵，以匡汉朝。今璋得罪左右，备独竦惧，非所敢闻，愿加宽贷。若不获请，备当放发归于山林。"(《三国志·吴志·鲁肃传》，1271)

"左右"用于尊称对方，后世亦可见。例如：

（8）攸之与武陵王赞笺曰："……若夫斩蛟陷石之卒，裂骼卷铁之将，烟腾飙迅，容或惊动左右，苟不获已，敢不先布下情。"(《宋书·沈攸之传》，1939)

（9）闽中荔枝，唯陈家紫号为第一，辄献左右，以伸野芹之诚，幸赐收纳，谨奉手状上闻不宣。(《容斋随笔》卷三《蔡君谟帖》，39)

（10）前送马围人回州，曾有书奉谢，并陈一切，想达左右。(清恽敬《大云山房文稿·与赵石农书》，306)

（三）表约数的"左右"

大约从汉代开始，"左右"能出现在数量结构之后，表示估量。例如：

（1）儒者说曰："太平之时，人民侗长，百岁左右，气和之所生也。"(《论衡·气寿》，31)

（2）语称上世之人，侗长佼好，坚强老寿，百岁左右。（《论衡·齐世》，803）

（3）至二十左右，方复就观小说，往来者见床头有数帙书，便言学问，试就检，当何有哉。（《宋书·王微传》，1669）

（4）与叔甚高，可惜死早！使其得六十左右，直可观，可惜善人无福！（《朱子语类》卷一〇九，2693）

例（1）、例（2）中的"左右"和表年龄的数量结构"百岁"相搭配，表示从一百岁稍前到一百岁稍后的年龄段。用图示可表示为：

图1-1　"百岁"与"百岁左右"在年龄轴上的位置

（横线表示年龄轴，竖线与横线的交叉点为"百岁"，实的横线为"百岁左右"这个年龄段）

例（3）、例（4）中的"二十左右""六十左右"虽然省略了量词，但同样是表示对年龄的大概估计，相当于"二十岁前后""六十岁前后"。

由前文可知，"左右"最初表示的是空间方位义，常出现在人或物之后，表示对方位的估量，可解释为"周围、旁边、附近"。"左右"从对方位的估量发展为对数量的估量，这是一个隐喻的过程。如果我们把数量理解为从小到大依次排列的一条轴线，那么对任一数量而言，比它稍小的数量总是出现在它的左边，而比它稍大的数量则总是出现在它的右边。这样一来，空间方位和数量之间就有了相似之处。于是，基于这种相似性，"左右"被从空间域投射到了数量域，由对方位的估量隐喻出对数量的估量。

"左右"的这一用法后代多有沿用，一直到今天。例如：

（5）【后庭花】你如今六旬左右，可不道到中年万事休。（《全元戏曲》卷一关汉卿《窦娥冤》一折，187）

（6）锯鱼长二丈，则口长当十之三左右，齿如铁锯，生于潮、

惠为多。(明王士性《广志绎》卷四，99)

（7）东山举目觑他，却是一个二十岁左右的美少年，且是打扮得好。(《拍案惊奇》卷三，56)

（8）钟明、钟亮各引一百人左右埋伏，准备策应。(《喻世明言》卷二一，333)

（9）他年纪不过二十左右，面目英秀，辩才无碍，穿着一身黑呢衣服，脑后还拖根辫子。(《孽海花》二九回，287)

（10）我算过，从日本运到这里，不过三两七八钱左右便彀了，如果四两五钱做了，何至受累？(《二十年目睹之怪现状》六二回，573)

（四）表时间方位的"左右"

因为人们习惯于用数字加"年、月、日、时、更"等的形式来记录时间，使得时间域和数量域之间出现了一定的交叉（见下图）。这为"左右"的使用领域的拓展提供了有利的契机。

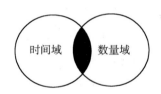

图1-2　汉语时间域与数量域的关系

大约到了宋代，"左右"开始出现在表示时间的数量词语之后，而这部分词语既属于数量域又属于时间域。于是，"左右"有了从数量域扩展到时间域的机会。例如：

（1）【尾】我眼巴巴的盼今宵，还二更左右不来到，您且听着：堤防墙上杏花摇。(《古本董解元西厢记》卷五，159)

（2）【尾】花阴柳影，霎时驰骤，急回首三旬左右。罢却爱月惜花心，闲着题诗画眉手。(《全元散曲》无名氏《【越调】斗鹌鹑·元宵》，1838)

（3）看看混战到四更左右，杀出核心。(《水浒全传》七七回，

964）

在类推机制的作用下，"左右"不仅能跟带数字的时间词相搭配，还能跟其他的时间词相搭配，其使用领域从数量域完全拓展到了时间域。例如：

（4）【幺】到中秋左右还相会，见他时擘破面皮。（《全元散曲》顾德润《【黄钟】愿成双·忆别》，1073）

（5）果是黄昏左右，万小员外，和那万秀娘，当直周吉，两个使马的，共五个人，待要入城去。（《警世通言》卷三七，559）

（6）自葬后，每年清明左右，春风骀荡，诸名姬不约而同，各备祭礼，往柳七官人坟上，挂纸钱拜扫，唤做"吊柳七"，又唤做"上风流冢"。（《喻世明言》卷一二，198）

（7）到了春分左右，北河开了冻，这边号里接到京里的信，叫这边派人去结算去年帐目。（《二十年目睹之怪现状》一〇一回，963）

以上例句中的"左右"出现在节日、节气等时间词之后，表示对时间的估量。

综上所述，名词"左右"的语义发展经历了从"空间域"到"数量域"再到"时间域"的演变历程。通过隐喻和类推机制的作用，实现了使用领域的不断拓展。

二　副词"左右"

元明时期，"左右"开始出现副词的用法。例如：

（1）【鹊踏枝】我左右来无一个去处，天也，则索阁落里韫椟藏诸！（《全元戏曲》卷二马致远《荐福碑》一折，81）

（2）（刘员外云）姑姑，既然昨夜李小姐来与别人成了亲事，左右是个破罐子了。（《全元戏曲》卷六无名氏《鸳鸯被》二折，132）

（3）罢了，象老孙拿去时，你略不挂念，左右是舍命之材；这

呆子才自遭擒，你就怪我。（《西游记》七六回，974）

（4）燕青想道："左右是死，索性说了，教他捉去，和主人阴魂做一处。"（《水浒全传》六二回，792）

以上例句中的"左右"均出现在句子谓语之前，起修饰限定作用。究其来源，应与隐喻有关。在近代汉语时期，很多反义复合词都出现了相同的副词用法。根据"形式相似、意义相近"的象似原则，我们推断，构成方式的相似性可能是它们隐喻出相同意义的基础。

从句法上看，副词"左右"的位置比较灵活。可以出现在主语之前。例如：

（5）（卜儿云）左右我的女儿在家，也受不得这许多气，便等他嫁了人去，倒也静办。（《全元戏曲》卷三李行道《灰栏记》楔子，567）

（6）（郭云）你看么，我见他是出家人，则这般与他个茶吃，他又这般饶舌。也罢，依着他，左右茶客未来哩。（《全元戏曲》卷二马致远《岳阳楼》二折，167）

（7）（令史云）左右你的头硬，便试一试铜铡，也不妨事。（《全元戏曲》卷三孟汉卿《魔合罗》三折，696）

也可以出现在主语之后。例如：

（8）（彭大云）你左右算不着，我说与你知道：我今年六十九岁了。（《全元戏曲》卷五王晔《嫁周公》一折，240）

（9）你左右将到村里去卖，一般还你钱。便卖些与我们，打甚么不紧。（《水浒全传》一六回，190）

（10）支助道："脸左右红了，多坐一时回去，打甚紧？只吃这一杯罢，我再不劝你了。"（《警世通言》卷三五，537）

从语义上看，副词"左右"可细分为两类：表情状和表语气。表情状的"左右"修饰句子的谓语，表示的是动作行为的情形或状态。例如：

（11）（那榜）才挂不上三个时辰，被风吹去，战兢兢左右追寻。（《西游记》六八回，869）

（12）（宣教）左右看着房中，却别无躲处。（《二刻拍案惊奇》卷一四，291）

例（11）中的"左右"描摹的是动作"追寻"的情状，相当于"到处"。例（12）中的"左右"形象展现了动作"看"的状态，"左右看着房中"突出的是"看"的周遍性，相当于"把屋里看了个遍"的意思。

表语气的"左右"常出现在陈述句中，表示对已然事实或主观判断的强调，相当于"反正"。例如：

（13）八戒道："我又不曾大生，左右只是个小产，怕他怎的？"（《西游记》五三回，691）

（14）贾涉道："左右如今也不容相近，咫尺天涯一般，有甚舍不得处？"（《喻世明言》卷二二，353）

（15）妖王笑道："那包袱也无甚么值钱之物，左右是和尚的破偏衫，旧帽子，背进来拆洗做补衬。"（《西游记》四一回，535）

（16）那害痨的死在早晚，左右要拆散的，不是你因缘了，到不如早些开交干净，免致担误你青春。（《警世通言》卷二二，320）

（17）这些东西，左右是你的，如今都交与你，省得欠挂。（《警世通言》卷三一，477）

例（13）、例（14）中的"左右"是对已然事实的强调，而例（15）至例（17）中的"左右"则是对说话人主观判断的强调。

从语用上看，副词"左右"具有一定的篇章衔接功能。张谊生（1996）认为，副词在篇章衔接过程中的功能大致有六种："1. 表顺序；2. 表追加；3. 表推论；4. 表解说；5. 表转折；6. 表条件。""左右"的语篇功能主要是"表条件"，强调在任何情况下都不改变结论或结果。例如：

（18）他若欺心不招架时，左右做我不着，你两个老人家将我去府中，等我郡王面前实诉，也出脱了可常和尚。（《警世通言》卷七，85）

（19）早知左右是死，背井离乡，着甚么来！（《警世通言》卷三〇，467）

（20）这等痴人，便是募得些些，左右也被人骗去。（《醒世恒言》卷三七，806）

（21）我左右是个没事的人，乐得跟他们出去逛逛呢！（《儿女英雄传》四〇回，863）

（22）左右我是外人，多早晚我死了，你们就清净了。（《红楼梦》一〇一回，1418）

此外，"左右"在元代还出现了一种特殊的用法，即"左右是左右"，表示事情已经到了某个地步，索性做到底。例如：

（23）（卜儿云）左右是左右，员外多拿些钱来，我嫁与你将去。（《全元戏曲》卷二马致远《青衫泪》二折，138）

（24）（毛延寿上云）左右是左右，将着这一轴美人图，献与单于王，着他按图索要，不怕汉朝不与他。（《全元戏曲》卷二马致远《汉宫秋》二折，114）

（25）（行者）自家见了，又不忍道："咦！他倒是个好意，把些家常话儿都与我说了，我怎么却这一下子就结果了他？——也罢，也罢！左右是左右！"（《西游记》七四回，952）

"左右是左右"的中间还可插入其他词语。例如：

（26）石秀道："左右只是左右，不可放过了他。"（《水浒全传》四六回，587）

（27）事到其间，过迁也没有主意。"左右是个左右，不是他便是我，一发并了命罢。"（《醒世恒言》卷一七，338）

"左右"的这种用法在现代汉语中已很难见到。

第三节　"上下"的形成演变及其认知研究

有关反义复合词"上下"的研究成果，多散见于前人时贤的论著之中。唐颜师古《匡谬正俗·上下》论及其"称尊卑总论""指父母"的意义。今人蔡镜浩《魏晋南北朝词语例释》（1990：289）列"上下"条，下有两个义项："①指家属。②又可专指父母，为偏义复合词，仅指上，不指下。"方一新、王云路《中古汉语读本》（修订本）（2006：365）也提到了"上下"的这两种用法。此外，和"上下"相关的论文有：郭攀的《"时点性参照点+双向复合性方位词"的综合考察》（2001）、牛顺心的《对举的方位复合词》（2004）、张豫峰的《"X+前后/左右/上下"的分析》（2004）等。

《说文·上部》："上，高也。""上"的本义为"位置在高处"。《说文·上部》："丁，底也。""下"的本义为"位置在低处"。"上"和"下"最初都是指示空间方位的词语，它们在语义上形成一种对立关系。先秦文献中已经出现了"上""下"连用的情况。例如：

（1）目巧之室，则有奥、阼，席则有上下，车则有左右，行则有随，立则有序，古之义也。（《礼记·仲尼燕居》，1273）
（2）孟子曰："水信无分于东西，无分于上下乎?"（《孟子·告子上》，736）

以上例句中的"上下"可理解为"上和下"，构成成分间的关系并不紧密，似乎尚未凝固成词。

先秦时期的"上"和"下"除了可以表示空间方位的对立以外，还同步引申出了其他的对立关系，如表示"天"和"地"的对立。《楚辞·天问》："曰遂古之初，谁传道之? 上下未形，何由考之?"此处的"上下"指的是"天和地"；表示社会地位、社会关系的对立，犹言君臣、君民、尊卑等。《左传·襄公二十二年》："君人执信，臣人执共。忠信笃敬，上下同之，天之道也。"此处的"上下"指的是"君和臣"。《礼记·经解》："发号出令而民说谓之和，上下相亲谓之仁，民不求其所欲而得之谓之信，除去天地之害谓之义。"此处的"上下"指的是"君和民"。《礼记·哀公问》："非礼无以节事天地之神也，非礼无以辨君臣、上下、长幼之位也，非礼无以别男女、父子、兄弟之亲，婚姻、疏数之交也。"此处的"上下"指的是社会地位的"尊和卑"。表示这些对立关系的"上下"均可视为词组，因为在其构成成分之间可插入连词"和"而语义不变。

由于"上"和"下"在多个义项上形成对立关系，它们所构成的反义复合词也就具有多个义项。下面，我们将分别进行讨论。

一 表空间关系的"上下"

"上"和"下"在空间位置上形成对立关系，它们凝固成词后，指的是"从上到下、由上往下"。例如：

（1）一日一夜，母腹中上下风起。儿从是风，倒头向下，足在上，堕母胞门中。（东汉安世高译《道地经》，15/234/c）

（2）其寺上下五重，凿石为之。（唐道宣《续高僧传》卷四，50/452/b）

（3）江干上下十余里间，珠翠罗绮溢目，车马塞途，饮食百物皆倍穹常时，而僦赁看幕，虽席地不容闲也。（宋周密《武林旧事》卷三《观潮》，44）

（4）（正旦云）梅香，你看那个官，将俺母亲上下相觑，是一个不良的也呵。（《全元戏曲》卷六无名氏《泣江舟》二折，691）

（5）此河上下不知多远，但只见这径过足有八百里。（《西游记》二二回，276）

（6）这位姑娘的小解法就与那金凤姑娘大不相同了，浑身上下本就只一件短袄，一条裤子，莫说裙子，连件长衣也不曾穿着。（《儿女英雄传》九回，140）

以上例句中的"上下"均表示空间方位的"从上到下"。"上"和"下"本是对立的两极，现转指以它们为顶点的整个空间距离。这是一种

"部分代整体"的转喻。"转喻是相接近或相关联的不同认知域中，一个突显事物替代另一事物。"（赵艳芳，2001：116）"上"和"下"作为一段空间距离的两个临界点，具有突显的属性，因而能够发生转喻。

二　表时间关系的"上下"

"上"和"下"不仅能表示空间方位，还能表示时间方位。"上"指"时间在前"，而"下"则与之相对，指"时间在后"。表时间的"上下"凝固成词后，表示"从前到后"的一段时间。例如：

（1）亦其涉猎者广博，贯穿经传，驰骋古今，上下数千载间，斯以勤矣。（《汉书·司马迁传》，2737）

（2）理切必在甄明，事重尤应标著，搜猎上下，总括代终，置之众篇之后，一统天人之迹。（《魏书·前上十志启》，2331）

（3）寻迁之驰骛今古，上下数千载，春秋已往，得其遗事者，盖唯首阳之二子而已。（唐刘知几《史通·探赜》，210）

（4）这几个字，自古圣贤上下数千年，呼唤得都一般。（《朱子语类》卷四，56）

（5）中论秦、汉以来，上下三千余年，天下一统者，六百余年而已。（《元史·陈思谦传》，4238）

（6）王月生出朱市，曲中上下三十年，决无其比也。（明张岱《陶庵梦忆》卷八《王月生》，127）

以上例句中的"上下"均表示"从前到后"的一段时间。在大多数情况下，"上下"的后面会出现同位关系的时间词语，具体说明这段时间的长度。从文献用例来看，"上下"所指称的时间段通常跨度比较大，是一段相对较长的时间，如："数千载"［例（1）、例（3）］、"数千年"［例（4）］、"三千余年"［例（5）］、"三十年"［例（6）］等。

表时间的"上下"不仅可以用来指"从前到后"的一段时间，还可以用在时间词语之后，表示对时间的估量。例如：

（7）取铅十斤于铁器中销之，二十日上下，更内铜器中，须铅

销，内紫粉七方寸匕，搅之，即成黄金也。(《抱朴子内篇》卷一六，291)

(8) 八月十七日上下袁崇焕，着即会官处决，钱龙锡着革职。(明文秉《烈皇小识》卷二，58)

(9) (金员外夫妇) 声声是佛，口口是经，一直念到这早晚，已自是二更上下。(《三宝太监西洋记通俗演义》二回，26)

(10) 国师道："宝船上今夜三更上下，当主一惊，故此特来先报。"(《三宝太监西洋记通俗演义》三四回，441)

以上例句中的"上下"均是对时间的估量，相当于"左右"。它既能和时段时间词语相搭配，如例 (7)，也能和时点时间词语相搭配，如例 (8) 至例 (10)。

从认知角度看，"上下"的这一语义发展过程和隐喻思维密切相关。人们通过隐喻将本属于空间域的概念"上下"投射到了时间域。

三　表约数的"上下"

大约在元明以后，文献中开始出现"数 (量) 词+上下"的用法，"上下"表示对数量的估计。例如：

(1) 大卿看静真姿容秀美，丰采动人，年纪有二十五六上下。(《醒世恒言》卷一五，284)

(2) 公子回道："儿子此番带来约有七千金上下光景，便不候乌克斋的信，想也足用了。"(《儿女英雄传》一二回，192)

(3) 那身材足有六尺上下来高。(《儿女英雄传》一五回，235)

(4) (寡母王氏) 今年方四十上下年纪，只有薛蟠一子。(《红楼梦》四回，64)

(5) 这爿钱庄乃本地几个绅士拼出股分来合开的，下本不到一万；放出去的帐面却有十来万上下。(《官场现形记》四七回，800)

"上下"能用于对数量的估计，这与人们的认知心理有着密切关系。Lakoff (1980：15—16) 指出，当我们往容器或物品堆里加更多的东西，其水平线会上升。这使得我们很容易将数量的增加和空间位置的上升联系在一起，形成"多就是上"的空间隐喻。与之相对，则会有"少就是下"的空间隐喻。数量关系和空间关系通过隐喻联系在了一起。因此，表空间关系"上下"也就可以通过隐喻来表示对数量的估计。

四　指人的"上下"

先秦时期，"上"可用来指居于上位的人，而"下"则与之相对，指居于下位的人。当二者连用时，"上下"可用来总称一个集体中从上到下所有的人。这种用法在先秦、两汉的文献中已存在例证。例如：

（1）平称众，上下欲之也。外平不道，以吾人之存焉道之也。（《谷梁传·宣公十五年》，119下）

（2）朕闻古者诸侯建国千余（岁），各守其地，以时入贡，民不劳苦，上下欢欣，靡有遗德。（《史记·孝文本纪》，422）

例（1）、例（2）中的"上下"指的是从上到下所有的人。

到了魏晋南北朝时期，总称一个集体中从上到下所有人的"上下"已经用得较为普遍。例如：

（3）闻车驾欲幸摩陂，实到许昌，二宫上下，皆悉俱东，举朝大小，莫不惊怪。（《三国志·魏志·陈群传》，636）

（4）每奉诏宣外，必告示殷勤，受事者皆饱之而退，事密者倍至蒸仍。是以上下嘉叹。（《魏书·叔孙建传》，706）

例（3）中"二宫上下"指的是"二宫中所有的人"，例（4）中的"上下嘉叹"意思是"（朝廷中）从上到下所有的人都赞叹不已"。

"上"和"下"单用时分别指称在上位和在下位的人，凝固成词后则表示对从上到下所有人的总称，这一词汇化过程是以转喻为基础的。对于一个集体而言，居上位者和居下位者是所有成员中相对凸显的部分，他们居于等级关系的两端，容易识别和认知，因而可以用来指代整个集体。这属于"部分代整体"的转喻过程。

"上下"的这一用法一直沿用到今天。例如：

(5) 子孝孙贤，臣忠朝正，上下尽成和气。(《全唐五代词》卷八吕岩《望梅花·三》，1051)

(6) 留之且旬日，知州屡趣之，不得，上下皆怪之。(宋司马光《涑水记闻》卷二，26)

(7) 吴主皓自改元建衡，至凤凰元年，恣意妄为，穷兵屯戍，上下无不嗟怨。(《三国演义》一二〇回，1032)

(8) 一见他老人家中了风，合衙门上下都惊慌了，立刻打电报给大少爷。(《官场现形记》三七回，626)

大约从晋代开始，"上下"还可被用来专指家属，犹言家中老少、大小。例如：

(9) 伯熊上下安和为慰，可令知问。(《全晋文》卷二三王羲之《杂帖》，1587 上)

(10) 上下近问慰驰情，不知何似？(《全晋文》卷二三王羲之《杂贴》，1591 下)

(11) 尊堂忧灼，贤姊涕泣，上下愁劳，举家惨戚，何可尔邪？(《全晋文》卷一〇三陆云《答车茂安书》，2049 上)

(12) 妾诚自悲伤，为之憔悴。姑长上下，益见矜怜。(《全晋文》卷一四四于氏《上表言养兄子率为后》，2288 上)

以上例句中的"上下"均为指人名词，指的是家属、亲人。
此意义在后世文献中得以沿用。例如：

(13) 如人为一家之长，一家上下也须常常都计挂在自家心下，始得。(《朱子语类》卷一一二，2733)

(14) 一家上下，悉投黄河，获其囊三四百笼，以舟行没溺闻奏。(宋孙光宪《北梦琐言》卷九，74)

(15) 【鹊踏枝】再拜虔诚告祝：保护一家儿上下无虞。(《全元

戏曲》卷七无名氏《九世同居》一折，161）

（16）家中上下俱无事，傥欲挈家，须在彼稍安，详度可否，然后来取。（明叶盛《水东日记》卷一一《记王轸父家书事》，117）

有时，与亲属关系相关的"上下"只有"上"表义，而"下"不表义。这种偏义的"上下"往往指的是"父母"。唐颜师古《匡谬正俗·上下》："凡言上下者，犹称尊卑，惣论也……而江南士俗近相承，与人言议及书翰往复，皆指父母为上下，深不达其意耳。"

"上下"偏指"父母"的用法主要出现在东晋至唐代的文献中。例如：

（17）乏子孙，常欣伦早成家，以此娱上下。（《全晋文》卷二七王献之《杂帖》，1615 上）

（18）瑶之乃自往曰："今岁过寒，而建安绵好，以此奉尊上下耳。"（《宋书·孝义·郭世道传》，2245）

（19）又上下年尊，益不愿居官次，废晨昏也。（《南齐书·刘瓛传》，678）

（20）卿已出家，永违所生，剃发毁容，法服加形，辞亲之日，上下涕零，割爱崇道，意陵太清，当遵此志，经道修明。（唐道宣《续高僧传》卷二三，50/629/c）

元代以后，"上下"还出现了尊称"公差"的用法。例如：

（21）（净督丑读招）官司差人点视，便籴些谷支持。上下得钱便罢，不问仓廪空虚。（《全元戏曲》卷一○高明《琵琶记》一六出，187）

（22）林冲道："上下要缚便缚，小人敢道怎的。"（《水浒全传》八回，104）

（23）只见点茶的老子，手把只粥碗出来道："众上下少坐，宋四公教我买粥，吃了便来。"（《喻世明言》卷三六，564）

（24）小娟不知事由，对公人道："姊姊亡逝已过，见有棺柩

灵位在此。我却随上下去回复就是。"（《拍案惊奇》卷二五，441）

五 指动作的"上下"

先秦时期，"上""下"均可作动词，表示"由低处到高处"和"由高处到低处"这两个相对的动作行为。"上下"凝固成词后，则表示动作的往复，即"或上或下""时上时下"，相当于"周旋、徘徊"。例如：

(1) 左司马戌谓子常曰："子沿汉而与之上下，我悉方城外以毁其舟，还塞大隧、直辕、冥厄。"（《左传·定公四年》，950 下）

(2)（今）〔令〕征虏守南郡，潘璋住白帝，蒋钦将游兵万人，循江上下，应敌所在。（《三国志·吴志·吕蒙传》，1278）

(3) 又遣将领马队，与洛阳令杨毅合二百骑，缘河上下，随机赴接。（《宋书·索虏传》，2324）

(4) 其年，萧衍雍州刺史萧藻遣其将蔡令孙等三将寇南荆之西南，沿襄沔上下，破掠诸蛮。（《魏书·蛮传》，2247）

(5) 三年十二月，显祖因田鹰获鸳鸯一，其偶悲鸣，上下不去。（《魏书·释老志》，3038）

以上例句中的"上下"均和空间位置的移动有关，因此，在其前后文中，通常会出现或隐含位置移动的空间参照点。例（1）至例（4）中的空间参照点是显现的。例（1），晋杜预注："沿，缘也。缘汉上下，遮使勿渡。""上下"的参照点是汉水，即"或沿汉水而上，或沿汉水而下；在汉水沿岸周旋、徘徊"。例（2）中"上下"的参照点是"长江"。例（3）中"上下"的参照点是"黄河"。例（4）中"上下"的参照点是"襄沔"。例（5）中的空间参照点是隐含的。从后文"飞鸣者"可以推断，"上下"的参照点应是"空中"，即"在空中上下飞行；在空中徘徊"。

如果说表"周旋、徘徊"义的"上下"与具体的"从低处到高处"

"从高处到低处"的位置移动有一定关系，那么下面例句中的"上下"则很难再和具体的"上"和"下"发生直接联系，它的语义变得更为抽象。例如：

（6）索讼者，三禁而不可上下，坐成以束矢。（《国语·齐语》，230）

（7）必择五谷之芳黄，以为酒醴粢盛，故酒醴粢盛与岁上下也。（《墨子·明鬼下》，237）

例（6）"索讼者，三禁而不可上下"，三国吴韦昭注："三禁，禁之三日，使审实其辞也。而不可上下者，辞定不可移也。""上下"为"改变、变更"义。例（7）"与岁上下"即"随年成而有所变化"。此时，"上下"的［+方向］义素失落，［+改变］成了整个词语的核心义素。这是一个语义泛化的过程，其深层机制是隐喻，即以相似性为基础的不同认知域之间的语义投射。

表"改变、变化"义的"上下"进一步抽象，又衍生出了"附和"的意义。例如：

（8）张汤以知阿邑人主，与俱上下，时辩当否，国家赖其便。（《汉书·酷吏传》，3676）

（9）若其阿意顺指，随君上下，臣禹不胜拳拳，不敢不尽愚心。（《汉书·贡禹传》，3072）

例（8）"与俱上下"，唐颜师古注："此言阿谀，观人主颜色而上下也。"例（9）"随君上下"，唐颜师古注："上下犹言高下，谓苟顺从也。"例（8）、例（9）中的"上下"均为"附和"义，即"根据别人的意见改变自己的观点，使与之相同"。

此用法在后世文献中亦有例证。例如：

（10）僧云："与摩则后学之流，皆承覆荫。"师云："随众上下。"（《祖堂集》卷一三《福先招庆和尚》，507）

　　（11）昨在京师，不敢犯人颜色，不敢议论时事，随众上下，心志蟠屈不开，固亦极矣。（《宋史·文苑四·苏舜钦传》，13079）

六　表其他意义的"上下"

除了上述意义以外，"上下"还可以用来表示"匹敌、差不多""高低、胜负"等意义。

（一）匹敌、差不多

大约从唐代开始，"上下"有了"匹敌、差不多"的含义。例如：

　　（1）有张籍者，年长于翱，而亦学于仆，其文与翱相上下。（《全唐文》卷五五三韩愈《与冯宿论文书》，5597下）

　　（2）"回赐执愈"一段，大率比较人物，亦必称量其斤两之相上下者。（《朱子语类》卷二八，720）

　　（3）二公尝同道为御史，同大拜执邦法，俱尝典留守，声名相上下，归荣令终亦同。（明叶盛《水东日记》卷八《顾魏二公归荣令终》，88）

　　（4）璘少负才名，与何、李相上下。（《明史·文苑二·顾璘传》，7355）

　　值得注意的是，在字面上和"相上下"对立的"不相上下"，也可以表示"匹敌、差不多"的意义。例如：

　　（5）自二程外，诸说恐不相上下。（《朱子语类》卷一九，442）

　　（6）二帅抗行，不相上下。（元陶宗仪《南村辍耕录》卷三〇《松江之变》，378）

　　（7）两人终日谈论，依旧各执己见，不相上下。（《喻世明言》卷三〇，482）

　　（8）（中国的兵）穿的衣裳虽然是号褂子，挂一块，飘一块，破破烂烂，竟同叫化子不相上下。（《官场现形记》五五回，958）

"相上下"和"不相上下"同时表示相同的意义，这一现象比较特殊。其成因有待进一步深入研究。笔者推测，这可能是语言选择过程的一种反映。在人们运用某个结构来表达一定的意义时，最初可能因为使用者的理解不同而出现多种形式，它们在语言的实际使用过程中被不断筛选，最终保留一个能为大多数人所接受的形式。就"相上下"和"不相上下"而言，"不相上下"最终被人们所选择，并沿用至今。这一现象既体现了语言的丰富性，同时也反映了语言经济原则对语言丰富性的制约。

（二）高低、胜负

近代汉语中的"上下"能用来表示"高低、胜负"。例如：

（9）青雀翅羽短，未能远食玉山禾。犹胜黄雀争上下，啷啷空仓复若何。（《全唐诗》卷一二五王维《青雀歌》，1260）

（10）小妖道："洞外有猴头称为花果山水帘洞洞主。他说你屡次欺他儿孙，特来寻你，见个上下哩。"（《西游记》二回，26）

（11）那魔王奋勇争强，且行且斗，斗了一夜，不分上下，早又天明。（《西游记》六一回，781）

（12）他二人各使神通，变化无穷，相生相克，各穷其技，凡人世物件、禽兽，无不变化，尽使其巧，俱不见上下。（《封神演义》九二回，715）

以上例句中的"上下"均指的是"高低、胜负"，它表示此意义时多与"争"［例（9）］、"见"［例（10）、例（12）］、"分"［例（11）］等动词相配搭。

七　"上下"的重叠式"上上下下"

"上下"能够重叠使用，其重叠方式为"AABB"，即"上上下下"。"上上下下"主要有两个义项：①从上到下；②对一个集体中从上到下所有人的总称。下面分别举例说明。

（一）从上到下。例如：

（1）何九叔上上下下看得那婆娘的模样。（《水浒全传》二五回，

315)

（2）当时，潘道士别了太尉，先到西园韩夫人卧房，上上下下，看了一会。（《醒世恒言》卷一三，251）

（3）蕙娘又将灿若上上下下仔细看了一会，开口问道："你京中有甚势要相识否?"（《拍案惊奇》卷一六，267）

（4）众人拿眼上上下下打谅了他一番，便问他是那里来的。（《红楼梦》九三回，1318）

以上例句中的"上上下下"均表示空间方位，指"从上到下"。

（二）对一个集体中从上到下所有人的总称。例如：

（5）他又上上下下都使了钱物，早晚间要教包节级牢里做翻他两个，结果了性命。（《水浒全传》四九回，619）

（6）【六转】划地里出出律律纷纷攘攘奏边书，急得个上上下下都无措。（《长生殿》三八出，199）

（7）他本是个活动热闹人，在这里住了几日，处得上上下下没有一个不合式的。（《儿女英雄传》二九回，559）

（8）众人先是发怔，后来一听，上上下下都哈哈的大笑起来。（《红楼梦》四〇回，550）

以上例句中的"上上下下"都是指人名词，表示"从上到下所有的人"。

第四节　"姊妹"和"姐妹"的历时演变及方言调查

"姊妹"和"姐妹"是一组相关的反义复合词。本节主要从历时演变和方言分布两个角度来对它们进行研究。

一　"姊妹"的历时演变

《尔雅·释亲》："谓女子，先生为姊，后生为妹。""姊妹"连言的

情况在上古时期就已出现。例如:

（1）或曰：由鲁嫁，故为之服姊妹之服。（《礼记·檀弓下》，249）

（2）凡公女嫁于敌国，姊妹则上卿送之，以礼于先君，公子则下卿送之。（《左传·桓公三年》，104 下）

（3）无女而有姊妹及姑姊妹，则曰："先守某公之遗女若而人。"（《左传·襄公十二年》，549 上）

以上例句中的"姊妹"指"姐姐和妹妹"，这一用法一直沿用至今。例如：

（4）白尊太后姊妹君侠为广恩君，君力为广惠君，君弟为广施君，皆食汤沐邑，日夜共誉莽。（《汉书·元后传》，4030）

（5）会永昌王仁随世祖南征，得元后姊妹二人。（《魏书·酷吏·李洪之传》，1918）

（6）歌舞向来人不贵，一旦逢君感君意。君心见赏不见忘，姊妹双飞入紫房。（《全唐诗》卷一五六王翰《飞燕篇》，1602）

（7）自叹福薄无兄弟，眼中流泪数千行。为缘多生无姊妹，亦无知识及亲房。（《敦煌变文校注》卷一《董永变文》，174）

（8）一家姊妹，两般梳洗，浓淡施朱傅粉。（《全宋词》赵彦端《鹊桥仙·二色莲》，1449）

（9）公主道："不妨，我父王无子，止生我三个姊妹，若见此书，必有相看之意。"（《西游记》二九回，366）

（10）因他自幼姊妹丛中长大，亲姊妹有元春、探春，伯叔的有迎春、惜春，亲戚中又有史湘云、林黛玉、薛宝钗等诸人。（《红楼梦》二〇回，283）

（11）"我们，生死，用不着别人……"蒋蔚祖说，哭着，凄凉地看着姊妹们。他底朦胧的眼光说："姐姐妹妹们，我们永别了!"（《财主底儿女们》，191）

"姊妹"有时偏指"姐姐"或"妹妹"。例如：

（12）二月，庚子，子叔姬卒。其曰子叔姬，贵也，公之母姊妹也。（《谷梁传·文公十二年》，106 下）

（13）父坐事，姬与姊妹俱入掖庭。（《后汉纪·安帝纪下》，328）

（14）浙西周宝侍中博陵崔夫人，乃乾符中时相之姊妹也。（宋孙光宪《北梦琐言》卷四，30）

此外，"姊妹"还由"姐姐和妹妹"引申出了"泛指同辈女子"的意义。例如：

（15）谢家姊妹，诗名空杳。（《全宋词》张先《贺圣朝》，65）

（16）沈家姊妹，也是可怜人，回巧笑，发清歌，相间花间坐。（《全宋词》朱敦儒《蓦山溪》，845）

（17）谁家姊妹去寻芳。粉面云鬟参杂、汉宫妆。（《全宋词》吕胜己《虞美人·咏菊》，1764）

（18）（搽旦王粉莲赶驴上，云）恰才几个姊妹请我吃了几杯酒，他两个差人牵着个驴子来取我。（《全元戏曲》卷六无名氏《陈州粜米》三折，108）

（19）我等虽则异姓，俱是同行姊妹。因封家十八姨，数日云欲来相看，不见其至。今夕月色甚佳，故与姊妹们同往候之。（《醒世恒言》卷四，75）

（20）众女赌到间深处，忽见是李三下注，尽嚷道："李秀才，你又来鬼厮搅，打断我姊妹们兴头。"（《二刻拍案惊奇》卷八，171）

（21）好好的大正月里，娘儿们姊妹们都喜喜欢欢的，你又怎么这个形景了？（《红楼梦》二二回，307）

在文献中，"姊妹"常和"兄弟""弟兄"相连用。例如：

（22）惟我兄弟姊妹束修慎行，用不辱于冠带，实母氏是凭。

（《晋书·夏侯湛传》，1497）

（23）姊妹弟兄皆列土，可怜光彩生门户。遂令天下父母心，不重生男重生女。（《全唐诗》卷四三五白居易《长恨歌》，4818）

（24）怨死尸在生日，于父母处不孝，宗亲处无情，兄弟姊妹处无义。（《敦煌变文集新书》卷四《地狱变文》，742）

由于经常和"兄弟""弟兄"相连用，"姊妹"衍生出了"泛指兄弟姐妹"的用法。例如：

（25）玄宗每年十月幸华清宫，国忠姊妹五家扈从，每家为一队，着一色衣，五家合队，照映如百花之焕发。（《旧唐书·后妃上·玄宗杨贵妃传》，2179）

（26）【前腔】哥哥共乳同胞一母生，今日如何反面嗔？休听枕边言聒，且自宁心。亲旧情亲，姊妹莫相争。待奴身孕始倾，若得后来重复事，金瓯再覆李门庭。（《全元戏曲》卷九无名氏《白兔记》一六出，397）

（27）【幺篇】俺大哥开天立极，俺二哥继体垂衣，今皇帝是俺嫡堂叔侄，先皇帝是俺同胞的那姊妹。（《全元戏曲》卷六无名氏《清风府》三折，337）

（28）八戒道："师兄，那道士在那里？等我问他一问，为何这般害我。"行者把蜘蛛精上项事，说了一遍。八戒发狠道："这厮既与蜘蛛为姊妹，定是妖精！"（《西游记》七三回，940）

（29）我与张官人同日同窗，谁不说是天生一对？我两个自小情如姊妹，谊等夫妻。今日却叫我嫁着别个，这怎使得？（《拍案惊奇》卷二九，505）

（30）贾母高兴，便带了王夫人薛姨妈及宝玉姊妹等，到赖大花园中坐了半日。（《红楼梦》四七回，650）

宋元明时期，出现了用"姊妹"来代指"妓女"的用法。例如：

（31）盈盈泪眼，往日青楼天样远。秋月春花，输与寻常姊妹

家。(《全宋词》辛弃疾《减字木兰花·纪壁间题》，1885)

(32)（柳七）终日只是穿花街，走柳巷，东京多少名妓，无不敬慕他，以得见为荣。若有不认得柳七者，众人都笑他为下品，不列姊妹之数。(《喻世明言》卷一二，188)

(33)前门迎新，后门送旧，张郎送米，李郎送柴，往来热闹，才是个出名的姊妹行家。(《醒世恒言》卷三，39)

(34)做姊妹的，飞絮飘花，原无定主；做子弟的，失魂落魄，不惜余生。怎当得做鸨儿、龟子的，吮血磨牙，不管天理，又且转眼无情，回头是计。(《拍案惊奇》卷二五，436)

(35)却说张贡生走到青楼市上，走来走去，但见：艳抹浓妆，倚市门而献笑；穿红着绿，搴帘箔以迎欢。或联袖，或凭肩，多是些凑将来的姊妹；或用嘲，或共语，总不过造作出的风情。(《二刻拍案惊奇》卷四，75)

(36)每到春三二月天气，那些姊妹们都匀脂抹粉，站在前门花柳之下，彼此邀伴顽耍。(《儒林外史》五三回，597)

二 "姐妹"的历时演变

《说文·女部》："蜀谓母曰姐。""姐"本指母亲，后转指姐姐。"姐"和"妹"连用的情况大约在隋唐时期开始出现，后世通行。"姐妹"主要有以下五个义项：

(一)合指姐姐和妹妹。例如：

(1)慎迹藏心，无使人晓，即姐妹每旬更至，以慰郎心。[《太平广记》卷二九五"刘子卿"条（出《八朝穷怪录》），2353]

(2)周经历道："不要如此说。你姐妹都在左右，也是难得的。"萧韶说："姐姐嫁了个响马贼。我虽在被窝里，也只是伴虎眠，有何心绪？妹妹只当得丫头。"(《拍案惊奇》卷三一，559)

(3)姐妹两个，背着包袱，朝前走了数里。(《镜花缘》四七回，343)

（二）偏指姐姐或妹妹。例如：

（4）你是同胞姐妹，不怀好念。（《醒世恒言》卷二〇，429）

（三）泛指同辈女子。例如：

（5）紫鹃道："我今儿瞧了瞧姐妹们去。"（《红楼梦》九四回，1329）

（6）五儿听了摸不着头脑，便道："都是姐妹，也没有什么不好的。"（《红楼梦》一〇九回，1504）

（四）指兄弟姐妹。例如：

（7）当初你父在日，将你姐妹如珍宝一般爱惜。（《醒世恒言》卷二七，553）

（8）咱姐妹们权且计议搁住，我再踪迹踪迹，休要办哩猛了，惹姐夫回来埋怨。（《歧路灯》八回，84）

（9）老太太、太太知道你姐妹和睦，你听见他死了自然你也要死，所以不肯告诉你。（《红楼梦》九八回，1381）

例（7）中的"姐妹"指李玉英和李承祖姐弟俩，例（8）中的"姐妹"指王氏和她的弟弟王春宇，例（9）中的"姐妹"指宝玉和黛玉。"姐妹"的这个义项也可用"姐妹兄弟"来表示。例如：

（10）王宪禀道："在孝顺街绒线铺里萧家得来的。这两个女子，大的叫做春芳，小的叫做惜惜，这小厮叫做萧韶，三个是姐妹兄弟。"（《拍案惊奇》卷三一，552）

（五）指妓女。例如：

（11）倒再上些料银与他，待我把这六院姐妹，如软玉窝中滋味

尝遍了，也胜似斩这眼圈金线，衣织回文，藏头缩尾，遗臭万年的东西一刀。（《石点头》卷八，174）

（12）罢了！罢了！也不要埋怨着你，只是我自己不是了。本等条直，请他吃杯酒也罢，甚么去寻姐妹？（《醋葫芦》一五回，154）

"姐妹"除单用以外，还可重叠使用。例如：

（13）【尾声】内家官，催何紧。姐姐妹妹，偏背了春风独近。（《长生殿》五出，26）

（14）宝玉满面泪痕泣道："家里姐姐妹妹都没有，单我有，我说没趣；如今来了这们一个神仙似的妹妹也没有，可知这不是个好东西。"（《红楼梦》三回，52）

（15）只是这受祭的阴魂虽不知名姓，想来自然是那人间有一，天上无双，极聪明极俊雅的一位姐姐妹妹了。（《红楼梦》四三回，600）

（16）宝玉道："姐姐妹妹们，让我自己用韵罢，别限韵了。"（《红楼梦》五〇回，695）

（17）贾母又命宝玉道："连你姐姐妹妹一齐斟上，不许乱斟，都要叫他干了。"（《红楼梦》五四回，757）

"姐妹"的出现在一定程度上减轻了"姊妹"的表义负担，在后世文献中，两者处于并存状态。笔者对元明清文献中"姊妹"和"姐妹"的使用情况进行了抽样调查，结果如下：

表 1-1　　　"姊妹"和"姐妹"在元明清文献中的出现次数

	姊妹	姐妹
《全元杂剧》	35	0
"二拍"	42	8
《金瓶梅词话》	34	8
《红楼梦》	261	48

统计结果显示，"姊妹"的使用频率远远高于"姐妹"，在两者的使

用比重上,"姊妹"处于优势地位。

三　"姊妹"和"姐妹"的方言分布

一般而言,现代汉语中的"姊妹"和"姐妹"被视为同义词,两者共同分担表义任务。笔者以《现代汉语方言大词典》(分卷本)为基础,对"姊妹""姐妹"在现代汉语方言中的使用情况进行调查。现将两者在各个方言中的意义和用法列举如下:

表1-2　　　　"姊妹"和"姐妹"在现代方言中的使用情况

方言点	姊妹	姐妹
哈尔滨	无	姊妹
济南	①姐姐和妹妹。②兄弟姐妹	无
牟平	①姐姐和妹妹。A. 不包括本人。B. 包括本人。②同族或同辈的女子。③弟兄姐妹,包括男女	无
徐州	①姐姐和妹妹。②同辈女性之间的称谓。③哥哥和妹妹,姐姐和弟弟。④同辈男性和女性之间的称谓(多用于关系较密切的)	无
扬州	①姐姐和妹妹。②姐姐和弟弟或哥哥和妹妹	无
南京	①姐姐和妹妹的统称。②姐妹弟兄的合称,前面可加"男、女"来区别	无
武汉	①姐妹。②兄弟姐妹中只要有一个女性就通称姊妹。③旧时妻子称已故的丈夫(一般用于哭丧时)	无
成都	兄弟姐妹。兄弟姐妹中只要有一个女性,就可以说姊妹	无
贵阳	①姐和妹。②兄弟姐妹。兄弟姐妹中只要有一个女性,就可以说姊妹。口语中一般不说兄妹或姐弟	无
柳州	①兄弟姐妹。②姐姐和妹妹	姐姐和妹妹
洛阳	未单列"姊妹"。收"姊妹们",意义为"姐妹们"	无
西安	兄弟姐妹	无
西宁	未单列"姊妹"。收"姊妹俩(儿)",意义为"姐妹俩"	无
万荣	泛指兄弟姐妹	无
银川	①姐和妹通称。②兄弟姐妹通称	无

续表

方言点	姊妹	姐妹
乌鲁木齐	姐妹	未单列"姐妹"。收"姐妹俩儿",意义为"姐姐和妹妹两人"
太原	无	①姐姐和妹妹。A. 不包括本人。B. 包括本人。②弟兄姐妹;同胞。
忻州	妹妹	无
丹阳	①姐姐和妹妹。②兄弟姐妹的总称。③妇女哭死去的丈夫时,称丈夫为姊妹。丹阳风俗,妇女哭死去的丈夫时称其为"姊妹",表明该妇女还要再嫁;称其为"天",则表明她不再嫁人	无
崇明	妹妹	无
上海	姊妹$_1$:妹妹。姊妹$_2$:姐姐和妹妹	无
苏州	①姊姊和妹妹。②可以包括姊姊、弟兄	无
杭州	无	姊妹,姐姐和妹妹
宁波	①姐姐和妹妹。②兄弟姐妹	无
金华	姐妹,也可包括男性在内	无
温州	未单列"姊妹"。收"姊妹儿",意义为"姐妹"	无
长沙	无	①姊妹。A. 包括本人。B. 不包括本人。②泛指同辈的女子
娄底	姐妹	无
南昌	①姐姐和妹妹。②哥哥和妹妹或姐姐和弟弟	无
萍乡	①姐姐和妹妹。②泛指兄弟姐妹	无
黎川	①姐妹。②兄弟姐妹	无
梅县	①姊姊和妹妹。②兄弟姊妹	无
于都	兄弟姐妹	无
南宁平话	姐姐、妹妹	无
广州	姐妹	无
东莞	姐姐和妹妹	无
福州	无	姐姐和妹妹
厦门	姐妹	无
海口	①姐姐和妹妹。A. 不包括本人。B. 包括本人。②指女子间相互结交的朋友。③结婚时女方邀请的女伴。④女子跟辈分相同的人或对众人说话时的谦称	未单列"姐妹"。收"姐妹两侬",意义为"姐妹俩"

在以上 39 种方言中，"姊妹"和"姐妹"的分布呈不平衡状态。绝大多数地区的方言里只用"姊妹"，而不用"姐妹"。属于这种情况的方言有：济南方言、牟平方言、徐州方言、扬州方言、南京方言、武汉方言、成都方言、贵阳方言、洛阳方言、西安方言、西宁方言、万荣方言、银川方言、忻州方言、丹阳方言、崇明方言、上海方言、苏州方言、宁波方言、金华方言、温州方言、娄底方言、南昌方言、萍乡方言、黎川方言、梅县方言、于都方言、南宁平话、广州方言、东莞方言、厦门方言，共 31 种。另外，有 3 种方言既用"姊妹"也用"姐妹"，它们是：乌鲁木齐方言、柳州方言、海口方言。有 5 种方言只用"姐妹"，而不用"姊妹"。它们是：哈尔滨方言、太原方言、杭州方言、长沙方言、福州方言。

我们调查的这 39 种方言分别属于 9 大方言区①：官话、晋语、吴语、湘语、赣语、客家话、平话、粤语和闽语。从方言区的角度看，"姊妹"在每个方言区里都有，而"姐妹"只存在于官话、晋语、吴语、湘语和闽语之中，不见于赣语、客家话、平话和粤语。

由于各部方言词典的编纂者不同，对于词语义项的处理也不太一致。根据笔者归纳，"姊妹"在方言中主要有以下几个义项：①指姐姐和妹妹。②偏指妹妹。③泛指兄弟姐妹，包括兄妹、姐弟等关系。④泛指同辈的女性，可以用于自称也可以用于对称。⑤旧时妻子称已故的丈夫（一般用于哭丧时）。⑥结婚时女方邀请的女伴。前四个义项我们在分析"姊妹"的历时演变时已经提到，它们是对前代用法的继承和保留。后两个义项的地方色彩较浓，是当地民俗民情的反映。义项⑤的使用范围主要是武汉和丹阳两地，而义项⑥的使用范围则主要是海口市。由于它们的使用范围受到地域限制，很难在一般文献中找到例证，因此在讨论"姊妹"的历时演变时没有分析这两个义项。但不可否认的是，它们同样是从古代流传下来的。要弄清楚它们的来龙去脉，需要调查那些记录了当地口语的古文献。此方面的研究还有待今后进一步深入。除了以上提到的义项以外，"姊妹"在古代还可用来指称妓女，但是这个义项在现代方言中已经

---

① 方言区的划分根据中国社会科学院和澳大利亚人文科学院合编的《中国语言地图集》（1988）。

不再存在。

"姐妹"在现代方言中主要有以下几个义项：①姐姐和妹妹。②泛指兄弟姐妹。③泛指同辈的女性。古代汉语中"姐妹"的五个义项到今天·只保留了三个，其"偏指姐姐或妹妹""指妓女"的义项已经退出历史舞台。

总的来说，现代方言中"姊妹"和"姐妹"的各个义项均是对前代的继承。"姊妹"的使用范围比"姐妹"广，表义功能比"姐妹"强，处于强势地位。

第五节　"手足"和"手脚"的比较研究

"手""足"和"脚"都是肢体名称，很早就已经产生。先秦时期，"手"既可用来特指"腕以下的指掌部分"，也可泛指"上肢"。"足"与之相对，既可用来特指"踝以下的指掌部分"，也可泛指"下肢"。而"脚"则主要指的是"小腿"，同时也"存在着泛指人体及动物下肢的倾向"（汪维辉，2000：57）。后来，"脚"逐渐替代了"足"，[①] 从而和"手"构成相对关系。

在汉语发展的过程中，先后出现了由"手""足"凝固而成的反义复合词"手足"和由"手""脚"凝固而成的反义复合词"手脚"。龙潜庵《宋元语言词典》（1985：156—157）谈到了"手足"的"爪牙、党羽"义和"手脚"的"武艺"义。本节将从历时角度系统梳理两者的语义发展脉络，对比分析其异同，以揭示其内在发展规律。

一　"手足"的形成及演变

"手"和"足"的连用在先秦文献中就已经出现。从语义上看，既有泛指意义的连用，也有特指意义的连用。前者的使用频率高于后者。例如：

---

① 有关"脚"对"足"的替换问题，可参看汪维辉《东汉—隋常用词演变研究》（2000：40—58）。

（1）心不苟虑，必依于道；手足不苟动，必依于礼。（《礼记·祭统》，1239）

（2）君之视臣如手足，则臣视君如腹心。（《孟子·离娄下》，546）

（3）一言而不听，一事而不行，则陵其主以语，待之以其身，虽死家破，要领不属，手足异处，不难为也。（《韩非子·说疑》，971）

（4）曾子居卫，缊袍无表，颜色肿哙，手足胼胝。（《庄子·让王》，977）

（5）有人于此，夙兴夜寐，耕耘树艺，手足胼胝，以养其亲，然而无孝之名，何也？（《荀子·子道》，530）

例（1）至例（3）中的"手足"表示的是泛指意义，即"上肢和下肢"。例（4）、例（5）中的"手足"表示的则是特指意义，"手足胼胝"意思是"手掌和脚掌生了茧子"。无论是表泛指还是表特指，以上例句中的"手足"都还处在词组阶段，尚未凝固成词。

虽然上古时期的"手足"还只是反义并列的词组，但是它在文献中的某些用法却为其词汇化奠定了基础。《论语·子路》："刑罚不中，则民无所措手足。"《礼记·仲尼燕居》："若无礼，则手足无所错，耳目无所加，进退、揖让无所制。""手足"的这一用法为后人所沿用。例如：

（6）刑既严峻矣，又作为相坐之法，造诽谤，增肉刑，百姓斋栗，不知所措手足也。（《盐铁论·非鞅》，94）

（7）至乃陪仆告其君长，子弟变其父兄，罔密法峻，大臣无所措手足。（《后汉书·陈元传》，1233）

例（6）"不知所措手足"和例（7）"无所措手足"都是对上古用法的继承，是用"手脚无处安放"来形容人的不知所从、极度恐慌。它在反复使用之后，最终凝固为成语"手足无措"，也作"手足失措"。

在后世文献中，"手足无措"用得相对较多。例如：

（8）自画冠既息，刻吏斯起，法令滋章，手足无措。（《陈书·后主纪》，116）

（9）司马懿惊得手足无措，乃下马抱二子大哭曰："我父子三人皆死于此处矣！"（《三国演义》一〇三回，896）

（10）乔道清吃了一惊，手足无措。（《水浒全传》九五回，1164）

（11）那官儿听说是一个绝不相识的外国人来拜，吓得魂不附体，手足无措，连忙请到花厅相会。（《二十年目睹之怪现状》六七回，619）

"手足失措"的例证则少一些。例如：

（12）承命震骇，心神靡宁，顾已惭赧，手足失措。（《全唐文》卷五四七韩愈《为韦相公让官表》，5548 下）

（13）孔明听毕，汗流遍体，手足失措，泣拜于地。（《三国演义》八五回，728）

总之，从语源上看，"手足无措""手足失措"均来自上古典籍，它们的形成与用典有关。

除了用典之外，隐喻也是"手足"词汇化重要途径之一。秦汉以后，"手足"常出现在比喻句中，用以形象说明人与人之间紧密的血缘或社会关系。例如：

（14）夫仁人在上，为下所印，犹子弟之卫父兄，若手足之扞头目，何可当也？（《汉书·刑法志》，1085）

（15）凡此五官之于将也，犹身之有股肱手足也，必择其人，技能其才，使官胜其任，人能其事。（《淮南子·兵略训》，496）

（16）君为元首，臣为股肱，民为手足。（《申鉴·政体》，4）

例（14）中，"手足"比喻"子弟"，"头目"比喻"父兄"，反映的是紧密的血缘关系。例（15）中，"股肱手足"比喻"五官"，"身"比喻"将"，反映的是将领与部下的紧密关系。例（16）中，"元首"比喻"君"，"股肱"比喻"臣"，"手足"比喻"民"，反映的是君王、臣子和百姓之间的紧密关系。这些比喻都还不算是"手足"的义项，因为它们具有临时性和不稳定性。只有经过反复使用，并最终凝固下来的比喻意义才能被单独列为一个义项。"手足"的"兄弟"义便是经历了这样的发展历程。从秦汉时期开始，人们就把"手足"关系和"兄弟"关系联系在了一起，如例（14）。到了唐代，这一用法越发普及。例如：

（17）支离鲜兄弟，形影如手足。但遂饮冰节，甘辞代耕禄。（《全唐诗》卷二三六钱起《小园招隐》，2613）

（18）弟兄，吾手足也，手足不理，吾身废矣。（唐郑棨《开天传信记》，1）

通过长期使用，"手足"和"兄弟"的比喻关系得到了人们的普遍认同，并逐渐稳固下来。人们开始直接用"手足"来指代"兄弟"。例如：

（19）况我友于之爱，手足之亲，永言痛悼之怀，用锡元良之命。（《旧唐书·穆宗五子·怀懿太子凑传》，4537）

（20）上怒曰："朕与晋弟雍睦起国，和好相保，他日欲令管勾天下公事，粗狂小人，敢离我手足耶？"（宋文莹《玉壶清话》卷七，67）

（21）兄念家道死丧殆尽，今手足独有二人，此是又欲亡吾弟尔，且弟既不忍绝，然吾必杀之。（宋蔡绦《铁围山丛谈》卷四，65）

例（19），"友于之爱"与"手足之亲"相对成文，"友于"和"手足"均指的是"兄弟"。例（20），"手足"对应前文"朕与晋弟"，同样表示"兄弟"的意义。例（21），"今手足独有二人"意思是"现在只有兄弟二人"。

"手足"的这一意义在后世文献中得到了广泛的运用，并流传至今。例如：

（22）你哥哥为官，一去三年，杳无音信，你可念手足之情，亲往兰溪任所，讨个音耗回来，以慰我悬悬之望。（《警世通言》卷一一，142）

（23）若娶妻，便当与二弟别居。笃夫妇之爱，而忘手足之情，吾不忍也。（《醒世恒言》卷二，21）

（24）好不好，他们是手足，都是一样的主子，那里有你小看他的！（《红楼梦》六〇回，843）

（25）甄阁学一时手足情切，止不住淌下泪来。（《官场现形记》六〇回，1047）

"手足"所指的"兄弟"并不仅限于"哥哥和弟弟"，也可以包括姊妹。例如：

（26）冀四娘念手足义，而忘睚眦之嫌。（《聊斋志异》卷七《胡四娘》，966）

（27）咱们只有同胞兄弟三人，一个妹子，别无多的手足，岂不愿你这会儿就好！（《红楼复梦》一六回，175）

（28）惜春虽厌恶尤氏，却对贾珍不无兄妹手足之情。（《红楼真梦》四七回，550）

除了表示血缘关系之外，"手足"还可以泛称意气相投或志同道合的人。例如：

（29）吴学究道："公明哥哥之言最好，岂可山寨自斩手足之人？"（《水浒全传》四七回，596）

（30）通天教主曰："据道兄所说，只是你的门人有理，连骂我也是该的？不念一门手足罢了。"（《封神演义》七七回，583）

元明以后，"手足"还出现了喻指"党羽、属下"的用法。例如：

（31）（丹霞云）只是一件，那厮在彼处十八年，广有手足。寻

见你母亲，星夜回来。（《全元戏曲》卷三吴昌龄《西游记》一本三出，416）

（32）（云）孩儿，这贼手足较多，休中他的机关。（《全元戏曲》卷三吴昌龄《西游记》一本三出，418）

（33）宋江又道："我看此人，全仗龚旺、丁得孙为羽翼。如今手足羽翼被擒，可用良策，捉获此人。"（《水浒全传》七〇回，877）

（34）召团丁中勇猛肥长，排立阶下，指说这个善射，这个善拳，这个能飞戟刺人于阵，这个能跃丈墙获贼于野，口若不尽其技，而阶下眉目手足各跃跃欲动。（《花月痕》二〇回，150）

例（31）、例（32）中的"广有手足""手足较多"都指的是"爪牙众多"。例（33）中，"手足"和"羽翼"同义连文，均相当于"党羽"。例（34），"眉目"和"手足"连用，可译为"属下"，指的是"团丁中勇猛之人"。

从认知角度看，"手足"的这一意义来源于隐喻。"手"和"足"是人类重要的活动器官，人脑发出的指令往往需要通过它们的运动而得以实现。而"属下"指的是执行上级命令、对上级有辅助作用的人。两者之间存在相似之处，因而能够发生隐喻。在语言使用中，这样的隐喻并不少见。其他的器官词语，如"耳目""羽翼"等也同样存在类似的隐喻意义。例如：

（35）（正末云）太尉噤声，那贼臣董卓权重势大，非可容易剿灭，况他耳目布满朝端，我等计议倘或漏泄，岂不反取其祸？（《全元戏曲》卷六无名氏《连环计》一折，562）

（36）（汉王云）但孤家闻得项王之兵，能以少击众者，专恃有英布为之羽翼也。（《全元戏曲》卷三尚仲贤《气英布》一折，753）

例（35），"耳目"喻指"替人刺探消息的人"。例（36），"羽翼"喻指"起辅佐作用的人"。

二　"手脚"的形成及演变

"手"和"脚"的连用到东汉以后才开始出现。这跟"脚"对"足"

的替代有着密切关系。因为只有当"脚"具有了"足"的意义以后，才能和"手"构成同一层面上的相对关系，进而联合成反义并列式词组。例如：

（1）其索手脚者，欢喜与之，其欲取头者，其心倍悦。（东汉支谶译《阿阇世王经》卷一，15/390/b）

（2）斫头断其手脚，割其耳鼻，挑其两眼。（西晋竺法护译《度世品经》卷三，10/631/c）

（3）太宗尝忤旨，帝怒，乃保之，缚其手脚，以杖贯手脚内，使人檐付太官。（《宋书·文九王·始安王休仁传》，1872）

（4）辉推主堕床，手脚殴蹋，主遂伤胎，辉惧罪逃逸。（《魏书·刘昶传》，1312）

以上例句中的"手脚"均指的是"上肢和下肢"。"手"和"脚"之间关系松散，尚未凝固成词。

"手脚"的词汇化大约始于宋代，最初是通过偏义复合的方式来实现的。例如：

（5）不似如今人不曾成得一事，无下手脚裁节处。（《朱子语类》卷二九，741）

（6）今人须要说天下皆归吾仁之中，其说非不好，但无形无影，全无下手脚处。（《朱子语类》卷一二〇，2904）

以上例句中的"手脚"均偏指"手"，"下手脚"即"下手"，相当于"动手、着手"的意思。

表偏义的"手脚"在后世文献中亦存在例证。例如：

（7）（崔甸士云）你看他模样倒也看的过，只是手脚不好，要做贼。（《全元戏曲》卷二杨显之《秋夜雨》二折，391）

（8）你这猴子，手脚不稳，我把这"还魂丹"送你一丸罢。（《西游记》三九回，499）

（9）妇人道："不瞒爹说，自从俺家女儿去了，凡事不方便。那时有他在家，如今少不的奴自己动手。"西门庆道："这个不打紧，明日教老冯替你看个十三四岁的丫头子，且胡乱替替手脚。"（《金瓶梅词话》三七回，488）

例（7），因为"做贼"主要是和"手"的动作有关，此处的"手脚"当偏指"手"。"手脚不好"的意思是"手不规矩，喜欢偷东摸西"。例（8），"手脚不稳"即"手不稳"，也指的是偷窃行为。例（9），"胡乱替替手脚"是对前文"少不的奴自己动手"的承接，"胡乱替替手脚"即"胡乱替替手"。"手脚"偏指"手"，"脚"不表义。

除了表偏义以外，宋代文献中的"手脚"还可以用来指"气力、精力"。例如：

（10）如颜子"克己复礼"工夫，却是从头做起来，是先要见得后却做去，大要着手脚。（《朱子语类》卷四二，1077）

（11）"神武不杀者"，圣人于天下自是所当者摧，所向者伏，然而他都不费手脚。（《朱子语类》卷七五，1927）

以上例句中的"着手脚""费手脚"相当于"着力""费力"。"手脚"指的是"气力、精力"。这一用法的产生和转喻机制有关。我们知道，人的动作行为都是通过"手"和"脚"来完成的。当人费力做一件事情时，就其外在而言是"手""脚"的运动强度增加，而就其内在而言则是精力的加速消耗。两者是相互联系、同时发生的，因此可以发生转喻，即用具体的"手脚"来指代抽象的"精力"。"手脚"和"精力"都是运动的构成要素，它们之间的语义衍生实际上是一种"部分代部分"的转喻。

"手脚"的这一用法得到了后世的继承和发展。例如：

（12）我们小人家的买卖，千难万难，方才支持得这样。如错过了，却不又费一番手脚。（《醒世恒言》卷八，158）

（13）两个媳妇起身，要东有东，要西有西，不费一毫手脚，便

有七八分得意了。(《拍案惊奇》卷一六，259)

　　(14) 不知挫过了几个年头，费过了多少手脚了！(《二刻拍案惊奇》卷九，179)

　　(15) 老爷道："早知灯是火，饭熟已多时，不去拜请国师，空费了这许多手脚。"(《三宝太监西洋记通俗演义》八四回，1080)

　　(16) 我道："他用了多少本钱，费了多少手脚，只骗得七千银子，未免小题大做了。"(《二十年目睹之怪现状》六三回，579)

　　"手脚"表示"气力、精力"的意义时常和动词"费"相联系，如：例 (12) 至例 (16)。并且可以受"一番""一毫""多少""许多"等数量词语的修饰。

　　在宋代的口语文献中，我们发现了"手脚"用作"本事、手段"的例子。例如：

　　(17) 雪窦可谓大有手脚，一时与尔交加颂出。(《碧岩录》卷一，48/142/b)

　　(18) 若是本分人到这里，须是有驱耕夫之牛，夺饥人之食底手脚。(《碧岩录》卷一，48/142/c)

　　(19) 不意燕山失守，主上嗣位未旬日间，正是做手脚不迭，亦非事力单弱。[《近代汉语语法资料汇编 (宋代卷) ·三朝北盟会编·靖康城下奉使录》，50]

　　(20) 今采石虏既吃手脚，必不敢窥伺。[《近代汉语语法资料汇编 (宋代卷) ·三朝北盟会编·采石战胜录》，210]

　　例 (17)，"大有手脚"是"大有本事、很有本事"的意思。例 (18) 中的"手脚"相当于"本事、手段"。例 (19)，"做手脚不迭"指的是"来不及施展手段、策略"。例 (20)，"吃手脚"相当于"中计谋"，"手脚"可翻译为"手段、计谋"。从词语的感情色彩来看，以上例句中的"手脚"都是中性词，没有明显的情感倾向。

　　"手脚"的中性用法在后世文献中依然存在。例如：

（21）急教传令军马，再退后二里列阵，好教两路奇兵做手脚。（《水浒全传》一○七回，1266）

（22）行者估着来抬他，他就脱身道："此灯光前好做手脚！"（《西游记》七七回，984）

（23）参将与女儿计较道："这边的官司既未问理，我们正好做手脚。我意要修上一个辨本，做成一个备细揭帖，到京中诉冤。"（《二刻拍案惊奇》卷一七，350）

此外，该意义的"手脚"在使用过程中还衍生出了贬义的用法，指的是"暗地里的勾当、见不得光的事情"。例如：

（24）他少年聪慧，知书达礼，晓得母亲有这些手脚，心中常是忧闷，不敢说破。（《拍案惊奇》卷一七，281）

（25）这奶子是个不良的婆娘，专一哄诱他小娘子动了春心，做些不恰当的手脚，便好乘机拐骗他的东西。（《拍案惊奇》卷三六，646）

（26）空自去"打草惊蛇"，倒吃他做了手脚，却是不好。（《水浒全传》二九回，349）

（27）小妇人果有恶意，何不在半路谋害？既到了他家，他怎容得小妇人做手脚？（《警世通言》卷二四，368）

（28）老西儿便嚷靠不住："你们这些人串通了，做手脚骗咱老子的钱，那可不行！"（《二十年目睹之怪现状》九七回，915）

例（24）、例（25）中的"手脚"指的是"不正当的男女关系"。例（26）至例（28）中的"做手脚"均为"暗地里耍花样"的意思。"手脚"指的都是不好的事情，含有贬义。

元代以后，"手脚"从泛指"本事、手段"的用法中发展出了特指"武功、武艺"的用法。例如：

（29）（燕大云）我倒看不出你这个博鱼的有恁般好手脚，倒不如只打拳去。（《全元戏曲》卷三李文蔚《燕青博鱼》二折，

121）

（30）（樊哙云）这英布手脚好生来得，若不是两个拿他一个，可不倒被他拿了我去？（《全元戏曲》卷三尚仲贤《气英布》一折，754）

（31）小人原是中山府人氏，祖传三代，相扑为生。却才手脚，父子相传，不教徒弟。（《水浒全传》六七回，846）

（32）他曾学个拳法，颇有些手脚。小三如何招架得住，只得放他走了。（《醒世恒言》卷一七，339）

以上例句中的"手脚"均指的是"武功、武艺"。从认知上看，"手脚"的这一语义演变过程属于"整体代部分"的转喻。"武功"是"本事"的一种，两者之间是"部分"和"整体"的关系。因此，"手脚"从泛指"本事"发展到特指"武功"是用整体来指代部分的过程，是同一认知域的内部语义投射。

在本节的第一部分中曾谈到成语"手足无（失）措"。其实，随着"脚"对"足"的替换，相应地也出现了"手脚无措"的用法。例如：

（33）梁中书听得，唬得目瞪痴呆，手脚无措。（《水浒全传》六四回，816）

（34）只三阵，杀的手脚无措，军马折其三停。（《水浒全传》八一回，1012）

（35）公子就慌得手脚无措，东躲西避，又没个着身之处。（《二刻拍案惊奇》卷二二，456）

三　"手足"和"手脚"的比较分析

通过前文的研究，我们对"手足"和"手脚"的形成及演变过程有了一个较为全面的了解。"手"和"足"的连用在先秦文献中就已经存在，而"手"和"脚"的连用到东汉以后才开始出现。这跟"脚"对"足"的语义替代有着密切关系。下面，笔者将通过统计"手足"和"手脚"在文献中的使用情况，比较分析两者之间的替代关系和语义分工。

（一）"手足"和"手脚"的使用频率统计

表 1-3　　　　　　"手足"和"手脚"在文献中的出现次数

	手足	手脚
《六度集经》	6	0
《大智度论》	45	2
《宋书》	8	2
《全唐诗》	20	4
《全宋词》	1	1
《全元杂剧》	15	42
《西游记》	7	36
《金瓶梅词话》	3	23
《儿女英雄传》	3	7
《红楼梦》	9	11

由上表可知，"手脚"和"手足"之间经历了一个此消彼长的兴替过程。"手脚"在长期的竞争之后，最终战胜了"手足"，取得了优势地位。

（二）"手足"和"手脚"的语义分布

表 1-4　　　　　　"手足"和"手脚"的义项分布情况

词语＼义项	手足	手脚
不知所从、极度恐慌	+	+
兄弟	+	−
党羽、属下	+	−
表偏义	−	+
气力、精力	−	+
本事、手段	−	+
暗地里的勾当	−	+
武功、武艺	−	+

　　由上表可知，"手足"和"手脚"所表示的意义既有重叠，又有分工。两者在"形容不知所从、极度恐慌"的义项上存在着直接竞争。从数量上看，"手足"的义项要少于"手脚"，可见"手脚"的出现在一定程度上抑制了"手足"的进一步发展。

第二章 由动语素构成的反义复合词

本章主要研究由动语素构成的反义复合词。在我们所调查的反义复合词中，有 88 个是由动语素构成的。列举如下：

捭阖 褒贬 裁缝 操纵 唱和 沉浮 成败 乘除 出没 出纳 出入 存亡 得失 动静 浮沉 俯仰 供求 供需 购销 呼吸 呼应 毁誉 稼穑 奖惩 交接 教学 进出 进退 举止 绝续 开关 来回 来去 来往 离合 利害 录放 买卖 明灭 铺盖 起伏 起落 起降 起讫 起止 取舍 去就 去留 任免 赏罚 伸缩 升降 生死 胜败 胜负 收发 收支 授受 舒卷 睡觉 死活 损益 吞吐 往返 往复 往还 往来 忘记 问答 翕张 向背 消息 消长 兴衰 兴亡 行止 休戚 言行 扬弃 依违 抑扬 隐现 盈亏 增删 赠答 涨落 装卸 作息

笔者选取其中语义演变丰富、具有一定代表性的词语进行具体研究。

第一节 "去就"的形成演变及其认知研究

对于反义复合词"去就"，前人时贤多有论及。蒋礼鸿《敦煌变文字义通释》（增补定本）（1997：119—123）论述了"去就"表示"行为举动；或行为举动得体，有礼貌"的意义。王锳《诗词曲语辞例释》（增定本）（1986：203—204）谈到了"去就"的"体面、礼貌、规矩"义和"着落或结果"义，其《唐宋笔记语辞汇释》（2001：145—146）则进一步论述了"去就"的"举止、行为"义。蔡镜浩《魏晋南北朝词语例释》（1990：271—272）收"去就"条，列三个义项：①指背离之义，人心不稳，为偏义复合词，侧重于"去"。②又指态度反复变化。③又指举止。此外，江蓝生等编著的《唐五代语言词典》（1997：312）和李崇兴等编著的《元语言词典》（1998：254—255）也都收录了"去就"的词条。本节将系统研究反义复合词"去就"的词汇化过程，梳理其语义演变的轨迹，探寻其发展变化的内在机制和认知动因。

"去"和"就"在先秦文献中就已经出现，"去"表示"离开、背离"，"就"表示"趋向、靠近"，两者构成对立的动作关系。"去"和"就"的连用最初是以词组形式出现的，"去"在前，"就"在后，未发现同素异序的"就去"。

我们先来看"去就"在先秦文献中的用例：

（1）非谓其薄之也，言察乎安危，宁于祸福，谨于去就，莫之能害也。（《庄子·秋水》，588）

（2）阴阳相照相盖相治，四时相代相生相杀，欲恶去就于是桥起，雌雄片合于是庸有。（《庄子·则阳》，914）

（3）唱和有应，善恶相象，故君子慎其所去就也。（《荀子·乐论》，381）

例（1）中，"去就"和"安危""祸福"相对成文，其构成成分间的关系较为松散，可插入连词"和"而语义不变。例（2）中，"去就"和"欲恶"连用，两者结构相同，均为反义并列式词组。例（3）中，"去就"和"唱和""善恶"存在对应关系，它们的意义都是构成成分意义的简单相加，尚未进一步融合成词。

两汉时期，"去就"的使用频率有所增加，但是绝大部分的"去就"仍属于词组，没有发展成词。例如：

（4）是以君子为国，观之上古，验之当世，参以人事，察盛衰之理，审权势之宜，去就有序，变化有时，故旷日长久而社稷安矣。（《史记·秦始皇本纪》，278）

（5）（澹台灭明）南游至江，从弟子三百人，设取予去就，名施乎诸侯。（《史记·仲尼弟子·澹台灭明列传》，2206）

（6）盖闻明王之治国也，明好恶而定去就，崇敬让而民兴行，故法设而民不犯，令施而民从。（《汉书·元帝纪》，296）

（7）观秦、汉之易世，览惠、昭之无后，察昌邑之不终，视孝宣之绍起，天之去就，岂不昭昭然哉！（《汉书·刘向传》，1964）

以上例句中的"去就"均表示"背离和靠近"的意义，"去就"即"去和就"，两者之间关系并不紧密。

由于"去"和"就"之间是对立的反义关系，它们融合成词的难度相对其他并列式词组而言要大得多。"表达相反、相对意义的并列项由于在概念领域的距离比较远，相应地就在形式上保持较大的距离，因而不容易词汇化。"（董秀芳，2002：122）于是，反义并列式词组往往会采用一种较为极端的方法来完成其词汇化过程，即通过一个组成成分语义的失落来形成偏义复合词。"去就"最初凝固成词的方式也是如此。蔡镜浩（1990：271）在讨论"去就"的偏义用法，所引例句出自南北朝时期的《南齐书》和《魏书》。其实，早在东汉、三国的汉译佛经中，表偏义的"去就"就已经出现了。例如：

（8）菩萨闻是，不恐不畏，不悉不舍，去就余道。（东汉支谶译《道行般若经》卷一，8/427/c）

（9）默者，定也。以定意学诸要，如无去就之想也。（吴支谦译《大明度经》卷一，8/482/a）

例（8）中，"去就余道"即"去余道"。"去就"偏指"去"，表示"离开、远离"义。"余道"在《道行般若经》中多次出现，如："终不随他人语，不信余道，心不恐畏，不懈怠""是菩萨为诸佛所念，菩萨终不还余道，会当得佛，终不归三恶道"。"余道"指佛教以外的学说。它是修行者要远离的对象，因此，"去就"当是偏指"去"，"就"不表义。例（9），"定"指的是"定止心于一境，不使散动"，因此，"无去就之想"即"无去之想"，没有离开的想法。"去就"仍然偏指"去"。

后世文献中，"去就"偏指"去"的例子还有：

（10）一者人多弊恶，不识义理；二者六十二疑，邪见强盛，不受道教；三者人多爱欲，尘劳兴隆，不知去就。（西晋竺法护译《持人菩萨经》卷一，14/627/c）

（11）公但念提职在昔，不思善教有本，徒见徐、鲁去就，未知仗义有人，岂不惜哉！（《宋书·武二王·南郡王义宣传》，1804）

（12）自桓玄以来，驱蹙残毁，乃至男不被养，女无对匹，逃亡去就，不避幽深，自非财单力竭，无以至此。（《宋书·武二王·庾悦传》，1490）

（13）泰始初，淮北陷没，界上流奔者，多有去就。怀慎因此入北。（《南齐书·孝义·崔怀慎传》，956）

（14）萧鸾将裴叔业入寇徐州，疆场之民，颇怀去就，高祖忧之，以芳为散骑常侍、国子祭酒、徐州大中正，行徐州事。（《魏书·刘芳传》，1221）

例（10），"不知去就"即"不知去"，人的欲望很多，沉溺于世俗事务而不知道离开。例（11），"徒见徐、鲁去就"即"徒见徐、鲁去"，意思是只看到徐遗宝、鲁爽离开。据《宋书·武二王·南郡王义宣传》记载，兖州刺史徐遗宝、豫州刺史鲁爽背叛朝廷，帮助南郡王义宣造反。因此，"徐、鲁去就"指的是徐遗宝、鲁爽背叛朝廷。"去"为"离开、背叛"义。例（12），"去就"与"逃亡"近义连文，均为"逃跑、离开"之义。"去就"偏指"去"，"就"不表义。例（13），"流奔者"指流亡的人，"去就"偏指"去"，意思是流亡者大多都离开了。例（14），"疆场之民颇怀去就"即战场的人民大多怀有离开之心。"去就"亦偏指"去"。

我们知道，偏义复合词的特点在于它的两个构成成分中只有一个表达意义。而选择其中的哪一个来作为整个词语的语义来源，这并没有一定的限制。因此，在一个偏义复合词的产生之初，往往会出现两种倾向并存的情况。就"去就"而言，它除了偏指"去"以外，也存在偏指"就"的用法。例如：

（15）夫欲求道当行清净行，汝赍俗垢入我道中，唐自去就何所长益？（西晋法炬共法立译《法句譬喻经》卷三，4/596/c）

（16）汝身及手足，一时悉被羁，但当去就死，跳踉复何为？（梁宝唱等集《经律异相》卷四三，53/224/b）

例（15），前言"汝赍俗垢入我道中"，后言"唐自去就何所长益"，从上下文意可知，"去就"的对象当是"我道"。"去就（我道）"和"入我道"意思相同。"去就"偏指"就"，表示"靠近、进入"的意义。例（16），"去就死"即"就死"，指靠近、接近死亡。

虽然，"去就"通过偏义复合的方式实现了从词组到词的演变，但这种借助于构成成分语义的失落来完成词汇化的方式并不能达到词语内部关系的真正融合，它还只是构词的低级阶段。

于是，"去就"又借助于其他的方式，发展出了新的意义。例如：

（17）范先欲杀畿以威众。且观畿去就，于门下斩杀主簿已下三十余人，畿举动自若。（《三国志·魏志·杜畿传》，495）

（18）帝以强废不以过，去就有礼，故优以大封，兼食鲁郡，合二十九县。（《后汉书·光武十王·东海恭王强传》，1423）

（19）至乎东海逡巡，去就以礼，使后世不见隆薄进退之隙，不亦光于古乎！（《后汉书·皇后·光武郭皇后纪》，405）

以上例句中的"去就"不再表示具体的"离开和靠近"，其构成成分间的语义完全融合在了一起，共同表示一个抽象化的意义，即"举止、行为"。这一词汇化过程是通过转喻来实现的。"去"和"就"都是具体的、容易识别和认知的动作行为，它们能够通过"部分代整体"的转喻机制来转指其上位概念"举止、行为"。

"去就"的这一用法在后世文献中亦有例证。例如：

（20）忽见波上有渔舟而来者，渐近，乃一老父鬓眉皤然，去就异常。[《太平广记》卷二〇四"吕乡筠"条（出《博异志》），1555]

（21）帝令童贯行边，阴察其去就，不然，则挟之偕来。（《宋史·奸臣二·赵良嗣传》，13739）

（22）大定初，世宗使思忠迎南征万户高忠建、完颜福寿于辽口，察其去就，思忠知其诚意，乃与俱至东京。（《金史·世戚·徒单思忠传》，2622）

例（20），"去就异常"即"举止异常"。例（21）、例（22），"察其去就"，即"观察其行为举止"。

此外，"去就"还能用来指"礼仪、礼貌、规矩"。例如：

（23）于斯之时，并伪假天威，矫据方国，拥甲兵与我角才智，程勇力与我竞雌雄，不知去就，疑误天下，盖不可数也。（《后汉书·仲长统传》，1646）

（24）有一类门徒弟子，为人去就乖疏。不修仁义五常，不管温良恭俭。（《敦煌变文校注》卷五《父母恩重经讲经文（一）》，975）

（25）法师云："行者少去就，何以唾佛？"（《祖堂集》卷一八《仰山和尚》，675）

例（23），"不知去就"即"不识大体"之义，"去就"指"礼仪、大体"。例（24），"去就乖疏"即"礼仪疏远，不懂礼节"。例（25），"行者少去就"就是"行者没礼貌"的意思。

蒋礼鸿（1997：122）对"去就"这一意义的来源进行了探讨："罗隐《谗书》有言'去就'的两处：答贺兰友书说：'夫礼貌之于人，去就俗流不可以不时。''去就'是动词，是说与俗流打交道，应付俗流，应付就不能不讲究礼貌，这是'去就'之所以作礼貌讲的来由。拾甲子年事说：'前日天子授［刘］从谏节度时，非从谏有野战之功，拔城之绩；盖以其父掣齐还我，去就间为能夺其嗣耳。''去就'是动词名用，犹如说措施，措施要合乎机宜，与行为举动要得体一样。"

笔者以为，"去就"的"礼仪、礼貌、规矩"义似与其成词之前的用法有关。当"去就"尚处于反义复合词组的阶段时，它常被用来表示臣子政治态度、政治立场的取舍和选择。而在中国传统文化中，君臣关系被视为礼制的一部分。于是，"去就"便和礼制、礼仪联系在了一起。《史记·赵世家》："夫服者，所以便用也；礼者，所以便事也。圣人观乡而顺宜，因事而制礼，所以利其民而厚其国也。……儒者一师而俗异，中国同礼而教离，况于山谷之便乎？故去就之变，智者不能一；远近之服，贤圣不能同。"这段文字谈的是和"礼"有关的问题，从前后文来看，此处的"去就"不再仅仅单纯表示"离开""靠近"的动作行为，而是带上了一定的文化色彩。"去"和"就"的选择同时也代表着动作行为发出者在道德礼义上的取舍。因此，又有"去就之节""去就之分"的说法。《汉书·杜周传》："虽然，是无属之臣，执进退之分，洁其去就之节者耳，非主上所以待将军，非将军所以报主上也。"《汉书·司马迁传》："仆虽怯耎欲苟活，亦颇识去就之分矣，何至自湛溺累绁之辱哉！"《汉书·杨敞传》："夫西河魏土，文侯所兴，有段干木、田子方之遗风，漂然皆有节概，知去就之分。""节"有"节操、礼节"之义，"分"有"职分、本分"之义，两者均和道德礼义有关。当"去就"的动作义渐渐虚化，其文化义逐渐凸显出来时，它便可以直接用来指称"礼仪、礼貌、规矩"。

从文献用例来看，表示此意义的"去就"常出现在否定句中。例如：

（26）天水其后汉南失守，已而奔吴，路由夏口，杜洪念公郊迓，以主座逊之，遽尸其位。其不识去就，皆此类也，竟罹祸于淮甸，宜乎。（宋孙光宪《北梦琐言》卷四，21）

（27）【梁州第七】则为那无用的梅香无去就，送的我泼水难收。（《全元戏曲》卷一关汉卿《绯衣梦》二折，162）

（28）君子不居危国，不事乱朝。汝贪于富贵，不识去就。（《东周列国志》八五回，851）

大约到了南北朝时期，"去就"出现了指"（行为态度）反复变化"的意义。例如：

（29）智去就多端，后坐事死，时年四十五。（《魏书·贾显度传》，1777）

（30）聪善于去就，知肇嫌之，侧身承奉，肇遂待之如旧。（《魏书·高聪传》，1522）

（31）世俊轻薄，好去就，诏送晋阳。（《魏书·任城王云传》，488）

　　以上例句中的"去就"均表示"（行为态度）反复变化"。该意义的形成和隐喻思维有关。"去"表示"离开"，"就"表示"靠近"，两者共同构成一个循环往复的动作过程，这恰恰和行为态度的反复变化存在相似之处。并且，"去就"是具体可感的动作，能够为人们所直接感知，而"（行为态度）反复变化"则相对抽象，不容易给人以直观的印象。用前者来隐喻后者，是一个从具体域向抽象域的投射过程，通过隐喻将具有相似性的不同认知域联系在了一起。这样一来，更有利于人们对概念的理解和认知。

　　金元以后，"去就"还可以用来表示"结果或着落"。① 例如：

　　（32）【南吕·一枝花】闪的我有国难投，抵多少南浦伤离后，爱你个杀才没去就，明知道雨歇云收，还指望待天长地久。（《全元戏曲》卷一关汉卿《金线池》二折，117）

　　（33）【倘秀才】天曹不受，地府难收，无一个去就。（《全元戏曲》卷一关汉卿《西蜀梦》四折，453）

　　例（32）中"没去就"即"没结果"。例（33）中"无一个去就"即"无一个着落"。

　　以上我们从历时的角度系统梳理了"去就"的各个义项，并从认知角度对其语义来源进行了分析和探讨。下面，我们还要谈一个相关问题，即"去就"的异体写法"去秋"。在元代戏曲中，"去就"又写作"去秋"。例如：

　　（34）【金菊香】则你那去时，恰便似去秋。他本是薄幸的班头，还说道有恩爱，结绸缪。（《全元戏曲》卷一关汉卿《救风尘》二折，95）

　　（35）【菩萨梁州】（正旦唱）低低的问了牢缄口，闷无语，自偏懒。老身向官人行无去秋②，（正旦云）孩儿每，您说一声儿波，

---

① 相关研究可参看王锳《诗词曲语辞例释》（增订本）（1986：204）。
② 《全元戏曲》将"秋"改作"瞅"。此处依原本，不作改动。

（唱）倒大来惭羞。（《全元戏曲》卷一关汉卿《陈母教子》二折，308）

例（34）中的"去秋"可理解为"着落"，例（35）中的"去秋"可理解为"体面、礼貌"。

王锳（1986：204）指出："'就'之所以作'秋'，除了曲家用字比较随便（剧本系供舞台演出之用，一个字只要字音不错，观众便不至误解）之外，还可能处于音律上的要求。因南吕一枝花套菩萨梁州曲（'陈'剧）及商调集贤宾套金菊香曲（'救'剧）一般需押平声韵，故不得不改去声字为平声字。"因目前所见到的"去就"作"去秋"的例证仅此两例，且都出自同一作家之手。这一现象究竟是作者笔误所致，还是出于音韵的考虑，有待于进一步收集相关材料，展开深入探讨。

第二节　"买卖"的形成演变及其认知研究

反义复合词"买卖"属于常用词。"买"和"卖"是一组表对立关系的动词。"买"指"以钱购物"，"卖"与之相对，指"以物换钱"。中国古代很早就已经出现了以货币为流通单位的商业活动，因此，在先秦文献中我们已经能够看到"买"和"卖"的身影。例如：

（1）客闻之，请买其方百金。（《庄子·逍遥游》，37）

（2）人不死则棺不买，情非憎人也，利在人之死也。（《韩非子·备内》，323）

（3）阴不佞以温人南侵，拘得玉者，取其玉。将卖之，则为石。（《左传·昭公二十四年》，886上）

（4）我必先之，彼故知之；我必卖之，彼故鬻之。（《庄子·徐无鬼》，848）

例（1）、例（2）为"买"单用的例子，例（3）、例（4）为"卖"单用的例子。

"买""卖"连用的情况，在先秦两汉时期也已出现。其组合方式有两种："买卖"和"卖买"。我们先看"买卖"的例证：

（5）夫良商不与人争买卖之贾，而谨司时。时贱而买，虽贵已贱矣；时贵而卖，虽贱已贵矣。（《战国策·赵策三》，1064）

（6）今北军监御史，公穿军垣以求贾利，买卖以与士市，不立刚武之心，勇猛之意，以率先士大夫，尤失理不公。（《说苑·指武》，373）

（7）莽知民怨，乃下书曰："诸名食王田，皆得卖之，勿拘以法。犯私买卖庶人者，且一切勿治。"（《汉书·王莽传中》，4130）

例（5）中的"买卖"与"时贱而买""时贵而卖"相互呼应，"买"和"卖"可拆开来用，它们之间的关系较为松散，当属反义并列式短语。例（6）、例（7）中的"买卖"也都尚未凝固成词，中间可插入连词而语义不变。

再看"卖买"的例证：

（8）六曰听取予以书契，七曰听卖买以质剂，八曰听出入以要会。（《周礼·天官·小宰》，167）

（9）式既在位，见郡国多不便县官作盐铁，铁器苦恶，贾贵，或强令民卖买之。（《史记·平准书》，1440）

（10）今更名天下田曰王田，奴婢曰私属，皆不得卖买。（《汉书·食货志上》，1144）

例（8）中，"卖买"与"取予""出入"相对成文，它们的语义均是构成成分语义的简单相加，"卖买"即"卖和买"，"取予"即"取和予"，"出入"即"出和入"，由此可见，此处的"卖买"还没有发展为词。例（9）、例（10）中的"卖买"也都是反义并列式短语。

据笔者初步调查，唐以前的文献中几乎很难找到已经凝固成词的"买卖"，而"卖买"则一直都停留在短语状态，没有得到进一步的发展。下面，笔者将对反义复合词"买卖"展开分析和探讨，厘清其发展脉络，挖掘其语义演变的动因和机制。

从现有文献来看，"买卖"的词汇化大约始于唐宋时期。例如：

（11）近访闻在京及诸道市肆人户，皆将短陌转换长钱。今后凡有买卖，并须使八十陌钱。如有辄将短钱兴贩，仰所在收捉禁治。（《全唐文》卷一〇四后唐庄宗《禁短陌敕》，1064）

（12）孝民云："要割大河为界，更要犒军金帛。"望之云："如此则非是买卖。譬如有人买绢一匹，索价三贯文，买者酬二贯五六百文，又添一二百，遂成交易，如此谓之买卖。今既要金帛，又要割地，而彼无一物与我，岂可谓之买卖？止是强取。"（《近代汉语语法资料汇编（宋代卷）·三朝北盟会编·靖康城下奉使录》，148）

（13）本店买卖，分文不赊。（《五灯会元》卷二〇，1391）

（14）止经营衣食，亦无甚害。陆家亦作铺买卖。（《朱子语类》卷一一三，2752）

以上例句中的"买卖"似应理解为动词，是"经营、交易"的意思。"买"和"卖"本是相对的动作行为，凝固成词后，则从动词短语变为了反义复合的动词，其意义也由构成成分语义的简单相加融合为一个不可分割的整体，指的是包含"买卖"行为的上位概念"经营"活动。在这一过程中，转喻机制发挥了极大的作用。转喻是指用某一事物易理解或易领悟的方面来表示该事物的整体或该事物的其他部分或方面。"以钱购物"和"以物换钱"是商业经营中最重要的环节，只有通过这一环节，才能最终实现商业经营的目的，满足交易双方的需要。"买"和"卖"几乎同时发生，顾客买进货物，同时也就是商家卖出货物。这一互动行为容易为人们所感知和记忆，具有极大的凸显性，能够在一定程度上代表整个商业经营活动，因此，在"部分代整体"的转喻机制推动下，"买卖"凝固成词，表示"经营、交易"的意思。

到了元明时期，动词"买卖"的词性发生转变，衍生出了名词的用法，其意义相当于"生意"。例如：

（15）我几番着人寻那裴度来，与他些钱钞，教他寻些买卖做，此人坚意的不肯来。（《全元戏曲》卷一关汉卿《裴度还带》一折，

258）

（16）我装三十车羊绒潞绸，来这嘉兴府做些买卖。（《全元戏曲》卷五贾仲明《玉壶春》二折，461）

以上例句中的"买卖"可以解释为"生意"。它常和动词"做"相搭配，如例（15）、例（16）。并且能够受数量词语的修饰和限定。例如：

（17）春间辞别了母亲，出来做一场买卖，谢天地，利增十倍。（《全元戏曲》卷五王晔《嫁周公》楔子，236）

（18）我们明知这个买卖难和他做，只是除了仓米又没处籴米，教我们怎生饿得过！（《全元戏曲》卷六无名氏《陈州粜米》一折，92）

（19）吾儿每年三月二十八日，去泰安神州做一遭买卖。（《全元戏曲》卷六无名氏《焚儿救母》三折，80）

因为"买卖"在使用过程中发生了词性的转变，由动词变为了名词，因此可以受名量词"场""个"的修饰，如例（17）、例（18）。同时，"买卖"是一个抽象名词，它的语义内容仍在一定程度上和动作有关，所以，它也可以受动量词"遭"的修饰，如例（19）。

"买卖"的这一用法一直沿用到今天。例如：

（20）当日武大挑了担儿，自出去做买卖。（《水浒全传》二五回，309）

（21）秦重做了大半日买卖，如前妆扮，又去探信。（《醒世恒言》卷三，52）

（22）到了这荡买卖，算你我倒了运了！（《儿女英雄传》四回，57）

（23）况且也不用做这买卖，也不等着这几百银子来用。（《红楼梦》四八回，659）

由于"买卖"的对象通常是"东西、物件"，通过转喻的另一模式——"整体代部分"，人们可以用表示整个商品交易过程的"买卖"来指代交易的对象，即"东西、物件"。当"买卖"表示该意义时，它可以用于各个领域，不一定和商业贸易有关。例如：

（24）快活林这座酒店，原是小施管营造的屋宇等项买卖。被这蒋门神倚势豪强，公然夺了，白白地占了他的衣饭。（《水浒全传》三〇回，358）

（25）那阵狂风过处，只见半空里来了一个妖精，……行者暗笑道："原来是这个买卖！"（《西游记》一八回，235）

（26）（八戒）忽回头看见行者半空中将个妖精挑来，他却怨道："嗳！不打紧的买卖！早知老猪去拿来，却不算我一功？"（《西游记》七〇回，893）

（27）寄儿牵了（驴），暗笑道："我夜间配了公主，怎生炟赫！却今日来弄这个买卖，伴这个众生！"（《二刻拍案惊奇》卷一九，394）

例（24）中的"买卖"指的是由施恩出钱修造的房屋等物件，例（25）至例（27）中的"买卖"指的是妖精或动物，相当于"东西"。此时，它往往带有轻视、鄙夷的感情色彩。

由于"买卖"通常和经济利益有关，古人常把一些通过不正当手段而无偿占有他人财物的行为也比喻为"买卖"。例如：

（28）但是别人的钱钞，我劈手的夺将来我就要；我则做这等本分的营生买卖，似别的那等歹勾当我也不做他。（《全元戏曲》卷一关汉卿《绯衣梦》二折，160）

（29）俺猜这个撮鸟是个剪径的强人，正在此间等买卖。（《水浒全传》六回，79）

（30）小人只是这里剪径，做些小买卖，那里敢大弄，抢夺人家子女。（《水浒全传》七三回，918）

（31）我看苏知县行李沉重，不下千金，跟随的又止一房家人，这场好买卖不可挫过，你却不要阻挡我。（《警世通言》卷一一，

136）

（32）行者笑道：“这小郎不知世事！那见做贼的好白日里下手？似这等掏摸的，必须夜去夜来，不知不觉，才是买卖哩。”（《西游记》五二回，667）

以上例句中的“买卖”都不是表示钱物交换的商业活动，而是指通过不正当手段无偿占有他人财物的行为。具体而言，例（28）至例（31）中的“买卖”指的是“抢劫”，而例（32）中的“买卖”则指的是“偷盗”。把这些非法行为称为“买卖”，是一种隐喻的用法。隐喻指的是以相似性为基础的不同认知域之间的语义投射，是用一个相似概念来表达另一个概念。买卖是一个钱物交换的过程，而抢劫偷盗则是不付出任何代价单方面占有他人财物的行为，两者属于不同的概念范畴。但是，无论是做买卖，还是抢劫偷盗，都可以带来金钱收益，它们之间又存在一定的相似之处。这种相似性为“买卖”隐喻用法的出现提供了认知上的契机。同时，强盗小偷虽然夺人钱财，却也知道这种行为是违法的，因此希望用其他词语来称呼它，于是语用上的需要最终促成了“买卖”隐喻意义的生成。

元明时期，名词“买卖”还进一步发展出了“职业、行当”的含义。例如：

（33）小子李郎中是也。别无买卖营生，专靠我这药上盘费。（《全元戏曲》卷一白朴《东墙记》四折，480）

（34）我道是做甚么买卖，原来是排门儿搠笔为生。（《全元戏曲》卷二王实甫《破窑记》二折，359）

（35）我如今也不开这酒店，另寻个买卖做罢。（《全元戏曲》卷三李行道《灰栏记》三折，591）

（36）（副旦扶起科，云）休烦恼，我便辱没杀你，哥哥你如今做甚么买卖？（李彦和云）我与人家看牛哩，不比你这唱货郎的生涯这等下贱。（《全元戏曲》卷六无名氏《货郎旦》三折，613）

以上例句中的“买卖”都表示“职业、行当”的意义。反义复合词

"买卖"由指"商业经营、生意"发展为指"职业、行当",其内在动因同样是转喻。"商业经营"是"职业"的下位概念,它是一种常见的谋生手段,和人们的日常生活息息相关,具有认知上的凸显性,在"部分代整体"的转喻机制的作用下能够被用来指代上位概念"职业、行当"。

此用法在后世文献中亦有例证。例如:

　　(37)(潘公)又问道:"叔叔原曾做甚买卖道路?"石秀道:"先父原是操刀屠户。"(《水浒全传》四四回,561)
　　(38)禁子道:"……做公的买卖,千钱赊不如八百现。"(《醒世恒言》卷二〇,414)
　　(39)问:"前作何买卖?"答:"天兴楼南菜馆管账。"(清徐珂《清稗类钞·狱讼类·京师中兴旅馆案》,1201)

有时,表"职业、行当"的"买卖"并不具体指某个行业,而是泛指"事情"。例如:

　　(40)若论赌手段,凭你在高山云里,干甚么蹊跷异样事儿,老孙都会;只是水里的买卖,有些儿榔杭。(《西游记》二二回,278)
　　(41)八戒道:"且叹他做甚?快干我们的买卖去来!"(《西游记》三八回,490)
　　(42)行者道:"师父原来不知。这都是老孙干过的买卖,想人肉吃的法儿。你那里认得!"(《西游记》八〇回,1021)

例(40)中的"买卖"和前文的"事儿"相对成文,意思相同,指的是"事情"。例(41),"快干我们的买卖去来"即"快去干我们的事情去"。例(42)中的"买卖",与"法儿"相呼应,也是指"事情"。

此外,表示"职业、行当"的"买卖"还发展出了"本事、能耐"的意义。例如:

　　(43)行者笑道:"师父不知。若是问了别人没趣,须是问他,

才有买卖。"（《西游记》一八回，230）

（44）行者大笑道："呆子倒有买卖。师父照顾你牵马哩。"（《西游记》八〇回，1024）

（45）只因刘璞病势愈重，恐防不妥，单要哄媳妇到了家里，便是买卖了。（《醒世恒言》卷八，160）

例（43）至例（45）中的"买卖"均相当于"本事、能耐"。究其得义之由，当与"整体代部分"的转喻机制有关。通常而言，每个职业都对其从业者有一定的技能要求，也就是说，"本事、能耐"是"职业"所必需的组成部分。用表示整体的"职业"来指代表示部分的"本事、能耐"，属于相关认知域之间的语义映射，是一个转喻的过程。

综上所述，"买卖"在转喻机制的作用下得以凝固成词，此后不断发展出了新的义项。在其形成演变过程中，转喻、隐喻等认知机制发挥了至关重要的作用。我们可将"买卖"的语义演变流程归纳如下：

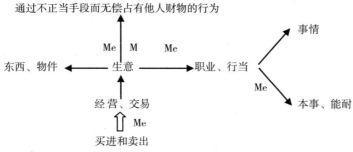

（"M"指的是隐喻metaphor，"Me"指的是转喻metonymy）

图 2-1　"买卖"的语义演变流程

第三节　"呼吸"的形成演变及其认知研究

"呼"和"吸"是一组互为反义关系的动词。"呼"表示"使气从口或鼻中出来"，与之相对的是"吸"，即"引气入体内"。目前，学界对由"呼"和"吸"凝固而成的反义复合词"呼吸"研究甚少，除词典收录外，几乎未见相关论述。

"呼"和"吸"连用的例子在秦汉时期就已经出现。例如：

（1）吹呴呼吸，吐故纳新，熊经鸟申，为寿而已矣。（《庄子·刻意》，535）

（2）耳目戾戾，象日月也；鼻口呼吸，象风气也。（《春秋繁露·人副天数》，355）

（3）人一呼脉行三寸，一吸脉行三寸，呼吸定息，脉行六寸。（《史记·扁鹊仓公列传》，2820）

例（1）中的"呼吸"和后文"吐故纳新"的"吐""纳"相对应，"呼吸"可拆分为"呼和吸"。例（2）中的"呼吸"表示的是口鼻"一呼一吸"的生理动作。例（3）中的"呼吸"分别对应前文的"一呼""一吸"，所表示的仍是呼气和吸气的往复动作。由此可见，以上例句中的"呼吸"都还只是"呼"和"吸"的简单连用，其构成成分间的语义没有融合为一体，当属反义并列式词组，尚未凝固成词。

前文中，我们曾经提到，偏义复合是反义并列式词组凝固成词的重要途径。反义并列式词组是由意义相反或相对的两个成分所构成的，要将一对处于矛盾关系的语义统一为一个整体存在相当的难度。因此，人们往往会采取一些权宜的办法来推动这类词组的词汇化，即凸显和强调其中一方的语义内容，而完全压抑另一方，使其只表音而不表义。"呼吸"的词汇化途径之一便是偏义复合。从文献用例来看，这一过程大约发生在汉代。例如：

（4）呼吸沆瀣〔兮〕餐朝霞（兮），嚼咀芝英兮叽琼华。（《史记·司马相如列传》，3062）

（5）（鸾凤）呼吸阳露，旷旬不食，其意尚犹嗛嗛如也。（《潜夫论·交际》，343）

（6）师曰：吸而微数，其病在中焦实也，当下之即愈；虚者不治。在上焦者，其吸促，在下焦者，其吸远，此皆难治。呼吸动摇振振者不治。（《金匮要略·脏腑经络先后病脉证》，9下）

例（4）的这句话在《汉书·司马相如传下》中也出现了。应劭曰："《列仙传》：'陵阳子言春（朗）〔食〕朝霞，朝霞者，日始欲出赤黄气也。夏食沆瀣，沆瀣，北方夜半气也。并天地玄黄之气为六气。'"由此可见，"呼吸沆瀣"中的"呼吸"当为偏义复合词，偏指"吸"，表"吸食"义。例（5）中"呼吸"与"食"相对应，"呼吸"当偏指"吸"。例（6）中这段文字讲的是如何依据病人吸气的状况来诊断病情。"吸而微数""吸促""吸远"和"呼吸动摇振振"应该都是对"吸"的描述。此处的"呼吸"只指"吸"，而不包括"呼"。

表偏义的"呼吸"在后世文献中同样存在。从笔者所掌握的现有语料来看，偏指"吸"的情况比较多见，而偏指"呼"的例证则相对较少。例如：

（7）宁共鹿食草，如蛇呼吸风，不于佛僧前，为于饮食故，违佛作是说。（姚秦鸠摩罗什译《大庄严论经》卷九，4/305/c）

（8）非法行龙王，吞食虾蟆，噉食沙土，呼吸食风，彼以闻慧，知此众生。（北魏般若流支译《正法念处经》卷一八，17/106/c）

（9）盖五色云者，蟒之毒气，常呼吸此无知道士充其腹。（《太平广记》卷四五八"选仙场"条（出《玉堂闲话》），3750）

（10）（飞天之鬼）或腕粗臂细，头小脚长，簸旗弄于山川，呼吸吐其云雾。（《敦煌变文校注》卷四《破魔变》，533）

例（7），"呼吸"和"食"相对成文，谈的都是与饮食摄取有关的问题。"呼吸"当偏指"吸"，表示"吸入、吸食"的意义。例（8），"吞食""噉食""呼吸食"描绘的都是吃的方式和状态，只涉及摄取，不涉及排出，因此"呼吸"中的"呼"不表达意义。并且，当后文再次谈到这一问题时，其表述变成了"吞食虾蟆，噉沙吸风"，可见"呼吸"确为偏义复合词，偏指"吸"。例（9）中，动作"呼吸"的受事是"道士"，目的是"充其腹"，从其语义搭配来看，"呼吸"只可能指的是"吸"，表"吸入"之义。例（10），"呼吸"与"吐"同义连文，偏指"呼"，表"呼出"之义。综合以上分析可知，上述例句中的"呼吸"都是偏义复合词，例（7）至例（9）偏指"吸"，例（10）则偏指"呼"。

偏义复合只是"呼吸"实现词汇化的途径之一。汉代以后，"呼吸"在隐喻机制的作用下产生了表示"时间短暂"的新意义。例如：

（11）古者诸侯国异俗分，百里不通，时有聘会之事，安危之势，呼吸成变，故有不受辞造命颛己之宜。（《汉书·终军传》，2818）

（12）闻有妇人逆产者命在呼吸，还如事启。（吴康僧会译《六度集经》卷四，3/23/c）

（13）尔勤奉佛，佛时难值，高行比丘，难得供事，命在呼吸，无随世惑。（吴康僧会译《六度集经》卷六，3/38/a）

（14）合浦以北，民皆摇动，因连避役，多有离叛，而备戍减少，威镇转轻，常恐呼吸复有变故。（《三国志·吴志·华覈传》，1465）

例（11），"呼吸成变"的意思是"瞬息变化"，即在一呼一吸这么短促的时间内就会发生变化。"呼吸"不是实指"一呼一吸"的生理行为，而是突出和强调这一行为在时间上的特征——短暂。例（12）、例（13）中的"命在呼吸"相当于"命在须臾"，形容生命危殆，有可能在极短的时间内死去。"呼吸"比喻"时间短暂"。例（14）中"常恐呼吸复有变故"意思是"常常担心瞬息之间又出现变化或事故"，"呼吸"同样用于比喻义。

认知语言学认为，人们"对具体事物的意象是直接来自感观的经验，对抽象事物的意象是在对具体事物的意象基础上加工、综合的结果"（赵艳芳，2001：135）。"呼吸"是具体可感且与人的生命息息相关的生理动作，是人类最基本的认知体验。人们每时每刻都需要通过这种一呼一吸的动作来吸入氧气呼出二氧化碳，以维持自身机体的正常运作，因此，"呼吸"具有认知上的凸显性和典型性。当人们需要表达"时间短暂"这一抽象概念时，就很容易将它和一呼一吸的短促动作联系起来，从而用后者来隐喻前者。

"呼吸"的这一隐喻意义通过使用得以凝固和保留，在后世文献中存在大量例证。例如：

（15）诵习咒术，能移动日月，以夜为昼，以昼为夜，呼吸之顷能吐出金银七宝。（姚秦竺佛念译《菩萨从兜术天降神母胎说广普

经》卷七，12/1052/b）

（16）寡人闻奏天恩，遣卿容身无地！升沉荣辱，只在呼吸之间。（《敦煌变文校注》卷四《降魔变文》，556）

（17）只呼吸之间，便可以弱为强，变怯为勇，振柔为刚，易败为胜，直如反掌耳！（《朱子语类》卷一一〇，2706）

（18）石逊身带重伤，命在呼吸。（《水浒全传》九二回，1130）

（19）呼吸之顷，早已过了钱塘江上，进了杭州城里。（《三宝太监西洋记通俗演义》二回，20）

（20）呼吸间漳舡已至，击破闽安侯周瑞船，瑞与五府陈尧策皆死。（清邵廷采《东南纪事》卷一一，294）

以上例句中的"呼吸"都是指"时间短暂"。

南北朝以后，"呼吸"出现了"招集、聚集"的意义。例如：

（21）郢州控带荆、湘，西注汉、沔；雍州士马，呼吸数万，虎视其间，以观天下。（《梁书·武帝纪上》，4）

（22）项王气盖世，紫电明双瞳。呼吸八千人，横行起江东。（《全唐诗》卷一八〇李白《登广武古战场怀古》，1840）

（23）宰相段文昌在蜀时，爱君之磊落，善呼吸人，遂相奏天子，以君为殿中侍御史银州长史知刺史事。（《全唐文》卷六五四元稹《唐故使持节万州诸军事万州刺史赐绯鱼袋刘君墓志铭》，6654上）

例（21）中的"呼吸"指的显然不是人的生理活动。从上下文来看，它所表示的应该是"招集、聚集"的意思。这时，"呼吸"的对象通常是人或物。"呼吸数万"即"聚集数万人马"。例（22），"呼吸八千人"意思是"招集八千人"。例（23），"善呼吸人"即"善于招纳人才"。

"呼吸"是将空气吸入体内经过血液循环后再排出废气的过程，在这个过程中，气体的聚集起着决定性作用。当聚集的对象由空气拓展到人或物时，"呼吸"便衍生出了"招集、聚集"的意义。"呼吸"的这一意义在后世文献中也常见到。例如：

（24）财赋散在诸路，漕司却都呼吸不来。亦如坑冶，须是创立都大提点，方始呼吸得聚。（《朱子语类》卷一二八，3077）

（25）九娘子灵宗异派，呼吸风云，蠢尔黎元，固在掌握。（《太平广记》卷四九二《灵应传》，4040）

（26）日暮途远，贪得无厌；援引朋邪，浊乱班列；呼吸群小，纳赂卖官；请托公行，赃罪狼藉。（宋叶绍翁《四朝闻见录》戊集《臣寮上言》，174）

（27）惟卑州有教堂教民之村共百余处，拳场亦已有数十处，拳众呼吸千百人。（清八咏楼主人《西巡回銮始末》卷四，166）

以上例句中的"呼吸"均指的是"招集、聚集"。

唐代以后，"呼吸"能够被用来喻指"诵读"。例如：

（28）（南中丞）转黔南经略使，大更风俗，凡是溪坞，呼吸文字，皆同秦汉之音。（唐范摅《云溪友议》卷八，46）

（29）学语儿呼吸，消闲妇斗茶。（清孙静庵《栖霞阁野乘》卷上，75）

从上下文意来看，例（28）、例（29）中的"呼吸"指的都是"诵读、朗读"的动作行为。因为人是通过气体在发音器官中形成共鸣而发出声音的，朗读必需以气体的交流为前提，因此它和"呼吸"之间存在相似之处，可以发生隐喻。"呼吸文字"即"诵读诗文"，"学语儿呼吸"即"学说话的小孩在朗读"。

前文中，我们曾谈到"呼吸"通过隐喻所形成的"时间短暂"的意义。其实，人类认知事物的角度是多方面的。当人们侧重于"呼吸"在用时方面的特征时，看到的是它的"短暂"。而当人们侧重于它在用力方面的特征时，则会发现它是"不费力、易完成"的。于是，"呼吸"又可以用来比喻"轻而易举"。"呼吸"的这一用法大约出现在宋代以后。例如：

（30）方安石用事，呼吸成祸福，高论之士，始异而终附之，面

誉而背毁之，口顺而心非之者，皆是也。（《宋史·文苑六·刘恕传》，13119）

（31）帝倚鹏殄寇，锡命屡加，所请多从，而责效甚急。鹏亦竭智力，然不能呼吸应变。（《明史·翟鹏传》，5383）

例（30）中，"方安石用事"和"呼吸成祸福"之间构成因果关系，意思是因为当时王安石当权，所以他决定别人的祸福就像呼吸一样轻而易举。例（31）中的"呼吸"也是形容"轻而易举"。

明清时期，反义复合词"呼吸"又出现了新的用法，可以指"消息、音讯"。例如：

（32）呼吸潜通于禁地，謦笑必窥；线索暗度于掖庭，威福立见。（明朱长祚《玉镜新谭》卷九，137）

（33）舳舻相隔，呼吸难通，以表语目，以鼓语耳，截击要遮，尺寸不爽。（明张岱《陶庵梦忆》卷七《定海水操》，121）

（34）金又广结纳，即千里外呼吸亦可通，以此挟方面短长，偶气触之，辄惕自惧。（《聊斋志异》卷七《金和尚》，1010）

（35）隐屏而为之报信者，谓之"走水"，交驰于道，数十里内，呼吸通也。（清刘体智《异辞录》卷一，13）

例（32），"呼吸"与"线索"相对成文，语义相同，均指"消息、音讯"。例（33），因为"呼吸难通"，所以需要"以表语目，以鼓语耳"，从前后文意来看，"呼吸"指的应是"消息、音讯"。例（34），"即千里外呼吸亦可通"意思是"即使是在千里之外也可以互通消息"。例（35）中的"呼吸"指的也都是"消息、音讯"。

此外，"呼吸"还可用来表示"呼应、照应"。例如：

（36）为今之计，止有南阻河，北守太行，东连黎阳。……明公身居太行，呼吸两地。（《隋唐演义》五三回，406）

（37）贵阳之荐，呼吸通谋，生诚不能默默处此。（明陈贞慧《过江七事·持逆案》，219）

（38）中四句乃指往日言之，旧字非字正相呼吸，正字即首句不斜之注脚。（清梁章钜《浪迹丛谈》卷一〇《苏斋师说杜诗》，189）

例（36）中"呼吸两地"指的是"和黄河、黎阳两地相互呼应关照"。例（37）中"呼吸通谋"意思是"相互照应共同谋划"。例（38）中"旧字非字正相呼吸"，即"旧字非字正相呼应"。从认知的角度看，因"呼吸"乃一进一出，相辅相成，通过隐喻，可以喻指"呼应、照应"。

第四节　"俯仰"的形成演变及其认知研究

反义复合词"俯仰"是由表相反关系的动词"俯"和"仰"凝固而成的。江蓝生等编著的《唐五代语言词典》（1997：129）收录了"俯仰"表"思考，斟酌"的义项。本节将从历时角度对"俯仰"的成词及其发展演变过程进行系统研究，并尝试从认知角度解释其语义演变的规律。

"俯"指"低头，面向下"，与它相对的动作则是"仰"，即"抬头，面向上"。动词"俯""仰"在先秦时期就已出现，并且常常相对使用。例如：

（1）仰以观于天文，俯以察于地理，是故知幽明之故。（《周易·系辞上》，553）

（2）仰不愧于天，俯不怍于人，二乐也。（《孟子·尽心上》，905）

（3）若向也俯而今也仰，向也括而今也被发，向也坐而今也起，向也行而今也止，何也？（《庄子·寓言》，959）

例（1）、例（2）为"仰"在前，"俯"在后，两相对应。例（3）则是"俯"在前，"仰"在后。可见，两者之间并无必然的先后顺序。然而在我们所调查的先秦文献中，"俯""仰"连用的例子却均为"俯"在前"仰"在后，未发现与之相反的排序方式"仰俯"。① 例如：

(4) 屈伸俯仰，缀、兆、舒、疾，乐之文也。(《礼记·乐记》，989)

(5) 夫礼，死生存亡之体也。将左右、周旋、进退、俯仰，于是乎取之。(《左传·定公十五年》，985 下)

(6) 引之则俯，舍之则仰。彼，人之所引，非引人也，故俯仰而不得罪于人。(《庄子·天运》，514)

例（4），"俯仰"与"屈伸"相连用，均为反义并列式词组，构成成分间的语义尚未相互融合。例（5），"俯仰"即"俯和仰"，中间插入连词后语义不变，属于词组，而非词。例（6）中的"俯""仰"先单用，后连用，可见彼此之间的结构关系并不紧密，还没有成为一个不可分割的整体。

大约到了汉代，"俯仰"才真正词汇化。这时，它的意义不再是构成成分语义的简单相加，而是有了进一步的提升和融合。"俯"表示"低头"的动作，"仰"表示"抬头"的动作，凝固成词后，则转指它们的上位概念"行为、举动"。例如：

(7) 范雎恐，未敢言内，先言外事，以观秦王之俯仰。(《史记·范雎蔡泽列传》，2409)

(8) 浩周之还，口陈指麾，益令议者发明众嫌，终始之本，无所据仗，故遂俯仰从群臣议。(《三国志·吴志·孙权传》，1126)

(9) 然吴期二三，连不克果，俯仰惟艰，实忘寝食。(《三国志·蜀志·蒋琬传》，1059)

以上例句中的"俯仰"指的不再是具体的"低头"和"抬头"动作，而是抽象化了的"行为、举动"。用常见的"俯""仰"来指代所有

---

① 《汉语大词典》收"仰俯"条，所列例句均出自宋代诗歌。并且，"仰俯"的"俯"字都出现在诗句的韵脚位置上。因此，笔者认为"仰俯"的出现只是基于诗歌押韵需要的临时换位，不能代表一般情况。

"行为、举动"，是一种以部分代整体的转喻。在人们的认知心理中存在这样的观念：世界上的万事万物都是由部分组成的整体，部分能够在一定程度上代表整体。当人们在认知某个事物时，往往会更多地关注那些可直接感知的、易于理解和记忆的部分，并用之来指代整体。我们将这一过程称为转喻，它就是推动"俯仰"词汇化的内在动力。

"俯仰"的这一用法在后世文献中仍然存在。例如：

（10）顾涯审分，诚难庶几，逾方越序，易以诚惧。所以俯仰周徨，无地宁处。（《宋书·殷景仁传》，1681）

（11）齐王宪问孝珩齐亡所由，孝珩自陈国难，辞泪俱下，俯仰有节。（《北齐书·文襄六王·广宁王孝珩传》，145）

（12）善之通博，在何妥之下，然以风流酝藉，俯仰可观，音韵清朗，由是为后进所归。（《北史·道武七王·京兆王黎传》，599）

（13）然自撤屏翰，身受强敌，则亦安能从容俯仰，得以砺兵抹马，以观四方之衅，而出万全之计哉！（明姚福《青溪暇笔》卷上，8）

汉代以后，反义复合词"俯仰"除了表示"行为、举动"的意义外，还产生了"迎合、附和"的用法。例如：

（14）尽椎埋去就，与时俯仰，获其赢利。（《史记·货殖列传》，3281）

（15）故且从俗浮湛，与时俯仰，以通其狂惑。（《汉书·司马迁传》，2736）

（16）时世祖严暴，义恭虑不见容，乃卑辞曲意，尽礼祗奉，且便辩善附会，俯仰承接，皆有容仪。（《宋书·武三王·江夏文献王义恭传》，1650）

（17）及郭祚、裴植见杀，清河王怿遇祸，光随时俯仰，竟不匡救，于是天下讥之。（《魏书·崔光传》，1499）

（18）（朱元旭）既无风操，俯仰随俗，性多机数，自容而已。（《魏书·朱元旭传》，1625）

例（14）中的"与时俯仰"显然不能简单地解释为"跟随时势而抬头低头"，此处的"俯仰"已经发生了语义融合，不能再拆开来理解。《汉语大词典》将该例句中的"俯仰"解释为"周旋、应付"。笔者以为，这一解释不能确切表达"俯仰"的语义内涵，也体现不出它和构成成分的义素之间的推导关系，有欠周详。其实，在古汉语中，"俯"和"仰"常常被用于下对上的场合，表示对君王的臣服、崇敬和仰慕，即所谓的"俯仰之节"。这样一来，就很容易推演出"迎合、附和"的意义。从整个语境来说，将"俯仰"解释为"迎合、附和"也比"周旋、应付"更为妥帖。"与时俯仰，获其赢利"意思就是"迎合时势来获取利益"。例（15）至例（18）中的"俯仰"也指的是"迎合、附和"。

"俯仰"的这一意义在后世文献中得以沿用。例如：

（19）睿自以信受素薄，位居大臣，不欲与俗俯仰，所行略如他日。（《梁书·韦睿传》，225）

（20）况乃亲由褒狎，恩生趋走，便僻俯仰，当宠擅权。（《北史·恩幸传》，3017）

（21）是时，昆仑抱璞公、南海玄珠子、永昌从革生，皆能济人，与世俯仰，曲随人意。（元陶宗仪《南村辍耕录》卷一三《鸟宝传》，158）

（22）退叔虽然贫穷，却又是不肯俯仰人的。因此两下遂绝不相往。（《醒世恒言》卷二五，497）

魏晋以后，"俯仰"产生了新的意义，可用来比喻"时间的瞬息即逝、时间短暂"。例如：

（23）若不及今日为国斥境，俯仰年老，而仇敌更强，欲刎颈谢责，宁有补邪？（《三国志·吴志·诸葛恪传》，1437）

（24）（綦连）猛遥见之，即亦挺身独出，与其相对，俯仰之间，刺贼落马，因即斩之。（《北齐书·綦连猛传》，541）

（25）田巴云："百年之期，未有能至。"王逸少云："俯仰之间，已为陈迹。"（《旧唐书·姚崇传》，3026）

（26）公乃悯而恻之曰："此固非难也。"俯仰之间曰："吾得之矣。"（唐冯翊《桂苑丛谈·太尉朱崖辩狱》，2）

以上例句中的"俯仰"都不是实指"低头""抬头"的具体动作，而是喻指"时间短暂"。日常生活经验告诉我们，"低下头然后再抬起来"是一个非常短暂的动作过程，而对于有限的人生而言，时间也是短暂的。"俯仰"和时间之间存在相似之处，因而能够进行隐喻。"俯仰"是具体的、可直接感知的，时间是抽象的、看不见摸不着的。用"俯仰"来隐喻"时间短暂"，实现了从具体域到抽象域的语义投射，有利于人们对抽象概念的理解和认知。

"俯仰"的这种用法在后世文献中得以传承。例如：

（27）平生为爱西湖好，来拥朱轮。富贵浮云。俯仰流年二十春。（《全宋词》欧阳修《采桑子》，122）

（28）我志在寥阔，畴昔梦登天。摩挲素月，人世俯仰已千年。（《全宋词》辛弃疾《水调歌头》，1932）

（29）壬申之夏，始有出参藩政之行，俯仰今昔，又十四五年于兹。（明叶盛《水东日记》卷二九《六科旧僚题名》，282）

（30）俯仰之顷，天已将曙。客起欲去。（《阅微草堂笔记》卷二，37）

（31）三女握手作别，洒泪沾衣，俯仰间已俱不见。（《阅微草堂笔记》卷一四，347）

其实，在汉语中，用动作来隐喻时间的例子是相当多见的。这一隐喻模式具有一定的普遍性。如本章第三节中所提到的"呼吸"，同样通过隐喻产生了"时间短暂"的意义。另外，像"弹指""转瞬"等短暂动作也都可以用来喻指"时间短暂"。例如：

（32）一弹指顷浮生过，堕甑元知当破，去去醉吟高卧，独唱何须和？（《全宋词》陆游《桃源忆故人》之三，1593）

（33）光阴弹指，七七之期已过，范举人出门谢了孝。（《儒林外

史》四回，54)

　　(34) 且说那舅太太只合姑娘这等消磨岁月，转瞬之间早度过残岁，又到新年。(《儿女英雄传》二四回，426)

　　(35) 正是光阴似箭，日月如梭，转瞬间三春易过，已到四月。(《官场现形记》四四回，752)

　　例 (32)、例 (33) 是"弹指"隐喻"时间短暂"的例子，而例 (34)、例 (35) 则是"转瞬"隐喻"时间短暂"的例子。

　　南北朝以后，"俯仰"的语义得到了进一步的发展，出现了"思考、斟酌"的意义。例如：

　　(36) (宇文) 化及默然，俯仰良久，乃瞋目大言曰："共你论相杀事，何须作书传雅语！"(《北史·李弼传》，2136)

　　(37) 文宣试与言曰："汝平生勤修行善，若如经言，应得生天，或在人道。何故乃坠此鬼中？"即沉吟俯仰，默然无对。[.《太平广记》卷三二五"司马文宣"条 (出《冥报记》)，2578]

　　(38) 而乃裴回俯仰，久之不决，此而不思，尚何归田之录乎！(《欧阳修全集·〈归田录〉序》，1011)

　　(39) 某公俯仰沉思，忽命驾去。(《阅微草堂笔记》卷二，22)

　　例 (36)，"俯仰良久"就是"沉思很久"的意思。"俯仰"承接前文的"默然"，表示"默默思考、沉思默想"。例 (37)，"沉吟"和"俯仰"同义连文，指的都是"深思"。例 (38)，"俯仰"和后文的"久之不决"相照应，同样是表"思考、斟酌"义。例 (39)，"俯仰"和"沉思"连用，两者所表达的意义亦相同。

　　从认知上看，"俯仰"能产生"思考、斟酌"义，与转喻机制有着密切关系。"思考"是一个抽象的概念，不能通过人类的感觉器官直接感知。当人们需要表达这个概念时，为了便于理解和记忆，往往会采用一些具体的意象来代表它。对具体意象的选取是以人类的认知经验为基础的。日常生活经验告诉我们，人处于思考状态时，常会伴随低头和抬头的动作。文献中也存在这样的用例。如：《水浒全传》一一回："柴进低头一想道：'再有个计策，送兄长过去。'"《西游记》五一回："行者低头暗想道：'天上将不如老孙者多，胜似老孙者少。'"《醒世恒言》卷二四："仰面莫思梁苑赋，朝来且听玉人歌，不醉拟如何？"《禅真逸史》一三回："阿保仰天思想，猛然喜道：'有了。'"

"俯仰"是"思考"的一种外在表现，可以被人类的视觉系统所直接感知。用它来转喻抽象概念"思考"，能给人以直观的印象，有利于理解、记忆。

明清时期，"俯仰"又通过用典的方式形成了"养家活口"的意义。其语义出自《孟子·梁惠王上》："是故明君制民之产，必使仰足以事父母，俯足以畜妻子，乐岁终身饱，凶年免于死亡，然后驱而之善，故民之从之也轻。"后人截取句中的"仰"和"俯"组成"俯仰"一词，以指代"事父母、畜妻子"的养家行为。例如：

（40）但堪供俯仰，那复问仓箱。（明何景明《大复集》卷一五《获稻》诗，133）

（41）耕桑时废，缺俯仰之资；教化未闻，成偷薄之习。（《明史·张翀传》，5087）

（42）而频年旱荒，终岁佣书，不足以给朝夕为俯仰之资。（清戴名世《戴名世集》卷六《先君序略》，174）

以上例句中的"俯仰"均表示"养家活口"的意义。

第五节　"死生""生死"及"死活"的比较研究

"生"和"活"是一对近义词，它们都和"死"构成反义关系。在汉语演变的过程中，形成了"死生""生死""死活"这样一组反义并列式复合词。吴福祥在《敦煌变文语法研究》（1996：174）中列举了"生死"的副词用例，并指出"就意义与功能而言，这里的'生死'与现代汉语副词'死活'并无二致"。李崇兴等编著的《元语言词典》（1998：300）收"死活"条，列了两个义项：①指不幸的事；②无论如何。张谊生（2004：319—352）在讨论"反义对立式语气副词"时，对"死活"的相关问题也有所涉及。本节将系统研究这组词的历时演变过程，对比分析它们的异同，考察它们在现代汉语中的使用情况，并对语义演变的机制进行分析。

一　"死生"的形成及演变①

"死"和"生"是一对反义词，在上古汉语中就已产生。先秦文献中不乏"死生"连用的例子，但都还只是词组。例如：

（1）是则少多、死生、出入、往来者，皆可知也。（《国语·周语上》，25）

（2）夫礼，死生存亡之体也。（《左传·定公十五年》，985下）

（3）商闻之矣：死生有命，富贵在天。（《论语·颜渊》，488）

（4）道无终始，物有死生，不恃其成；一虚一满，不位乎其形。（《庄子·秋水》，584）

以上例句中的"死生"均为反义并列式词组，"死"和"生"之间关系较为松散，可插入连词"和"，而语义不变。例（1）、例（2）中，"死生"和"少多""出入""往来""存亡"等相连用，结构相同。例（3）、例（4）中，"死生"和"富贵""终始"相对成文，均为词组，尚未凝固成词。

（一）"死生"的偏义用法

由于"死"和"生"是互补的反义词，属于非此即彼的关系，两者在语义上存在很大的差距，要通过语义融合的方式来凝固成词需要较长的时间，因此，"死生"的词汇化首先是通过失落其中一个成分的语义来完成的，即形成偏义复合词。例如：

---

① 本书所讨论的是并列式反义复合词。由"死"和"生"所构成的其他关系的词语，不在本书的研究范围之内。例如：《国语·越语下》："死生因天地之刑。"三国吴韦昭注："死，杀也。刑，法也。杀生必因天地四时之法，推亡固存亦是也。""死生"义即"杀生"，"死"和"生"在语义上不存在反义对立关系，两者所构成的是动宾结构的词组。对于这种情况，笔者予以排除。

（5）知己者不可诱以物，明于死生者不可却以危，故善游者不可惧以涉。（《淮南子·说林训》，559）

（6）何以效之？以甲乙日病者，其死生之期，常在庚辛之日。（《论衡·订鬼》，936）

（7）若此者，人之死生，自有长短，不在操行善恶也。（《论衡·问孔》，411）

以上例句中的"死生"均为偏义复合词。例（5）、例（6）中的"死生"偏指"死"，而例（7）中的"死生"则偏指"生"。从上下文来看，例（5）中的"死生"当是偏指"死"，指"死亡"。"明于死生者不可却以危"即"明于死者不可却以危"，与上下文"知己者不可诱以物""善游者不可惧以涉"形成对应。例（6）"以甲乙日病者，其死生之期，常在庚辛之日"，《史记·天官书》："日庚辛，主杀。"元郑希诚《观星要诀》："甲乙日干，庚辛月时夹，虽未死，见庚辛必死。"明郎瑛曰："王论未知何从生。盖五行相克之理，如木日鬼，金为之杀；金日鬼，火为之杀。死者七七之说，亦是此理。"从前人注疏来看，此处的"死生之期"就是"死之期"，"死生"偏指"死"。例（7）"人之死生，自有长短"，只有生命才有长短之分，此处的"死生"应是偏指"生"，指"生命"。

"死生"的偏义用法大约产生于汉代，此后得以沿用。在后世文献中，偏指"死"和偏指"生"的情况都有，分别举例如下：

1. "死生"偏指"死"。例如：

（8）战士军前半死生，美人帐下犹歌舞。（《全唐诗》卷二一三高适《燕歌行》，2217）

（9）此地有征战，谁家无死生。人悲还旧里，鸟喜下空营。（《全唐诗》卷八八七马乂《蜀中经蛮后寄陶雍》，10023）

（10）畏人默坐成痴钝，问旧惊呼半死生。（《苏轼诗集》卷二一《任安节远来夜坐》之二，1095）

（11）学者须是于日用之间，不问事之大小，皆欲即于义理之安，然后临死生之际，庶几不差。（《朱子语类》卷四五，1153）

（12）（冲末扮马丹阳上，诗云）初蒙祖师点化，不得正道，把我魂魄摄归阴府，受鞭笞之苦。忽见祖师来救，化作天尊，令贫道似梦非梦，方觉死生之可惧也。（《全元戏曲》卷二马致远《任风子》一折，38）

（13）大丈夫死生不惧，何况只手？不用铜柱铁环，只此便割何妨！（《水浒全传》一一〇回，1307）

2. "死生" 偏指 "生"。例如：

（14）所向无空阔，真堪托死生。骁腾有如此，万里可横行。（《全唐诗》卷二二四杜甫《房兵曹胡马诗》，2393）

（15）暨乎近代以来，加之阴阳葬法，或选年月便利，或量墓田远近，一事失所，祸及死生，巫者利其货贿，莫不擅加妨害。（《旧唐书·吕才传》，2723）

（16）（白）争奈公婆死生难保，朝夕又无可为甘旨之奉，只得逼逻几口淡饭。（《全元戏曲》卷一〇高明《琵琶记》一九出，196）

（17）（文甫）骂着宋七："你这般天杀的，和你有甚仇，害得我家破人亡，死生难保。"（《欢喜冤家》三回，42）

（18）况此一阵，三军之死生，朝廷之威望，皆系于此。（《三宝太监西洋记通俗演义》三四回，450）

（二）"死生" 的副词用法

"死生" 能衍生出副词的用法，和它的句法位置有关。当居于动词之前的 "死生" 由中心语转变为状语时，它的词性也随之改变。我们所发现的 "死生" 充当状语的最早用例出现在《左传》当中。

（19）子产曰："何害？苟利社稷，死生以之。且吾闻为善者不改其度，故能有济也。民不可逞，度不可改。"（《左传·昭公四年》，732 下）

晋杜预注："以，用也。""死生以之" 即 "死生用之"，"无论死还

是生都实行它"。"死"和"生"共同修饰动词"以"。"死生"可以理解
为"无论死还是生"。由于"死生"的这一用法在上古汉语中非常少见，
从使用频率上，我们看不出其成词的迹象。因此，我们认为，此时的
"死生"还只是词组。

到了魏晋南北朝时期，"死生"的这一用法开始逐渐推广。随着使用
频率的增加，"死生"最终凝固成词。例如：

（20）（所从人）皆慷慨曰："死生当随护军，不敢有二。"（《三
国志·魏志·赵俨传》，669）

（21）左右杨承伯牵诞马曰："死生且还保城，欲持此安之？速
还尚得入，不然败矣。"（《宋书·文五王·竟陵王诞传》，2032）

（22）晋人及乌丸惊惧，皆曰："死生随二将军。"（《魏书·卫
操传》，603）

以上例句中的"死生"充当句子的状语，起修饰限定的作用。
"死生"的副词用法一直延续到后代。例如：

（23）其后上梦欲上高山而不能得，崔彭捧脚，李盛扶肘得上，
因谓彭曰："死生当与尔俱。"（《隋书·王劢传》，1609）

（24）济曰："我金吾，天子押衙，死生随之，安能自脱？"
（《旧唐书·睿宗诸子·惠文太子范传》，3017）

（25）又以书抵钤辖卢守懃及薛文仲求救，云："有中贵人至者，
当为力营护之，死生不敢忘。"（宋司马光《涑水记闻》卷一一，
216）

（26）（兰孙云）有兰孙的父亲，在这里葬埋着，则怕到冬年节
下，月一十五，澄不了的浆水，与俺父亲澄半碗儿；烧不了的纸钱，
与俺父亲烧一陌儿。兰孙死生难忘也！（《全元戏曲》卷六无名氏
《刘弘嫁婢》二折，821）

（27）仲舒听罢，哭拜在地："万望先生指引，死生不忘。"
（《清平山堂话本·雨窗集上·董永遇仙传》，272）

（28）（旦拜谢生介）深感陛下情重，今夕之盟，妾死生守之矣。

（《长生殿》二二出，120）

副词"死生"出现在谓语之前，表示"无论生死都坚持做某事"，强调被修饰动作的持续不变。但由于"死生"的语义在很大程度上保留了"死"和"生"各自的义素，并且出现的语境也多与实际的生死抉择相关，笔者认为它的虚化程度还相当低。

二　"生死"的形成及演变①

"生死"和"死生"是同素异序的关系。"生""死"连用的情况在先秦文献中已经出现，但基本上都还只是词组。例如：

（1）君死于位曰灭，生得曰获。大夫生死皆曰获。（《公羊传·昭公二十三年》，298上）

（2）礼者，谨于治生死者也。生，人之始也；死，人之终也：终始俱善，人道毕矣。（《荀子·礼论》，358）

（3）时有满虚，事有利害，物有生死。　（《韩非子·观行》，522）

例（1）、例（2）中，单用的"生""死"和连用的"生死"前后照应，可见"生死"即"生"和"死"，是反义并列式词组。例（3）中，"生死"与"满虚""利害"相对成文，结构相似，均为词组，而非词。

后来，"生死"通过其中一个构成成分语义的失落而凝固成词。其语义多偏向于"死"。例如：

（4）佛不见身知是佛，若实有知别无佛；智者能知罪性空，坦然不惧于生死。（《祖堂集》卷一《拘那含牟尼佛》，8）

（5）生死到来，作摩生即是？乞和尚慈悲，救某甲残命。（《祖

---

① 《左传·昭公二十五年》："平子曰：'苟使意如得改事君，所谓生死而肉骨也。'"此处的"生死"为"使人死而复生"之义。"生"用作使动用法，相当于"使……生"，它和"死"不构成反义关系。从结构上看，例句中的"生死"是动宾词组，与本书所要讨论的反义复合词"生死"仅为同形关系，因此不属于本书的研究范围。

堂集》卷一四《江西马祖》，517)

(6) 他有三件本事，人不能及：第一件，一张好口，能言善辩；第二件，一副呆胆，不怕生死；第三件，两只铁腿，不惧竹片。(《禅真逸史》二一回，311)

以上例句中的"生死"均偏指"死"，作动词，表示死亡。除此以外，偏指"死"的"生死"还可以充当情状副词，表示动作行为的方式。例如：

(7) 贲四娘子道："耶哝，三位娘上门怪人家，就笑话俺小家人家茶也奉不出一杯儿来?"生死拉到屋里。(《金瓶梅词话》二四回，304)

(8) 月娘道："亲家若不去，大妗子，我交付与你，只在你身上!"于是生死把大妗子留下了，然后作辞上轿。(《金瓶梅词话》四一回，540)

(9) 月娘道："我那等说，还未到一周的孩子，且休带他出城门去。独溫货，他生死不依，只说比来今日坟上祭祖，为甚么来?"(《金瓶梅词话》四八回，633)

"生死"偏指"生"的用例相对较少。例如：

(10) 今我与文畅安居而暇食，优游以生死，与禽兽异者，宁可不知其所自耶! (《全唐文》卷五五五韩愈《送浮屠文畅师序》，5618 上)

唐五代时期，"生死"开始出现副词的用法。例如：

(11) 常慕正直人，生死不相离。苟能成我身，甘与僮仆随。(《全唐诗》卷二九七王建《求友》，3368)

(12) 世人逐势争奔走，沥胆隳肝惟恐后。当时一顾生青云，自谓生死长随君。(《全唐诗》卷二五李颀《行路难》，345)

（13）我今欲见阿娘，力小不能自往，伏愿世尊慈念，少借威光，忽若得见慈亲，生死不辜恩德。（《敦煌变文校注》卷六《目连缘起》，1012）

（14）赤辞曰："我被浑主亲戚之恩，腹心相寄，生死不贰，焉知其他。"（《旧唐书·西戎·党项羌传》，5291）

以上例句中的"生死"可理解为"无论生还是死"，强调对某一动作行为的坚持。"生死"的这一用法和前文提到中的"死生"相同，都属于虚化程度较低的副词。这一用法在后世文献中得以流传。例如：

（15）某谓三代而下，惟东汉人才，大义根于其心，不顾利害，生死不变其节，自是可保。（《朱子语类》卷三五，923）

（16）【入赚】（生）这恩德山样高来海样深，生死难忘叔丈恩。（《全元戏曲》卷九无名氏《白兔记》十三出，391）

（17）（荆楚臣云）大姐情分，生死不忘，衔结难报。（《全元戏曲》卷五贾仲明《玉梳记》一折，434）

（18）玄德又跪而谢曰："若如此，生死难忘！——切勿漏泄。"（《三国演义》五五回，472）

（19）公子道："鲁某只为家贫，有缺礼数。蒙岳母大人不弃，此恩生死不忘。"（《喻世明言》卷二，53）

与"生死"所不同的是，"死生"没有再进一步语法化，而"生死"则在"无论生还是死"的基础上进一步发展出了虚化程度较高的用法。例如：

（20）（天女）语昆仑曰："君畏去时，你急捉我，著还我天衣，共君相随。"昆仑生死不肯与天女，即共天女相将归家见母。（《敦煌变文集新书》卷八《搜神记》，1231）

（21）只见那郑月娥晓得了，大哭道："这是我自要脱身泄气，造成此谋，谁知反害了姚乙？今我生死跟了他去，也不枉了一场话�。"（《拍案惊奇》卷二，47）

从上下文可知，例句中的"生死"并不涉及具体的生存或死亡，因此不能简单地理解为"无论生还是死"。它在句中的语义相当于"无论如何"，表示一种坚定的语气。"生死"的这一虚化过程与转喻机制有关。"生"和"死"代表着生命的存在和消亡，在人类所面临的各种情况中它们居于凸显地位，因此可以通过"部分代整体"的转喻模式来喻指"一切情况"。于是，"无论生还是死"就进一步虚化为了"无论任何情况、无论如何"，后者的语义比前者抽象，语法化程度也更高。

此外，"生死"在使用过程中还出现了表示"相互间你死我活，不可调和"的用法。例如：

（22）【剔银灯】则这白侍郎正是我生死的冤家从头认，都不差，可怎生装聋作哑？（《全元戏曲》卷二马致远《青衫泪》四折，155）

（23）古来生死冤家一还一报的，独有此项极多。（《二刻拍案惊奇》卷一一，223）

例（22）、例（23）用"生死"来形容彼此之间矛盾的不可调和，这是一种隐喻的用法。用具体的"生死"对立来比喻抽象的矛盾关系，是基于相似原则的隐喻过程，体现了从具体域向抽象域的投射。

三　"死活"的形成及演变

"活"表示"生命存在，与'死'相对"的义项在先秦文献中就已经出现。例如：

（1）播厥百谷，实函斯活。（《诗经·周颂·载芟》，602上）

（2）（季咸）出而谓列子曰："嘻！子之先生死矣！弗活矣！不以旬数矣！吾见怪焉，见湿灰焉。"（《庄子·应帝王》，299）

例（1）"实函斯活"，汉郑玄笺："活，生也。"可见，"活"和"生"的近义关系很早就已经确立。例（2）中"死"与"弗活"相对应，则说明"活"和"死"的反义关系也早在上古时期就已存在。

　　虽然"活"和"生"在上古时期都是"死"的反义词,但是"活""死"连用的产生时间却比"生""死"要晚得多。"生""死"连用的情况在先秦文献中就已经出现,而"活""死"连用却晚至唐五代时期才形成。并且,"生""死"连用存在两种排列顺序:"生死""死生"。而"活""死"连用却只有一种顺序,即"死活"。在笔者所调查的语料中未找到"活死"的用例。①

　　和"生死""死生"一样,"死活"最初也是以词组的身份出现在文献中。例如:

　　(3) 思量仇恨痛哀嗟,今日相逢不相舍。我若命尽此江潭,死活总看今日夜。(《敦煌变文校注》卷一《伍子胥变文》,7)

　　(4) 臣别家乡,以(已)经九载,慈母死活莫知。(《敦煌变文校注》卷二《秋胡变文》,234)

　　(5) 蚁子在水中绕转两三匝,困了浮在中心,死活不定。(《祖堂集》卷三《慧忠国师》,127)

　　例句中的"死活"均可用"死和活"来替代,"死""活"之间结构较为松散,为反义并列式词组。

　　元代以后,"死活"逐渐凝固成词。主要有以下几种用法:

　　(一)偏义复合词,偏指"死"。例如:

　　(6)【混江龙】若是俺软弱的男儿有些死活,索共那倚势的乔才打会官司!(《全元戏曲》卷一关汉卿《蝴蝶梦》第一折,31)

　　(7) 单廷珪、魏定国大笑,指着关胜骂道:"无才小辈,背反狂夫!上负朝廷之恩,下辱祖宗名目,不知死活!引军到来,有何礼说?"(《水浒全传》六七回,847)

　　(8) 真君喝道:"……今蒙上命,到此擒你这反天宫的弼马温猢

---

　　① 此处所讨论的"生死""死生""活死""死活"均限于反义并列关系。不属于此结构关系的情况则予以排除。例如:《云笈七签》卷一一五《窦琼英》:"其七代祖名崎,常以葬枯骨为事,以活死为心,故祚及琼英,令行女仙,在易迁宫中。""活死"为"使死人复活",是动宾词组,不在本书研究范围之内。

狲，你还不知死活！"（《西游记》六回，70）

以上例句中的"死活"均偏指"死"。例（6）中的"有些死活"相当于"有些好歹"，指不幸的事情，多为死亡。例（7）、例（8）中的"不知死活"即"不知死"，有"不知利害，冒昧从事"之义。

（二）胜负、强弱、高下。例如：

（9）【煞尾】投至得到我跟前，问个定夺，讨个提掇，决个死活。（《全元戏曲》卷五王晔《嫁周公》二折，254）

（10）飞曰："你背了兄长，降了曹操，封侯赐爵。今又来赚我！我今与你併个死活！"（《三国演义》二八回，247）

（11）那怪道："姓孙的，你且住了手。今日天晚，不好相持。你去，你去！待明早来，与你定个死活。"（《西游记》一七回，221）

（12）我今日与你定个雌雄，拼个死活，你才认得我老娘来。（《三宝太监西洋记通俗演义》六九回，893）

"死活"的这一义项常和"决""拼""定"等动词相搭配，极言斗争的激烈，也作"你死我活"。例如：

（13）（田忌上云）料你的本领，我也不怕，我判的和你拼个你死我活。（《全元戏曲》卷六无名氏《马陵道》四折，373）

（14）李逵却在前面，又叫："来，来，来，和你并个你死我活。"（《水浒全传》五一回，651）

（15）世局千腾万变，转盼皆空，政如下棋的较胜争强，眼红喉急，分明似孙庞斗智，赌个你死我活，又如刘项争天下，不到乌江不尽头。（《醒世恒言》卷九，178）

（三）拼命，表方式、情状。例如：

（16）（杜氏）一头走起来系裙，一头怨怅道："如此没用的老东

西，也来厌世，死活缠人做甚么？"（《拍案惊奇》卷二六，454）①

（17）韩伙计费心，买礼来谢我，我再三不受他，他只顾死活央告，只留了他鹅酒。（《金瓶梅词话》三五回，462）

（18）那可厌的情状，就如北京东江米巷那些卖褐子毡条的陕西人一般；又象北京西瓦厂墙底下的妓者一般，往街里死活拖人。（《醒世姻缘传》六九回，986）

（19）无奈宝玉死活央告，又许他些钱，那婆子方带了他来。（《红楼梦》七七回，1107）

（20）你母亲老远的来了，也不曾好好的歇一歇，你就死活要拉到那边去！（《二十年目睹之怪现状》二三回，192）

此用法亦作"没死活"。例如：

（21）刘姥姥笑道："你好没见世面，见这园里的花好，你就没死活戴了一头。"（《红楼梦》四一回，573）

（22）袭人这一惊不小，慌忙赶上来将他没死活的推醒。（《红楼梦》四一回，574）

（四）无论如何，表坚定语气。例如：

（23）这是你的奸计，放走了人，好对我厮赖，我如今死活毕竟要讨个明白！（《禅真逸史》一〇回，131）

（24）黛玉恍惚又象果曾许过宝玉的，心内忽又转悲作喜，问宝玉道："我是死活打定主意的了。你到底叫我去不去？"（《红楼梦》八二回，1184）

四　"死生""生死""死活"的比较分析

"死生""生死"和"死活"作为语义相关的反义复合词，其形成演

---

① 张谊生将此句中的"死活"视为语气副词（2004：339），不妥。从上下文来看，它应当是情状副词。

变的过程既有相似，又有不同。下面，笔者将对它们进行对比研究。

(一)"死生""生死"和"死活"的义项分布情况

表 2-1　　　　　"死生""生死"和"死活"的义项分布情况

	偏指死亡	偏指生存	相互间你死我活，不可调和	胜负、强弱、高下	情状副词，拼命	无论生还是死	无论如何
死生	+	+	−	−	−	+	−
生死	+	+	+	−	+	+	+
死活	+	−	−	+	+	−	+

由上表可知，"生死"的义项最多，而"死生"的义项最少。三个词在表义功能上既有共性又有差异。从语法化的程度来看，"生死"和"死活"均高于"死生"，因为它们都有语气副词的用法，表示"无论如何"，而"死生"却还没有虚化到这个程度。

(二)"死生""生死"和"死活"在文献中的使用频率

由于"死活"出现的时代较晚，我们主要选取元明清文献来进行统计。结果如下：①

表 2-2　　　　"死生""生死"和"死活"在文献中的使用频率　　　单位：%

	死生	生死	死活
《全元杂剧》	26	67	7
《水浒全传》	15	68	17
《金瓶梅词话》	6	69	25
"二拍"	13	50	37
《儿女英雄传》	17	66	17
《红楼梦》	3	32	65
《二十年目睹之怪现状》	0	14	86

虽然，"死生""生死"和"死活"在文献中出现的比率大小可能与作者风格、语体色彩有一定关系。但是，从总体上而言，"死生"和"生

---

① 以"死生""生死""死活"在同一文献中出现次数的总和作为基数来计算百分比。

死"的使用频率在逐渐降低,而后起的"死活"则在一定程度上分担了它们的表义功能,导致使用频率增加。

(三)"死生""生死"和"死活"的重叠用法

"死生"和"生死"都有"AABB"的重叠式,而"死活"则没有。"死生"的重叠式为"死死生生","生死"的重叠式为"生生死死"。举例如下:

(1)一生空自劳攘。生生死死皆如梦,更莫别生妄想。(《全宋词》葛长庚《摸鱼儿》,2573)

(2)【沉醉东风】枕边梦蝶,花边泪血,拚得生生死死随着天儿共灭。(明孟称舜《娇红记》四五出,226)

(3)【前腔】盼着门前马,陌上车,重来处。停春阁上花如故。死死生生,同衾同墓。(明孟称舜《娇红记》三三出,171)

(4)【二莺儿】想当日呵,有的是死死生生月下书,神明鉴取应难负。(明孟称舜《娇红记》四八出,246)

(5)【尾声】(合)痛杀我,死死生生,拆开母共儿。(清李玉《清忠谱》一九折,85)

例(1)、例(2)为"生生死死"的用例,例(3)至例(5)则为"死死生生"的用例。

第三章　由形容语素构成的反义复合词

本章主要研究由形容语素构成的反义复合词。在我们所调查的反义复合词中，有63个是由形容语素构成的。列举如下：

安危 薄厚 长短 迟早 粗细 大小 多寡 多少 反正 方圆 肥瘦 甘苦 高矮 高低 高下 贵贱 寒热 寒暑 寒暄 好歹 好赖 好恶 黑白 横竖 横直 厚薄 缓急 晦明 吉凶 巨细 快慢 宽窄 劳逸 老少 老小 老幼 冷暖 利钝 浓淡 亲疏 轻重 曲直 荣辱 深浅 是非 是否 输赢 松紧 遐迩 虚实 妍媸 炎凉 异同 优劣 幽明 远近 臧否 皂白 真伪 治乱 主次 主从 纵横

笔者选取其中语义演变丰富、具有一定代表性的词语进行具体研究。

第一节　"好歹"的语法化及主观化[①]

"好歹"是近代汉语中的一个新词，它由表反义关系的形容词"好"和"歹"通过经常连用而逐步凝固成词。"好"属于汉语中固有的成分，早在先秦文献中就已广泛使用。而"歹"[②]，学界一般认为它是蒙古语借词。"歹"的主要意义是"恶；坏。与'好'相对"，它"不见于五代北宋，突兴于南宋末期，而盛行于元明以及今日"（李思纯，1957：35）。

对于"好歹"，一些论著在讨论相关问题时有所涉及，如：太田辰夫（2003：268）认为："（好歹）这个词是从'好也罢坏也罢'的意义引申为无论如何、不管怎样的意思的，在现代汉语中用于希求的场合，从前也

---

① 本节为笔者与方一新师合写，已发表于《浙江大学学报》（人文社会科学版）2007年第1期。

② 关于"歹"的来源及产生年代，学界观点不一。可参看李思纯（1957：24—35），徐复（1990：12—13，26—29），徐时仪（1993），蒋冀骋、吴福祥（1997：196）等。其中，多数学者认为"歹"产生于宋末或元代。

有不是这样的。"《现代汉语八百词》（1999：259—260）列"好歹"条，分名词和副词两类进行了解释。顾之川（2000：259）讨论了明代汉语中的"好歹"，指出："'好歹'作为一个反义词素构成的复合词，明代不仅常见，而且有多种含义。"张谊生（2004：319—352）在谈"反义对立式语气副词的性质、功能和成因"时，曾论及"好歹"。杨荣祥（2005：85—86）把"好歹"归入反义并列复合式，称之为"合成副词"。①

以上这些论述，从总体上看，都还不是对"好歹"词义的系统梳理，也未能清晰地揭示"好歹"的词义系列以及词义演变的线索。本节在调查文献用例的基础上，勾勒"好歹"的词义演变轨迹，尝试从认知角度较为系统地研究"好歹"的语法化及主观化过程，揭示其演变的内在动因和认知规律。

经过笔者分析，有两类"好歹"不属于文章讨论的范围。

一类是作谓语的"好歹"。它与我们所要研究的反义复合词"好歹"只是同形，两者之间并无直接联系。例如：

（1）（任二公云）哥哥，你好歹也！我女孩儿救了你性命，不指望你来谢他，倒着你卖了他那。（《全元戏曲》卷五王晔《嫁周公》二折，250）

（2）（王兽医上云）姐夫，嗨，你好歹也！我问你借具牛，你借便借，不借便罢，骂我是绝户，白白的受他一场气。（《全元戏曲》卷五高茂卿《两团圆》二折，382）

（3）（庞涓惊科，云）嗨，师父好歹也！将这六甲天书倒传与他，传与我的天书原来是假的！（《全元戏曲》卷六无名氏《马陵道》二折，360）

以上例句中的"好歹"均为偏正结构的词组，"好"为程度副词，修饰形容词"歹"。"好歹"犹今言"好坏""真坏"，形容坏到极点。其实，"好"的副词用法在元代以前就已产生，并且被广泛运用。例如：

---

① 据2001年"世界著名大学汉学系（所）主任（汉学家）国际学术研讨会"（北京）会议论文目录所载，李立撰有《并列式双音词及其中的一小类"反正、好歹、左右、死活"等词的用法考察》一文，惜未寓目。

（4）清秋华发好相似，却把钓竿归去来。（《全唐诗》卷五四九赵嘏《江上逢许逸人》，6354）

（5）者汉大痴，好不自知。恰见宽纵，苟徒（图）过时。（《敦煌变文校注》卷三《燕子赋（一）》，377）

（6）风儿又起，雨儿又煞，好愁人天色。（《全宋词》石孝友《西地锦》，2041）

（7）【落梅风】（牢子打科，云）这呆厮好无礼也，你怎么抱住我两只手臂？（《全元戏曲》卷一高文秀《双献功》三折，569）

程度副词"好"能与形容词、动词相搭配，构成偏正关系的词组。由"程度副词+形容词"所构成的词组"好歹"，结构较为松散，此后也没有进一步语法化的迹象。它与本书所要讨论的反义复合词"好歹"虽然字面相同，却并不具有内在联系，因此不在本书的研究范围之内。

另一类是不具有并列或修饰关系的"好歹"。"好"和"歹"虽然呈线性排列，却不在同一句法层面上，例如：

（8）（孙孔目云）你好歹口也，他听着哩。（《全元戏曲》卷一高文秀《双献功》楔子，560）

（9）【斗鹌鹑】哎，这好歹斗的书生，好放刁的贼子。（《全元戏曲》卷五萧德祥《杀狗劝夫》四折，177）

例（8）、例（9）中，"歹口"和"歹斗"均已凝固成词，分别表示"说话不中听""凶狠"的意思。"好"是"歹口""歹斗"的修饰成分，此时的"好"和"歹"处于不同的句法层面。这种情况笔者也将予以排除。

本节将"好歹"分为名词和副词两类，进行具体分析，以期发现"好歹"语义变化的内在规律和认知动因。

一　名词"好歹"

在元杂剧中，"好歹"常常出现在宾语位置上。例如：

（1）【十二月】做儿的不知好歹，做娘的不辨清浊。（《全元戏曲》卷四郑廷玉《金凤钗》二折，12）

（2）【滚绣球】地也，你不分好歹何为地？天也，你错勘贤愚枉做天！（《全元戏曲》卷一关汉卿《窦娥冤》三折，198）

例（1）、例（2）中的"好歹"从严格意义上说还不是词，它分别与"清浊""贤愚"相对应，其构成成分间的关系并不十分紧密，可以理解为"好和歹"。我们认为，此时的"好歹"还处在从词组到词的过渡阶段。

随着"好歹"的使用频率不断增加，"好"与"歹"之间的关系也越来越紧密，并最终凝固成词。分析文献，我们不难发现，名词"好歹"的词汇化①主要是通过两条途径来分别实现的。一条是通过其中一个成分语义的失落来完成词汇化；另一条则是通过转喻的方式来完成词汇化。

我们先分析第一条途径。请看以下例句：

（3）（刘琮云）颇奈大耳汉无礼，酒筵间搬调俺父亲，论俺弟兄好歹。（《全元戏曲》卷一高文秀《襄阳会》一折，587）

（4）（燕二云）俺哥哥若有些好歹，我不道的轻饶素放了你也！（《全元戏曲》卷三李文蔚《燕青博鱼》一折，110）

例（3）、例（4）中的"好歹"已经凝固成词，它是通过其中一个成分语义的失落来完成词汇化的。"好歹"的语义偏向"歹"，"论俺弟兄好歹"即"说俺弟兄的坏处"，"有些好歹"犹言"有三长两短""有不测"。表偏义的"好歹"在后世文献中较为常见，可理解为"意外的事故"，多指死亡。例如：

（5）若孩儿有些好歹，老身性命也便休了。（《水浒全传》五一回，645）

---

① 本书所谓"语法化"取其广义的概念，即将词汇化视为语法化的一个阶段，指从非词到词的演变过程。

（6）这会子你倘或有个好歹，丢下我，叫我靠那一个！（《红楼梦》三三回，459）

以上例句中的"好歹"均偏向"歹"，意指丧命、死亡，通常前面有表示假设的连词（"若""倘或""万一""要是"等），并与"有""有个""有些"连用。这一用法沿用至今。

偏义复合词的语义构成相当特殊。一般而言，复合词的语义是由其构成语素的意义融合而成的，而偏义复合词却只选择其中一方的语义内容而完全摒弃另一方，这种语义取舍的方式较为极端，无法真正地将构词语素融合为一体。因此，与其他复合词相比，偏义复合词的语法化程度要低一些。

我们再来分析第二条途径。请看以下例句：

（7）（搽旦云）今番务要和你见个好歹。（《全元戏曲》卷一高文秀《遇上皇》一折，679）

（8）（刘二公上云）问他一声，便知道个好歹。（《全元戏曲》卷六无名氏《渔樵记》三折，402）

例（7）、例（8）中的"好歹"，其意义是由构词语素共同承担的。"见个好歹""知道个好歹"中的"好歹"既不是"好"与"歹"的简单并列，也不是偏指一方，而是通过转喻来代指事件或情况的结果，等同于"分晓"。转喻是认知心理的基本特征之一。人们常常采用某一事物易理解或易领悟的方面，来表示该事物的整体或该事物的其他部分或方面。就"好歹"而言，"好"和"歹"都是对事物情况的一种评价，从语义场的角度来看，它们是同一个语义场的对立两极。用"好歹"来转指事件或情况的结果属于概念转喻中的"部分代整体"，即用对结果的评价来指代结果本身。通过转喻方式而形成的"好歹"，其构成语素间的分界已经消失，语义也融合为一个整体。因此，它的语法化程度较表偏义的"好歹"高。"好歹"的这一用法一直延续到后代。例如：

（9）老孙还要打开那门，与他见个好歹，恐师父在此疑虑盼望，

故先来回个信息。(《西游记》一九回，241)

（10）老母道："我转寒冰岭上，取动天兵天将来，一定要与他见个好歹。"(《三宝太监西洋记通俗演义》四三回，557)

二　副词"好歹"

在文献中，反义复合词"好歹"能出现在状语位置上，用以修饰句子的述题。"好歹"由反义形容词的并列连用发展成为一个凝固的结构，其功能和意义都有了很大的改变。

从功能上看，它由形容词词组转变为了副词；从意义上看，它的语义不再是构成成分意义的简单相加，而是在一定的语法化机制作用下变得越来越虚化。具体而言，副词"好歹"主要有以下两种用法。

（一）"好歹"作时间副词，相当于"早晚""迟早"。例如：

（1）（梅香云）今夜好歹来也，则管里作念的眼前活现。(《全元戏曲》卷一白朴《墙头马上》二折，520)

（2）（燕大云）兄弟，拿他做甚么？他吃了酒好歹去也。(《全元戏曲》卷三李文蔚《燕青博鱼》三折，126)

（3）（赛卢医上，诗云）如今那老婆子害病，我讨服毒药与他吃了，药死那老婆子，这小妮子好歹做我的老婆。(《全元戏曲》卷一关汉卿《窦娥冤》二折，190)

（4）（李嗣源云）兀那妇人，你放心，等你孩儿成人长大，我着你子母每好歹有厮见的日子哩。(《全元戏曲》卷一关汉卿《五侯宴》二折，332)

（5）【梁州第七】（小旦云）姐姐省烦恼，俺好歹有一日见玄德公也。(《全元戏曲》卷六无名氏《千里独行》二折，723)

表时间的副词"好歹"细分起来又有两类：一类用来"泛指临近的某个时间点"，如例（1）、例（2）；另一类则表示"或早或晚"之义，如例（3）至例（5）。"好歹"用作时间副词，从认知的角度看可归因于概念结构的隐喻。在汉语中，一些常见的反义语素往往联合成词，如

"多少、大小、高低"等。构成方式的象似性是它们语义隐喻的基础。根据"形式相似，意义相近"的象似原则，语言使用者从"早晚""好歹"的结构形式的相似类推出它们语义上的某种联系，这种联系往往体现在语法化程度较高的一些义项上。"好歹"的这一隐喻过程是人类认知心理的一种反映。以相同方式隐喻出时间副词用法的还有"横竖"，例如：

（6）你娘儿们先不必急着问，横竖不出三日，一定叫你们见着十三妹，如何？（《儿女英雄传》一四回，218）

（7）宝玉道："横竖慢慢的自然明白了。"（《红楼梦》八六回，1241）

其实，一些常用的反义复合词都是通过隐喻来建立它们之间的语义联系的。如"多少""大小""高低"均能用来表示数量，"始终""长短""反正"均能用来表示坚定的语气，隐喻机制在它们的语义发展过程中起到了至关重要的作用。

（二）"好歹"作语气副词

太田辰夫（2003：268）将之归为情态副词。我们知道，语气和情态是密切相关的两个概念，它们常被用来指称同一现象。本书采用汉语学界的常用名称，这与太田辰夫的观点并不矛盾。

太田辰夫（2003：268）认为："（好歹）这个词是从'好也罢歹也罢'的意义引申为无论如何、不管怎样的意思的。"笔者赞成这一观点。因为在分析文献的过程中，我们发现了一些"好共歹"作状语的例子。这说明语气副词"好歹"的形成曾经经历从词组到词的演变，而不是一开始就以词的身份出现。例如：

（8）【尾】只说道夫人时下有人唧哝，好共歹不着你落空。（《全元戏曲》卷二王实甫《西厢记》二本五折，261）

（9）（正旦云）您孩儿受的苦，好共歹我嫁他。（《全元戏曲》卷二王实甫《破窑记》一折，354）

（10）（张孝友云）父亲，您孩儿好共歹走一遭去。父亲不着您孩儿去呵，我就着这压衣服的刀子觅个死处。（《全元戏曲》卷四张

国宾《合汗衫》二折,227)

以上例句中的"好共歹"可以理解为"好也罢歹也罢",表示"无论好与歹都会做某事"。

前文中,我们已经提到,"好"和"歹"是对事物或情况的评价,从语义场的角度来看,它们是同一个语义场的对立两极。在转喻思维的作用下,人们很容易用它们来指代所有情况。这时,"好也罢歹也罢、无论好与歹"便引申成为"无论如何、不管怎样"。例如:

(11)(正末云)相公,这毒药在谁家合来?这服药好歹有个着落。(《全元戏曲》卷三孟汉卿《魔合罗》三折,695)

(12)(老人诗云)俺每只等吃酒,他便吹箫,好歹也要吃得醉饱了才去。(《全元戏曲》卷二李寿卿《伍员吹箫》三折,482)

(13)【朝天子】(卜儿扳正末科,云)凡百事好歹有个商量。(《全元戏曲》卷六无名氏《刘弘嫁婢》二折,820)

因为语气副词表示的是说话人的主观态度,基于语用的需要,"好歹"所表达的语气出现了弱化和强化两种倾向。语气减弱的"好歹",相当于"将就、凑合"。例如:

(14)【滚绣球】(庞衙内云)李廉使,你无个面皮,好歹也看俺一殿之臣。(《全元戏曲》卷七无名氏《延安府》二折,62)

(15)(旦云)我不会唱。(庆甫云)你好歹唱一个曲儿,我吃不的闷酒。(《全元戏曲》卷七无名氏《黄花峪》一折,78)

例(14)和例(15)中的"好歹"均表示委婉的祈使语气,表明说话人希望听话人能将就着做某事。"好歹"的主观使役性较弱。

语气增强的"好歹",则相当于"一定、务必"。例如:

(16)【石榴花】(净云)既然见了你,好歹要成合,不肯便杀了你。(《全元戏曲》卷五贾仲明《玉梳记》三折,446)

（17）（小二云）闲话休说，好歹要房宿饭钱还我。（《全元戏曲》卷四郑光祖《王粲登楼》一折，490）

（18）（正旦云）解元，趁此清暇，好歹多饮几杯咱。（《全元戏曲》卷五乔吉《两世姻缘》一折，130）

例（16）至例（18）中的"好歹"，语气强烈。或表明说话人自身的一种强烈意愿，如例（16）；或要求听话人一定要做某事，如例（17）、例（18）。前者表意愿，后者表祈使，二者同属于意志情态范畴。

根据语气的强弱，我们可以将"好歹"的三个义项按语义等级进行排列：

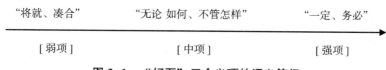

图3-1 "好歹"三个义项的语义等级

三 语气副词"好歹"的主观化

语言是具有"主观性"的。所谓"主观性"是指"在话语中多多少少总是含有说话人'自我'的表现成分。也就是说，说话人在说出一段话的同时表明自己对这段话的立场、态度和感情，从而在话语中留下自我的印记。"（沈家煊，2001）"'主观化'则是指语言为表现这种主观性而采用相应的结构形式或经历相应的演变过程。"（沈家煊，2001）下面，笔者尝试探讨语气副词"好歹"的主观化问题。

"好歹"是一个口语性极强的复合词，多出现在白话文献当中，在文言文写成的文献中使用较少。笔者选取了几部有代表性的明代文献，对其中出现的语气副词"好歹"进行统计。结果如下：

表3-1   "好歹"在明代文献中的使用情况

书名	语气副词"好歹"的出现次数	语气副词"好歹"的出现环境	
		文本叙述	对话或思量
《三国演义》	5	0	5

续表

书名	语气副词"好歹"的出现次数	语气副词"好歹"的出现环境	
		文本叙述	对话或思量
《剪灯新话》	0	0	0
《金瓶梅词话》	63	1	62
《初刻拍案惊奇》	13	0	13
《二刻拍案惊奇》	25	2	23

《三国演义》《剪灯新话》分别是明代长篇文言小说和短篇文言小说集的代表，在这些典型的文言作品中，语气副词"好歹"出现的频率极低。而它在《金瓶梅词话》和"二拍"等白话小说中出现的频度却要高得多。就其出现的语言环境而言，则主要是在对话或思量的情形中使用。我们知道，这种语境中的话语通常是用来表明说话者或思考者的立场、态度或情感的，由此可见，语气副词"好歹"带有极强的主观色彩。

从语气副词"好歹"的发展历程来看，它的主观性在逐步增强。这体现在两个方面：一是"好歹"出现的语言环境有了变化；二是"好歹"的句法位置变得更加灵活。

"好歹"能出现在已然句中，宣告一个与某个已有命题相关的事实。例如：

(1)（卜儿云）我好歹也是财主人家女儿，着我如今叫街！（《全元戏曲》卷四张国宾《合汉衫》三折，234）

(2)（旦儿云）怎么是盆儿罐儿？（折折驴云）他好歹有耳朵也。（《全元戏曲》卷六无名氏《独角牛》二折，785）

(3)（净王秀才云）你如今富贵了，亏了谁来？好歹亏了王秀才。我替你家开了解典库，挣下这等前堂后馆，走马门楼。金银器皿，不知其数。（《全元戏曲》卷六无名氏《刘弘嫁婢》一折，806）

例(1)至例(3)的"好歹"均用以指明已然事实，表示说话人对该事实的认定和强调。例(1)中，"我也是财主人家女儿"，这是已经存在的事实，加上"好歹"，目的在于突出、强调。例(2)和例(3)同样如此。例(3)承上省略了主语"你"，"你亏了王秀才"，是已经发生的情况，说话人用语气副词"好歹"来进一步表明对该事实的确认。此时,"好歹"突出的是说话人基于客观事实所表现出的对自身知识或认知的主观态度,它虽然带有主观色彩,但其语义焦点仍在于对客观事实的认定。

当"好歹"用于未然句时,它的主观化程度则大大加深。它表示的是说话人的意志或对说话内容的情感和评价。由于句子所叙述的事件在说话的当下并没有实现,说话人的主观能动性大大增强,"好歹"不再是对客观事实的认定,而是对说话人主观意志的强调。此时的"好歹"属于意志情态范畴。前文中所提到的表意愿和表祈使的"好歹"均属此类。例不繁举。

我们再从句法位置的角度来看"好歹"的主观化问题。在产生之初,语气副词"好歹"主要出现在主语之后,用以强调句子的述题。例如:

(4)(洞宾云)好也!我现授大元帅之职,你是太尉的女儿,你这般羞辱我,我好歹杀了你个淫妇!(《全元戏曲》卷二马致远《黄粱梦》二折,196)

(5)你既往北京去时,我是高丽人,汉儿地面里不惯行,你好歹拖带我,做火伴去。(《朝鲜时代汉语教科书丛刊》一册《老乞大谚解上》,58)

(6)这孩儿们怎么这般定害我?一壁厢去浪荡不的?好歹吃打去!(《朝鲜时代汉语教科书丛刊》一册《朴通事谚解中》,281)

例(6)较为特殊,但仍是主语在前,"好歹"在后。"好歹吃打去"的主语承前省略了,补上主语则应是"(这孩儿们)好歹吃打去"。

后来,"好歹"的主观化程度进一步加深。在句法位置上,则体现为它不仅可以出现在主语之后修饰述题,还常常出现在主语之前修饰整个命题。例如:

(7)你二娘这里没人,明日好歹你来帮扶天福儿,看着人搬家火过去。(《金瓶梅词话》一九回,237)

(8)这是你老娘卖儿子的钱,好歹你到市上走一遭,我便将此做了盘缠,归去探望婆婆。(《石点头》卷一一,250)

（9）我有一件事，用些冰片麝香使用，好歹舅舅每样赊四两给我，八月里按数送了银子来。（《红楼梦》二四回，332）

（10）我想你已经出过一回门，今年又长了一岁了，好歹你亲自到南京走一遭，取了存折，支了利钱寄回来。（《二十年目睹之怪现状》二回，12）

（11）好歹我一个人去，有了差使，仍旧接了你们去；谋不着差事，我总要回来打算的。（《二十年目睹之怪现状》九四回，884）

"语言成分在语符序列中的位置与语言成分的主观程度也有密切的关系。通常主观性强的成分处于句子的外围，主观性弱的成分处于句子的内层。"（史金生，2003）"好歹"由修饰述题发展到修饰整个命题，恰恰反映了其主观性的不断加深。

本节系统研究了反义复合词"好歹"的语法化和主观化过程，得出以下结论。

第一，根据功能的不同，"好歹"可以被分为名词和副词两类。名词"好歹"的词汇化途径主要有两条：一条是通过其中一个成分语义的失落来完成词汇化；另一条则是通过转喻的方式来完成词汇化。

第二，副词"好歹"既可表时间，也可表语气。从认知的角度看，概念结构的隐喻是时间副词"好歹"产生的根本机制，而转喻思维则是语气副词"好歹"形成的内在动因。语气副词"好歹"的语义可根据语气的强弱程度分为三个等级，由弱到强依次为：将就、凑合＜无论如何、不管怎样＜一定、务必。

第三，语气副词"好歹"的主观化主要体现在两个方面：一是"好歹"出现的语言环境有了变化；二是"好歹"的句法位置变得更加灵活。

第二节　"多少"的形成演变及其认知研究①

"多少"是一个古已有之，今天仍然常用的词语。先秦时期的"多

---

①　本节为笔者与方一新师合写，曾提交第三届汉语语法化问题国际学术讨论会（2005年10月，洛阳），刊于《语言研究》2007年第3期。

少"还只是词组，汉代以后逐步凝固成词，此后又进一步虚化，演化出各种新用法。直至今日，"多少"仍有多项义位。对于"多少"的不同用法，前人时贤曾有所论述。吕叔湘（1985：345—349）谈到了"多少"的疑问用法、虚指和任指用法；方一新（1997：32—33）谈到了"多少"询问事物情状的用法；蔡镜浩（1990：89—90）、马叔俊（1999）、张延成（2000）、杨荣祥（2005：181）均谈到了"多少"的偏义复合词用法。其中，马叔俊从现代汉语角度讨论了"多少"的四种用法，张延成从历时角度讨论了"多少"的偏义用法，杨荣祥则论及"多少"表偏义和表感叹的用法。这些论述均是侧重某一方面，而没有全面系统地探讨"多少"的语法化历程及其不同用法间的衍生关系，同时也缺乏对"多少"演变机制的理论分析。本节将在前贤研究的基础上系统梳理"多少"的各种用法，讨论其从古至今的嬗变轨迹，并尝试从理论特别是认知的角度解释其演变动因。

"多少"最初是以词组形式结合在一起的，是由两个反义词联合而成的形容词词组。例如：

（1）比度，多少也。免蚓还园，去就也。鸟折用桐，坚柔也。剑尤早，死生也。处室子，子母，长少也。两绝胜，白黑也。（《墨子·经说上》，353）

（2）夫不为顷久推移，不以多少进退者，此亦东海之大乐也。（《庄子·秋水》，598）

（3）故自天子通于庶人，事无大小多少，由是推之。（《荀子·富国》，179）

在例（1）、例（2）中，"多少"分别与"去就""坚柔""死生""长少""白黑""顷久"等词组对举，它们都是由一正一反两个单音词共同构成的联合词组。例（3）中的"多少"与"大小"连用，"多"与"少""大"与"小"的结构关系都较为松散，其间可插入并列连词"和"而意义不变。

"多少"凝固成词的途径主要有两条：一条是通过转喻的方式凝固为数量名词；另一条是通过其中一个成分语义的失落凝固为偏义复合词。下

面，笔者将分别探讨其演化机制、语法化动因及其与表感叹的程度副词
"多"的衍生关系。

一　数量名词"多少"

由于在使用过程中经常连用，"多"与"少"的关系日益密切，二者
从词降为语素，共同构成一个数量名词。"多"和"少"原本是一对反义
词，上位概念的相同是它们能够并列成词的语义根据。"当并列的反义形
式由于概括化而转指它们的上位概念时，并列短语就词化了。"（董秀芳，
2011：105脚注）"多"和"少"的上位概念是"数量"，因此由它们共
同构成的新词"多少"在语义上转指包容"多"与"少"这对对立两极
的上位概念，成为一个数量名词。例如：

> （1）三千大千世界中，所有星宿不可计，亦不可知多少。（东汉
> 支谶译《阿閦佛国经》卷下，11/762/c）
> （2）悉知江河沙之多少几亿兆载，皆知水升斗斛限。（《大宝积
> 经》卷九西晋竺法护译《密迹金刚力士会》，11/47/c）

"多少"由词组凝固成词，主要体现在两个方面：从功能的角度来
看，它的词性发生了转变，由形容词词组变为了数量名词；从语义场的角
度来看，它由下位概念的简单并列变为转指上位概念"数量"。

从认知角度看，"多少"凝固成词，用以表达其上位概念，这是一种
转喻现象。转喻是认知的基本特征之一。人们常常采用某一事物易理解或
易领悟的方面，来表示该事物的整体或该事物的其他部分或方面。认知心
理学的激活扩散模型（Spreading Activation Model）支持了言语行为的转喻
（李勇忠、方新柱，2003）。大脑在存储信息时，是以语义联系或语义相
似性将概念组织起来的。概念与概念之间的关系可以用连线的方式来表
示，当一个概念被加工或受到刺激，在该概念节点就会产生激活，然后激
活沿该节点的各个连线，同时向四周扩散，先扩散到与之直接相连的结
点，再扩散到其他结点。大脑里存储着的知识可以被看作是一个网络模
型，只要一个节点被激活，与之相关的图式就可以同时被激活（王甦、
汪安圣，1992：180—183）。日常言语行为的转喻正是通过某一脚本段来

激活整个行为脚本的。就"多少"而言，它属于概念转喻中的"以部分代整体"，用作为部分的正负极"多"和"少"来转喻"数量"这个整体。

"多少"常出现在疑问句中，用以询问事物的数量。例如：

（3）今言鬼不享，何以知其福有多少也？（《论衡·祀义》，1054）

（4）所领何国土，人民为多少？所化有几人，悉为归伏不？（西晋竺法护译《普曜经》卷八，3/535/c）

（5）又问："马比死多少？"答曰："未知生，焉知死？"（《世说新语·简傲》，774）

到了南北朝时期，"多少"的使用范围进一步扩大，由单纯问数量扩展到询问事物的情状，相当于"如何"。例如：

（6）年十余，诣吏部尚书褚渊，渊问之曰："张郎弓马多少。"欣泰笑曰："性怯畏马，无力牵弓。"渊甚异之。（《南齐书·张欣泰传》，881）

（7）收字伯起，小字佛助。年十五，颇已属文。及随父赴边，值四方多难，好习骑射，欲以武艺自达。荥阳郑伯调之曰："魏郎弄戟多少？"收惭，遂折节读书。（《魏书·自序》，2323）

（8）玄龄谓曰："公生平志尚，唯在正直，今既得为从事，故应有会素心。比来激浊扬清，所为多少？"文博遂奋臂厉声曰："夫清其流者必洁其源，正其末者须端其本。今政源混乱，虽日免十贪郡守，亦何所益！"（《北史·文苑·李文博传》，2807）

这一变化可视为语义泛化。所谓泛化，是指一个实词的义素部分消失，从而造成自身适用范围的扩大。"多少"的［+数量］义素因语境制约而丢失，使得其询问的范围由数量扩展到事物的情状。在这个过程中，转喻机制发挥了重大作用。因为"数量"是事物"情状"的一个组成部分，"多少"的语义变化归根结底是"部分代整体"的转喻过程。泛化是转喻的结果，转喻是泛化的内在动因。

唐代以后，"多少"又发展出虚指的用法。例如：

（9）多少天台人，不识寒山子。莫知真意度，唤作闲言语。（《寒山诗注》一八一首，473）

（10）多少材官守泾渭，将军且莫破愁颜。（《全唐诗》卷二三〇杜甫《诸将五首》之一，2511）

（11）月明阶下窗纱薄，多少清香透入来。（《全唐诗》卷六二八陆龟蒙《忆白菊》，7215）

（12）师云："多少年在此住持，未曾不领个须索。"（《祖堂集》卷一〇《长庆和尚》，410）

（13）一日之间，动多少思虑，萌多少计较，如何得善！（《朱子语类》卷一二，205）

我们认为，表虚指的"多少"是由其疑问用法发展而来的。徐盛桓（1998）指出，疑问往往是说话人对某一特定情况的探询。当说话人对疑问项的内容存疑程度越来越低，或知道根本无可作答（空语义域），或已知应如何回答时，疑问句的探询意图就会从强到弱甚至转移为其他的意图，如陈述、感叹、指引（祈使）。上述例句已经可以看作陈述句，其中的"多少"不再表示一个具体的数量，而是一种虚指。"多少"的这一变化，其内在动因在于语用因素。当疑问变成一种无疑而问时，"多少"便不再需要被回答，其意义也逐渐抽象。

另外，表疑问的"多少"常常处于句子的末尾，而表虚指的"多少"则多出现于句首。其句法位置的改变可用焦点理论进行解释。我们知道，焦点是句子的语义重心所在。由于句子的信息编排往往是遵循从旧到新的原则，越靠近句末，信息内容就越新。而表疑问的"多少"正是句子的焦点所在，因此，通常出现在句末。Jackendoff（1972）指出，句子的焦点是句中说话人假定的不是他跟听话人所共享的那部分信息。在疑问句中表现为：说话人假定其为听话人所知，而说话人不知。当说话人把"多少"所承载的那部分内容看作是与听话人共享的信息时，"多少"便不再是句子的焦点，其句法位置自然也就随之改变。

吕叔湘（1985：347）指出，"多少"常用来询问不太小的数目。因此，当表疑问的"多少"发展为表虚指的"多少"时，后者也常用来强调数量的"多"，表示"许多"的意思。例（9）至例（13）均如此。

后来，虚指的"多少"还发展出了表示不定数量的用法。① 例如：

（14）所犯不计多少斤两，并决重杖一顿处死。（宋王溥《五代会要》卷二七《盐铁杂条下》，328）

（15）随你馈我多少就是了。（《朝鲜时代汉语教科书丛刊》一册《老乞大新释》，124）

（16）随姐姐教我出多少，奴出便了。（《金瓶梅词话》二一回，263）

（17）如今弄多少是多少，也只好是"集腋成裘"了。（《儿女英雄传》三回，41）

（18）既是后日才用，若明日得了这个，你随便使多少就是了。（《红楼梦》七二回，1023）

以上例句中的"多少"，指代的都是不定的数量，它的虚化程度高于表"许多"的"多少"。

二　副词"多少"

形容词词组"多少"语法化的途径不是单一的。前文中，我们已经论述了"多少"通过转喻的方式凝固为数量名词的过程。下面，我们将探讨"多少"语法化的另一条途径，即通过其中一个成分语义的失落来完成词汇化。请看下列例句：

（1）今郡国被刑而死者岁以万数，天下狱二千余所，其冤死者多少相覆，狱不减一人，此和气所以未洽者也。（《汉书·刑法志》，1109）

（2）北向拜者：谓人视亲属朋友，当有五事：一者见之作罪恶，

---

① 吕叔湘（1985：349）把这一用法看作"任指"，笔者认为该用法仍是"虚指"的一种。

私往于屏处，谏晓呵止之；二者小有急，当奔趣救护之；三者有私
语，不得为他人说；四者当相敬难；五者所有好物，当多少分与之。
（旧题东汉安世高译《尸迦罗越六方礼经》，1/251/b）

（3）汝等虽佳，才具不多，率胸怀与会语，便自无忧，不须极
哀，会止便止。又可多少问朝事。（《三国志·魏书·夏侯尚传》裴
注引《魏氏春秋》，304）

例（1）、例（2）中，"多少"的意义偏在前一语素"多"，"少"只
起凑足音节的作用，不表实在意义。"其冤死者多少相覆"即"其冤死者
多相覆"，表示冤死的人非常多。"当多少分与之"即"当多分与之"。例
（3）中的"多少"则偏指"少"。"又可多少问朝事"即"又可略问
朝事"。

无论是偏"多"，还是偏"少"，"多少"由形容词词组演变为偏义
复合词的途径是相同的。因此，我们在探讨其演化机制时，将"偏多"
与"偏少"的例句放在一起讨论，以寻求其由形容词词组发展为偏义复
合词的内在动因。

汉代以后，开始出现"多少+Vp"的用法。"多少"的句法位置发生
了改变，由处于句子结构的核心句法位置变成经常出现在某个适合于表示
特定语法关系的句法位置，即由中心语变成了修饰语。句法位置的改变、
结构关系的影响是词汇语法化的一个重要动因。出现在状语位置上的
"多少"，其语义开始逐步抽象化，词性也由形容词转化为副词。

在"多少"充当状语的初期，它的意义还较为实在。我们可将例
（1）作如下分析："其冤死者多少相覆"，"多少"（此处偏指"多"）的
语义指向"其冤死者"，意义较为实在。而且，"多少"和"相覆"都可
以看作是对"冤死者"的一种陈述和说明。我们可以将这句话理解为：
"冤死者众多以致相覆"，"多少"和"相覆"之间存在一种隐性的因果
先后关系，这样一来，"多少"和"相覆"之间的句法关系既可直观地理
解为修饰与被修饰，也可分析为承接关系。这种两可状态充分说明，此时
的"多少"还处在一个向状语过渡的阶段。

在后来的使用过程中，"多少"逐步适应其新的句法位置，状语的特
征日趋明显。例（2）"所有好物，当多少分与之"，"多少"的语义虽指

向"所有好物",但与"其冤死者多少相覆"相比,它与语义所指对象之间的距离拉大了,由紧密相连变为中间夹有助动词"当"。这种物理距离的加大有利于"多少"的进一步虚化。例(3)亦如此,"又可多少问朝事","多少"不是往前指向主语,而是往后指向宾语,这在无形中拉近了它与谓语动词间的空间距离,使得它的副词性逐步凸显。

　　一方面,偏义复合词"多少"因其语义关系的改变而日益虚化。另一方面,偏指"多"的"多少"与偏指"少"的"多少"在发展过程中也形成了一种相互竞争,最终偏指"多"的"多少"占据了主导地位。这体现了偏义复合词语义取舍的一条普遍规律。在汉语中,由两个反义语素构成的偏义复合词,其初期的语义取向可能还不太明确,但最终大都偏向了程度高的一方,如"缓急"偏指"急","轻重"偏指"重","深浅"偏指"深"。这一倾向正是人类认知心理的反映。沈家煊(1999:180)指出:"大、长、宽、深、厚、高"等特征都比相对的"小、短、窄、浅、薄、矮"等特征更能引人注意或更值得注意。长的东西"很有"长度,短的东西"缺乏"长度。"长"比"短"更容易认知。因此,人们在对偏义复合词进行语义取舍时,就会潜意识地选取容易认知的一方,即表程度高的语素。

　　偏指"多"的"多少"之后又进一步虚化,发展为带有感叹意味的程度副词,相当于今天的"多么"。① 例如:

　　(4)茕独不为苦,求名始辛酸。上国无交亲,请谒多少难。(《全唐诗》卷四九五费冠卿《久居京师感怀诗》,5612)

　　(5)如康节云"天向一中分造化,人从心上起经纶",多少平易!(《朱子语类》卷一〇〇,2553)

　　(6)书尺里,但平安二字,多少深长。(《全宋词》刘克庄《沁园春·寄竹溪》,2597)

　　(7)十个指头八个罅,由来多少分明!(《续传灯录》卷一一,51/345/c)

---

　　① 吕叔湘(1985:351)认为:"在感叹句里,最初也是用多少,后来用省缩式多,更后又有多么,这是由这么、那么、怎么类推的结果。"有关"多么"的来源问题,笔者将另文探讨。

　　"多少"由指数量的"多"虚化为表程度的"多",这是一个隐喻的过程,即从一个认知域向另一个认知域的转移。根据认知语言学家的"人类中心说",人们认识事物总是从自身及自身的行为出发,引申到外界事物,再引申到空间、时间、性质等。海因等学者将人类认识世界的认知域排列成一个由具体到抽象的等级,认为这是人们进行认知域之间投射的一般规律(赵艳芳,2001:163):

　　人 > 物 > 事 > 空间 > 时间 > 性质

　　"多少"虚化为带感叹意味的程度副词,体现了从空间域向性质域的投射,在这个过程中,"多少"的主观性得以增强,而客观性减弱了。

　　表感叹的"多少"至今仍保留在吴方言中,例如:

　　(8) 辫块布颜色多少好辣海啦!(《上海方言词典》,40)

　　(9) 天价天气热辰光蚊虫多少多啦!(《宁波方言词典》,177)

　　偏义复合词"多少"除虚化为表感叹的程度副词外,还发展出了"或多或少"的用法。例如:

　　(10) 等得兴尽心灰,多少赍发些盘费着他回去。(《警世通言》卷二五,386)

　　(11) 况且寻常人家,夫妇分别,还要多少留恋不舍。今成亲三日,恩爱方才起头,岂有反劝我还乡之理?(《醒世恒言》卷一九,384)

　　(12) 大姑娘,这是老太太的克食,多少总得领一点儿。(《儿女英雄传》二一回,359)

　　(13) 快叫个人牙子来,多少卖几两银子,拔去肉中刺,眼中钉,大家过太平日子。(《红楼梦》八〇回,1155)

　　(14) 你交给他几千银子,他事情办完之后,一定要开一篇细帐,不拘十两、八两,五钱、六钱,多少总要还你点,以明无欺。(《官场现形记》二八回,465)

　　这种"多少"常和表数量少的"些""一些""点""一点""几"

同现，"看来是说明数量不多，程度不高，但实际上是强调说明有一定数量或一定程度"（《现代汉语虚词例释》，1982：177）。"多少"并不实指"多"或"少"，只是表明某个量度的存在。它的产生，可能与偏指"少"的"多少"有关。偏指"少"的"多少"在受到偏指"多"的"多少"排挤之后，一直处于劣势。但在实际的语言使用过程中，有时又确实需要表达"少"的概念。于是，语言使用者开始在句中加入其他成分来限定句子的语义范围，如表数量少的"些""一些""点""一点""几"等。当"多少"表"少"的功能由其他词语来承担以后，它的意义就更加虚化了，仅仅用来强调一定数量或程度的存在，而不再具有实在的意义。如例（10）中的"多少"不实指"盘费"的"多"或"少"，而只是用来肯定"赍发一定数量的盘费"。例（11）中的"多少"则是强调存在一定程度的"留恋不舍"，亦非实指。

三　表感叹的程度副词"多"

在近代汉语中，表示感叹的程度副词不仅有"多少"，还有"多"。对于二者的衍生关系，吕叔湘（1985：351）指出：在感叹句中，最初也是用"多少"，后来用省缩式"多"。

通过前面的分析，我们已经知道，"多少"由词组凝固成词有两条不同的途径，分别形成了数量名词"多少"（用"多少$_1$"表示）和偏义复合词"多少"（用"多少$_2$"表示）。表感叹的"多"是由"多少$_2$"丢失其不表义的语素"少"演变而来，还是通过其他方式发展而来的呢？

分析文献，我们发现，早在宋代"多少$_2$"的搭配关系就已经相当丰富了。例如：

（1）这中间多少阔！岂止百里！（《朱子语类》卷五八，1370）

（2）古人纪纲天下，凡措置许多事，都是心法从这里流出，是多少正大！（《朱子语类》卷一二三，2962）

（3）城外皆是番人，及不能得归朝廷，又发兵去迎归，多少费力！（《朱子语类》卷一二七，3046）

"多少$_2$"既可以修饰单音节形容词，又可以修饰双音节形容词，还可以修饰动词。假设表感叹的"多"是"多少₂"的省缩式，那么它在产生之初就应该已经具有了较为广泛的搭配能力。但是，这一假设却恰恰与文献相悖。"多"在表感叹的初期，其搭配能力是相当有限的，只能修饰"高""大"等形容词。例如：

（4）【小桃红】（正末唱）你爹娘年纪多高大，怎不想承欢膝下，划的去问天买卦。（《全元戏曲》卷四张国宾《合汗衫》二折，226）

（5）【尾声】（丑打手势介）这多高，这多大，俊脸儿，翠翘金凤，红裙绿袄，环珮玎珰，敢是真仙下降？（《牡丹亭》二七出，162）

笔者推测，表感叹的"多"可能与"多少₁"有关。"多少₁"有询问事物性质状态的用法。起初，"多少₁"的语法位置在形容词之后。例如：

（6）因雪峰般柴次，师问："重多少？"对曰："尽大地人提不起。"（《祖堂集》卷六《洞山和尚》，241）

（7）学人指火炉问："阔多少？"师云："恰似古镜阔。"（《祖堂集》卷七《雪峰和尚》，284）

（8）师曰："高多少？"雪峰乃顾视上下。（《景德传灯录》卷一八，51/345/c）

在发展过程中，"多少₁"移到形容词之前，变成了形容词的修饰语。例如：

（9）无一个物似字样大：四方去无极，上下去无极，是多少大？（《朱子语类》卷九四，2370）

（10）（行者上云）师父，在这庄上歇了。我心中闷倦，这座山不知有多少高，待我去量一量。（《全元戏曲》卷三吴昌龄《西游记》四本一四出，461）

由于"多少₁"所修饰的形容词大多为单音节，二者共同构成一个三音节的单位，这与汉语双音节的韵律要求相违背，因此，"多少₁"简省为"多"，以保证韵律的和谐。此时，和它相搭配的形容词也主要是"大""高""远"等。例如：

（11）（李从珂云）你那孩儿如今多大年纪？几月几日甚么时生？你说与我。（《全元戏曲》卷一关汉卿《五侯宴》三折，342）

（12）（三末云）大哥，你做了官盖多高的门楼？（《全元戏曲》卷一关汉卿《陈母教子》一折，305）

（13）（柳毅云）小娘子，你家在那里住？离此泾河多远哩？（《全元戏曲》卷三尚仲贤《柳毅传书》一折，732）

由"多+形容词"构成的疑问句，因说话人对疑问项的存疑程度逐渐减弱，在一定的语用环境下又发展为感叹句。"多"的语义也就随之发生转变，成了表感叹的程度副词。

四　现当代文献中的"多少"

在对"多少"的历史发展脉络进行梳理之后，笔者抽样调查了几部有代表性的现当代文献，希望通过分析"多少"在这些文献中的用法，来大致勾勒它的使用现状。列表如下：

表 3-2　　　　　　　"多少"在现当代文献中的使用情况

	"多少"的出现次数	"多少"的用法和意义						
		询问事物的数量	询问事物的情状	虚指，指"许多"	虚指，指不定量	偏义复合词	表感叹，相当于"多么"	或多或少
《围城》	54	+	－	+	+	+	+①	+
《骆驼祥子》	51	+	－	+	+	+	－	+
《我是你爸爸》	29	+	－	+	+	+	－	+
《人民日报》（95年1月份）	143	+	－	+	+	+	－	+

---

①　《围城》的作者钱钟书籍贯江苏无锡，该地区属于吴方言区（北片）。而作品中"表感叹"的"多少"又都出现在对话中，这正体现了它在方言中的保留。

　　从表 3-2 可知，"多少" 的大部分用法都被现代汉语所继承。而 "表感叹" 的 "多少" 在普通话中已不再使用，仅保留于方言之中；"询问事物的情状" 的 "多少" 则已完全退出历史舞台。

第三节　"长短" 的形成演变及其认知研究

　　反义复合词 "长短" 是汉语中的常用词。前人时贤对 "长短" 的研究主要集中在它的副词用法上。张相《诗词曲语辞汇释》（1953：488）列 "长短" 条："长短，犹云总之或反正也。" 蒋礼鸿《敦煌变文字义通释》（增补定本）（1997：423）对 "长短" 的解释为："终究，到底。……按唐人 '长短' 一词，《诗词曲语辞汇释》释谓：'犹云总之或反正也。' 这个解释是对的，但就变文语气而言，则应解作终究或到底为宜。" 江蓝生、曹广顺编著的《唐五代语言词典》（1997：52）收录了 "长短"："①反正，终究；②执意。" 张谊生（2004：319—352）在讨论 "反义对立式语气副词" 时，也谈到了 "长短"。本节将从历时和共时两个角度出发，系统研究反义复合词 "长短" 的形成及演变过程，讨论其在现代汉语中的语义特点和分布状况，探讨其发展演变中的规律和动因。

一　先秦两汉时期的 "长短"

　　"长" 在先秦时期就已有了多个义项。它可用作形容词，表示 "空间或时间上两点之间的距离大"；也可作名词，表示 "长处、优点"。在这些义项上，它和 "短" 构成反义关系。先秦文献中不乏 "长" "短" 连用的情况。例如：

　　（1）子言之："仁有数，义有长短小大。"（《礼记·表记》，1302）

　　（2）故有无相生，难易相成，长短相形，高下相倾，音声相和，前后相随。（《老子·道经》，9）

　　（3）权，然后知轻重。度，然后知长短。物皆然，心为甚，王请度之！（《孟子·梁惠王上》，87）

（4）身之所长，上虽不知，不以悖君，身之所短，上虽不知，不以取赏，长短不饰，以情自竭，若是，则可谓直士矣。（《荀子·不苟》，50）

以上例句中的"长短"都还是词组，尚未凝固成词。例（1）中，"长短"与"小大"连用，构成成分间的关系较为松散，可插入连词"和"而语义不变。例（2）、例（3）中的"长短"分别与"有无""难易""高下""音声""前后""轻重"等相对成文，为反义并列式词组，可用"长和短"来替换。例（4）前言"身之所长""身之所短"，后言"长短不饰"，可见此处的"长短"仍处于词组阶段。

"长短"的同素异序形式"短长"在上古时期也已出现。大多数情况下，它是反义并列的词组，表义和"长短"相同。除此之外，它还被用作专有名词，指称《战国策》。刘向《校〈战国策〉书录》："中书本号，或曰《国策》；或曰《国事》；或曰《短长》；或曰《事语》；或曰《长书》；或曰《修书》。臣向以为战国时游士辅所用之国为之策谋，宜为《战国策》。"

到了汉代，随着使用频率的增加，"长短"开始逐步凝固成词。和其他反义复合词一样，"长短"词汇化的一条重要途径是通过其中一个构成成分语义的失落来形成偏义复合词。表偏义的"长短"在语义选择上有两种倾向：一种是偏向"长"，另一种则是偏向"短"。例如：

（5）有郎功高不调，自言，安世应曰："君之功高，明主所知。人臣执事，何长短而自言乎!"（《汉书·张汤传》，2650）

（6）（宁成）致产数千金，为任侠，持吏长短，出从数十骑。其使民威重于郡守。（《史记·酷吏·宁成列传》，3135）

（7）阳翟轻侠赵季、李款多畜宾客，以气力渔食闾里，至奸人妇女，持吏长短，从横郡中，闻并且至，皆亡去。（《汉书·何并传》，3268）

（8）何等为四？一者欺调其师；二者主持他人长短，人无长短诽谤之；三者坏败菩萨道；四者骂詈为菩萨道者。（东汉支谶译《遗日摩尼宝经》，12/189/b）

（9）若人意随是五法，能得自解尘垢。一为不恼说经者；二为不求经中长短；三为不求穷；四者为亦不邪念；五为亦自有黠意，能分别白黑。（东汉安世高译《七处三观经》，2/878/c）

例（5）中的"长短"偏指"长"。"何长短而自言"即"何长而自言"，"长"指"长处、正确之处"。例（6）至例（9）中的"长短"则偏指"短"，义为"短处、错误之处"。例（6），"持吏长短"即"持吏短"，"持"为"挟制"义，"持吏长短"的意思就是抓住官吏的缺点过失作为把柄。偏指"短"的"长短"常和动词"持""求"等相搭配，如例（6）至例（9）。

除了表偏义之外，"长短"还可以用作专有名词，指"长短说""长短术"。例如：

（10）蒯通者，善为长短说，论战国之权变，为八十一首。（《史记·田儋列传》，2649）

（11）边通，学长短，刚暴强人也，官再至济南相。（《史记·酷吏·张汤列传》，3143）

（12）主父偃，齐国临菑人也。学长短从横术，晚乃学《易》、《春秋》、百家之言。（《汉书·主父偃传》，2798）

例（10）中的"长短说"，唐司马贞《史记索隐》曰："言欲令此事长，则长说之；欲令此事短，则短说之。"例（11）中的"长短"，刘宋裴骃《史记集解》引《汉书音义》曰："长短术兴于六国时。行长入短，其语隐谬，用相激怒。"例（12）中的"长短从横术"，汉服虔曰："苏秦法百家书说也。"

前文中曾提到，"长"和"短"在多个义项上形成对应的反义关系，因此"长短"在词汇化的过程中可能选择不同的义项作为语义发展的基础。偏义复合词"长短"是以"长处"和"短处"这组义项为基础的。而专有名词"长短"则是以"长"和"短"的形容词义项为基础的。

二　魏晋南北朝时期的"长短"

魏晋南北朝时期，"长短"继承了前代的用法。表偏义的"长短"可

偏指"短",用作名词,充当动词的宾语。例如:

(1)夫人自善其身,不当念彼长短,亦莫讥别,择地取要。(姚秦竺佛念译《出曜经》卷一一,4/670/b)

(2)丙、丁趋走小子,唯知谄进,伺求长短,共造虚说,致令祸陷骨肉,诛戮无辜。(《宋书·范晔传》,1824)

(3)身没之后,辞讼盈公门,谤辱彰道路,子诬母为妾,弟黜兄为佣,播扬先人之辞迹,暴露祖考之长短,以求直己者,往往而有。(《颜氏家训·后娶》,34)

在使用过程中,偏指"短"的"长短"逐渐产生出动词的用法,相当于"攻讦、责难"。例如:

(4)遂与融互相长短,以至不睦。(《三国志·魏志·武帝纪》裴注引晋虞溥《江表传》,40)

(5)蜀(部)〔郡〕好文辩,喜相长短,范以宽厚化下,人民怀之。(《后汉纪·明帝纪上》,176)

例(4)、例(5)中的"长短"均为动词,义为"指摘缺点,揭发过失"。

而偏指"长"的"长短"也发展出了新的意义,指"长,长度"。例如:

(6)以径寸之筒南望日,日满筒空,则定筒之长短以为股率,以筒径为句率,日去人之数为大股,大股之句即日径也。(西晋刘徽《〈九章算术〉注·序》,1)

(7)此窟长短三十六尺,广狭则有二十四尺。(西晋安法钦译《阿育王传》卷三,50/111/c)

(8)漏刻以日长短为数,率日南北二度四分而增减一刻。(《后汉书·律历志中·永元论历》,3032)

例（6）"定筒之长短以为股率"即"定筒之长度以为股率"，例
（7）"长短三十六尺"即"长三十六尺"，例（8）"漏刻以日长短为数"
即"漏刻以日长为数"。此处的"长"不再是"长处"的意思，而是指
"长、长度"，表示空间距离。

此外，魏晋南北朝时期的"长短"还可用来指"高下、优劣"。
例如：

（9）礼与卢毓同郡时辈，而情好不睦。为人虽互有长短，然名
位略齐云。（《三国志·魏志·孙礼传》，693）

（10）文吏以事胜，以忠负；儒生以节优，以职劣。二者长短，
各有所宜；世之将相，各有所取。（《论衡·程材》，535）

（11）懿俊伟有才气，能属文，与孚虽器行有长短，然名位略
齐。（《魏书·封懿传》，760）

（12）人性有长短，岂责具美于六涂哉？但当皆晓指趣，能守一
职，便无愧耳。（《颜氏家训·涉务》，315）

三　唐以后的"长短"

唐代以后，"长短"一方面继承了前代的用法，另一方面又发展出了
新的用法。具体而言，它从前代继承而来的义项主要有以下几个。

（一）专有名词，指"长短术"。例如：

（1）习文者学长短纵横之术，习武者尽干戈战争之心，毕为狙
诈之阶，弥长浇浮之俗。（《旧唐书·李百药传》，2575）

（2）（宋齐邱）自以世乱，乃笃志于商君长短机变权霸之术，与
之谈者皆屈，莫能究其涯涘。（《五代史书汇编》丙编宋龙衮《江南
野史》卷四《宋齐丘》，5181）

（3）吾之所短，吾抗而暴之，使之疑而却；吾之所长，吾阴而
养之，使之狎而堕其中。此用长短之术也。（宋苏洵《嘉祐集·权
书·心术》，30）

（二）偏指短处、错误之处。例如：

（4）怀静又阴持仁基长短，欲有所奏劾。仁基惧，遂杀怀静，以其众归密。（《隋书·裴仁基传》，1633）

（5）那人直是要理会身己，从自家身己做去。不理会自身己，说甚别人长短！（《朱子语类》卷八，141）

（6）不得訾毁谤人，不得两舌邪佞，不得评人长短，不得好言人恶。（《云笈七签》卷三八《妙林经二十七戒》，843）

（7）（刘振白）邪着一个眼，黑麻着一个脸弹子，尖嘴薄舌的说人长短，纂人是非，挑唆人合气。（《醒世姻缘传》八〇回，1137）

（三）攻讦、责难。例如：

（8）上因曰："高颎平江南，虞庆则降突厥，可谓茂功矣。"杨素曰："皆由至尊威德所被。"庆则曰："杨素前出兵武牢、硖石，若非至尊威德，亦无克理。"遂与互相长短。（《隋书·虞庆则传》，1175）

（9）贞观三年，太宗令祖孝孙增损乐章，孝孙乃与明音律人王长通、白明达递相长短。（《旧唐书·吕才传》，2719）

（10）每士大夫过，但以嘴舒缩，便是长短他。（《朱子语类》卷一三〇，3129）

（四）偏指长、长度。这一意义产生于魏晋时期，当时还未得到广泛运用。到了近代汉语阶段，"长短"的这一用法逐渐使用开来。例如：

（11）验其长短，与宋尺符同，即以调钟律，并用均田度地。（《隋书·律历志上》，406）

（12）夏至后立表，视表影长短，以玉圭量之。若表影恰长一尺五寸，此便是地之中。（《朱子语类》卷八六，2212）

（13）玄宗命人验看，在左角下果得铜牌，有二寸长短，两行小字，已模糊黑暗，辨不出了。（《拍案惊奇》卷七，117）

（14）东边有一块，约有三丈长短，已经破坏，浪花直灌进去。（《老残游记》一回，6）

（五）指高下、优劣、好坏。例如：

（15）桂岭含芳远，莲塘属意疏。瑶姬与神女，长短定何如。（《全唐诗》卷五四一李商隐《木兰》，6250）

（16）时梁太祖在京，素闻崇之轻佻，赞复有嫌隙矗，驰入，请见于上前，具言二公长短。（南汉王定保《唐摭言》卷六，55）

（17）行者笑道："莫嚷！我已打点停当了。开柜时，他就拜我们为师哩。只教八戒不要争竞长短。"（《西游记》八五回，1078）

下面，我们着重来谈"长短"在近代汉语时期产生的新义。

（一）专有名词，指"长短句"。诗词的句子，长短不一，因调而异，故称"长短"。例如：

（18）贺年七岁，以长短之制，名动京华。（南汉王定保《唐摭言》卷一〇，96）

（19）弱羽巢林在一枝，幽人蜗舍两相宜。乐天长短三千首，却爱韦郎五字诗。（《苏轼诗集》卷一五《和孔周翰二绝·观净观堂效韦苏州诗》，753）

（20）逢天资本高，学力亦赡，故不甚苦思，而自有豪逸之态，第长短皆率然而成，未免失浅露俗。（元辛文房《唐才子传·薛逢》，295）

（21）顾集中长短混列，欲考体制以求作者之意，实烦简阅。（明何景明《大复集》卷三四《〈王右丞诗集〉序》，301）

此"长短"亦作"长短歌""长短句""长短言"。例如：

（22）何时醉把黄花酒，听尔南征长短歌。（《全唐诗》卷二七三戴叔伦《寄万德躬故居》，3093）

（23）刘光远，不知何许人，慕李长吉为长短歌，尤能埋没意绪，竟不知其所终。（南汉王定保《唐摭言》卷一〇，91）

（24）古乐府只是诗，中间却添许多泛声。后来人怕失了那泛声，逐一声添个实字，遂成长短句，今曲子便是。（《朱子语类》卷一四〇，3333）

（25）雷州户，崖州户，人生会有相逢处。客中颇恨乏蒸羊，聊赠一篇长短句。（《喻世明言》卷二二，376）

（26）醉而歌，歌宋元长短言乐府。（《龚自珍文选·己亥六月重过扬州记》，288）

用"长短"来指代诗词，体现了转喻的思维方式。"转喻所涉及的是一种'接近'和'凸显'的关系。"（赵艳芳，2001：115）"一个物体、一件事情、一个概念有很多属性，而人的认知往往更多的注意到其最突出的、最容易记忆和理解的属性，即突显属性。对事物突显属性的认识来源于人的心理上识别事物的凸显原则。"（赵艳芳，2001：115—116）就诗词而言，其最直观的特征便是句子的长短不一，这一外在特征能直接刺激人的视觉神经，激活大脑的记忆和理解功能。从认知上看，长短不一是诗歌的凸显属性。当人们看到长长短短排列的句子时，往往首先想到的就是诗词。用"长短"来指代诗词属于部分代整体的转喻，用诗词的外部特征来指代诗词这一事物。

（二）指兵器、武器。例如：

（27）（胡顺之）由是去官，家于洪州，专以无赖把持长短，凭陵细民，殖产至富。（宋司马光《涑水记闻》卷六，111）

（28）四川土豪有持官府长短者，问得其实，而当以罪，民赖以安。（《元史·王利用传》，3994）

此"长短"亦作"长短兵"。例如：

（29）日暮，转至州廨，长短兵皆尽，彦卿取绳床搏战，及兵马都监郑昭业等千余人皆死之，无一人生降者。（宋陆游《南唐书·张

彦卿传》，308)

(30) 继光至浙时，见卫所军不习战，而金华、义乌俗称慓悍，请召募三千人，教以击刺法，长短兵迭用，由是继光一军特精。(《明史·戚继光传》，5611)

用"长短"来指代兵器、武器，同样属于部分代整体的转喻。兵器的长短是其外部特征，最直观也最容易被认知。

(三) 情况、情由。例如：

(31) 善遇僚寀，皆甘乐倾尽为之耳目，刺闾巷长短，纤悉必知，事来立断。(《宋史·沈遘传》，10652)

(32) 徐盛从江内去，丁奉从旱路去，都到南屏山七星坛前，休问长短，拿住诸葛亮便行斩首，将首级来请功。(《三国演义》四九回，424)

(33) 施恩自此早晚只去得康节级家里讨信，得知长短，都不在话下。(《水浒全传》三〇回，365)

(34) 老婆见他汉子来家，满心欢喜。一面接了行李，与他拂了尘土，问他长短，孩子到那里好么。(《金瓶梅词话》三八回，497)

(35) 公子更不问别的长短，便问："银子呢?"(《儿女英雄传》三回，44)

(36) (邓九公) 便不问长短，只就他那个见识，讲了一大篇不入耳之谈。(《儿女英雄传》四〇回，841)

以上例句中的"长短"均为"情况、情由"义。笔者认为，该意义是通过转喻机制的作用而产生的。前文中已经提到，"长"可以指"长处、正确之处"，"短"可以指"短处、错误之处"，"长"和"短"是人们讨论人或事物情况时常常涉及的内容。用"长短"来指代"情况、情由"是一种"部分代整体"的转喻。

在使用中，表示该意义的"长短"多和"问"相搭配。后来又衍生出了"问长问短"的用法。例如：

（37）一时内眷们也进屋里来，一旁看着问长问短。(《儿女英雄传》三八回，781)

（38）王夫人更不用说，拉着甄宝玉问长问短，觉得比自己家的宝玉老成些。(《红楼梦》一一五回，1575)

（39）倒是姨妈不住过来问长问短，又叫人代他熬了两回稀饭，劝他吃下。(《二十年目睹之怪现状》八七回，816)

（40）魏翩仞同他坐在一块儿，问长问短，更说个不了。(《官场现形记》七回，105)

"问长问短"即"问各种情况"，"长"和"短"共同喻指"情况"。

此外，在清代文献中，我们还发现了"长短"的一种特殊搭配方式。例如：

（41）姑娘，咱爷儿俩可没剩下的话，你想，人家既诚心诚意的找咱们来，咱们有个不说实话的吗？我可就如此长短的都说给他了。(《儿女英雄传》一九回，326)

（42）王大嫂道："你还说这个呢，我几乎受了个大累！"说罢，便把如此长短的说了一遍。(《二十年目睹之怪现状》三四回，295)

例（41），"如此长短的"虽然出现在动词"说"之前，实际上却是"说"的内容。例（42），"如此长短的"出现在把字句中，充当介词"把"的宾语，我们很容易看清楚它和谓语"说"的关系。虽然，"长短"的句法位置比较特殊，但它的意义仍然指的是"情况，来龙去脉"。

（四）意外的变故，多指死亡。例如：

（43）若是那一夜有些长短了，而今又许了一家，却怎么处？(《二刻拍案惊奇》卷九，195)

（44）况我两个老人家早晚有些长短，得你在他家，你看我两个孙子分上，必然肯照管、收拾我老两口儿的。(《欢喜冤家》七回，84)

（45）倘有一些长短，丢下老母娇妻，谁人看管？(《隋唐演义》二四回，175)

（46）大娘若有些长短，他爷少不得又娶个大娘。（《儒林外史》五回，68）

（47）若说叫于大奶奶去罢，两个孙子还小，家里偌大的事业，全靠他一人支撑呢，他再有个长短，这家业怕不是众亲族一分，这两个小孩子谁来抚养？（《老残游记》五回，47）

表意外变故的“长短”常和“有些”“有一些”相连用，多出现在假设复句中。它的这一用法和“好歹”颇为相似。不过，“长短”能用进入“三+X+两+Y”的格式之中，“三长两短”和“长短”语义相同，而“好歹”却不能进入这一格式。虽然在汉语中也存在“三好两歹”的说法，但它和此处“好歹”所表达的意义截然不同。“三好两歹”的意思是“时好时病，形容体弱”。由此可见，虽然“长短”和“好歹”在表示意外变故的时候有很多相似之处，但是两者的语义来源却有所不同。“三+X+两+Y”格式中的“X”和“Y”处于平等的地位，两者共同承担表义功能，“长短”能进入这一格式，说明其语义是由构成语素共同承担的。“好歹”的语义只由“歹”来承担，是偏义复合词，因此不能用“三+X+两+Y”的形式表示。①“三长两短”的用例列举如下：

（48）倘有三长两短，你取出道袍穿了，竟自走回，那个扯得你住！（《醒世恒言》卷八，160）

（49）你若执性不要，且莫说绝了潘门后代，万一你父亲三长两短，枉积下整万家私，不曾讨下一房媳妇，可不被人谈笑。（《石点头》一四回，307）

（50）你如今星夜回去，寒天大雪，贵恙新愈，倘途中复病，元气不能接济，万一三长两短，绝了秦氏之后，失了令堂老伯母终身之望，虽出至情，不合孝道。（《隋唐演义》一一回，80）

（51）你伯父常时说起，都说侄少爷是很明白能干的人，将来我有过甚么三长两短，侄少爷又是独子，不便出继，只好请侄少爷照应我的后事，兼祧过来。（《二十年目睹之怪现状》一六回，136）

① 有关“好歹”的研究，参看前文，此不繁述。

（五）反正，终究。例如：

（52）我与时情大乖刺，只是江禽有毛发。殷勤谢汝莫相猜，归来长短同群活。（《全唐诗》卷六二一陆龟蒙《五歌·水鸟》，7148）

（53）欲凭尺素边鸿懒，未定雕梁海燕愁。长短此行须入手，更饶君占一年秋。（《全唐诗》卷六六二罗隐《寄乔逸人》，7589）

（54）衣缝纰颣黄丝绢，饭下腥咸白小鱼。饱暖饥寒何足道，此身长短是空虚。（《全唐诗》卷四四一白居易《即事寄微之》，4919）

（55）我去君留十载中，未曾相见及花红。他时住得君应老，长短看花心不同。（《全唐诗》卷五六一薛能《留别关东旧游》，6512）

以上例句中的"长短"为副词，在句中充当状语，可理解为"反正、终究"，表示不管条件如何，结果都一样。"长短"的这一用法例证不多，主要集中在唐代。宋金时期只有少量用例。例如：

（56）世间万事元悠悠，此身长短归山丘。（宋陆游《剑南诗稿》卷一五《后春愁曲》，1200）

（57）长短都归一梦中，身前身后两无穷。（《全金诗》卷六五萧贡《读火山莹禅师诗卷》，第二册377）

在笔者所检索的语料中，没有发现元代以后"长短"用作副词的例证，这与张谊生（2004：338）的结论相同。另外，张谊生（2004：351附注⑦）认为："'长短'在近代汉语中可以进入通用领域。"笔者以为这一观点有待斟酌。一方面，在近代汉语中"长短"的副词用法例证相对较少；另一方面，它所出现的语言环境主要限于诗歌。无论是从使用数量还是从使用环境上看，"长短"都还算不上通用。

在近代汉语中，"长短"可以重叠使用。它的重叠方式是"AABB"式，即"长长短短"。例如：

（58）《论语》多门弟子所集，故言语时有长长短短不类处。《孟子》，疑自著之书，故首尾文字一体，无些子瑕疵。（《朱子语类》卷

一九, 433)

(59)（何小姐）回头一看, 见那楅子东一面, 长长短短横的竖的贴着无数诗笺。(《儿女英雄传》二九回, 545)

(60) 张夫人正有些胆怯, 想缩回来, 却望见雯青那边厢房里一点灯光, 窗帘上映出三四个长长短短的人影。(《孽海花》二三回, 220)

(61) 及看中国的兵: 老的小的, 长长短短, 还有些痨病鬼、鸦片鬼, 混杂在内。(《官场现形记》五五回, 958)

(62) 故见他的皆兢兢业业, 不敢一毫放肆, 听他长长短短, 将人取笑作乐。(《平山冷燕》一五回, 189)

(63) 二人遂同伏在阁子边侧耳细听。听见他一五一十、长长短短, 都说是要算计山小姐与赵纵、钱横之事, 遂悄悄不敢声张。(《平山冷燕》一八回, 226)

以上例句中的"长长短短", 均形容参差不齐、长短或高矮不一致。具体而言, 例（58）中的"长长短短"指的是句子的长短不一。例（59）中的"长长短短"指的是诗笺的长短不一。例（60）、例（61）中的"长长短短"指的是身材的高矮不一。而例（62）、例（63）中的"长长短短"则是指话语的长短不一、长一句短一句。

四　现代汉语方言中的"长短"

笔者以北大现代汉语语料库为基础, 同时参照《现代汉语方言大词典》《汉语方言大词典》, 对"长短"已有的各个义项在现代汉语中的使用情况进行了调查。结果如下:①

表 3-3　　　　　　　　"长短"的各义项在现代汉语中的使用情况

长短术	短处,错误之处	攻讦、责难	长、长度	高下、优劣、好坏	长短句	兵器、武器	情况、情由	意外的变故,多指死亡	反正,终究
-	+	-	+	+	+	-	-	(+)	(+)

---

① ＋表示存在于通用语中, (＋) 表示存在于方言中, －表示不再使用。

由表 3-3 可知,"长短"在近代汉语中所具有的 10 个义项,到了现代汉语中只保留了 4 个:①短处,错误之处;②长、长度;③高下、优劣、好坏;④长短句。其他 6 个义项或已退出历史舞台,或仅保留在方言之中。

我们来看"长短"保留在方言中的 2 个义项。

(一)意外的变故,多指死亡。

在汉语普通话中,常用"三长两短"来表示"意外的变故,多指死亡"这一意义。例如:

(1)后来,唐四爷还要姑爷把所有的存款交给他保管,万一姑爷有个三长两短,由他掌握保险。(《老舍文集》卷六《鼓书艺人》二四章,484)

(2)你们多不讲理,它要是有个三长两短,我可怎么办呀!(《萧乾散文选集·矛盾交响曲》,83)

(3)女儿呵,你可别有个三长两短哪!(池莉《太阳出世》一三,102)

(4)我命硬克妻,我不忍心五女妹妹有个三长两短。(陈忠实《白鹿原》三章,41)

就这一义项而言,"长短"在通用语中的地位被"三长两短"所取代,它仅保留在方言中。例如:

(5)好好照顾佢,有孰么长短我找你好好照顾他,出了什么事我找你(算帐)。(《建瓯方言词典》,206)

(二)反正,终究。

前文中已经提到,"长短"的这一义项在元代以后的文献中很难找到用例。笔者通检北大现代汉语语料库,也没有发现其在现代汉语普通话中的例证。根据《现代汉语方言大词典》和《汉语方言大词典》的记录,"长短"的这一义项主要保留在中原官话、冀鲁官话、晋语和闽语中。

1. 中原官话：陕西西安、山西万荣、河南长垣

（6）你长短再甭提咃事咧，伢就不爱听。（《西安方言词典》，269）

（7）长短不敢把钱借给他｜我长短不听你的话，光着活上当。（《万荣方言词典》，336）

（8）好说，赖说，他长短不去。（《汉语方言大词典》，865）

2. 冀鲁官话：山东聊城、东阿、莘县

（9）他不管说多好，长短不叫他去。（《汉语方言大词典》，865）

3. 晋语：河南汲县、新乡

（10）我长短不叫他来。（《汉语方言大词典》，865）

4. 闽语：广东揭阳、汕头

（11）长短你着必须来一下。（《汉语方言大词典》，865）

（12）你长短啰着去一下。（《汉语方言大词典》，865）

在以上例句中，"长短"作副词，充当句子的状语，语义相当于"无论如何，反正，终究"。

第四节　　"反正"的形成演变及其语用研究

《说文·又部》："反，覆也。从又，厂反形。""反"的本义为覆，后发展出多个义项。在汉语的演变过程中，"反"的不同义项分别和"正"组合成词，形成了一组同形异义词。本节所要研究的"反正"为反义复合词，"反"的语素义为"颠倒的、方向相背的"，跟"正"相对。

一 反义复合词 "反正" 的同形词

"反" 和 "正" 的连用在先秦文献中就已出现，但这个 "反正" 和我们所要研究的反义复合词 "反正" 只是同形异义的关系，是不同的两个词。先秦文献中 "反正" 的 "反" 为 "还，回归" 义，是 "返" 的假借字。"反正" 即 "返正"，表示 "（由邪）归正、还归正道"。例如：

（1）故序其事以风焉，美反正，刺淫泆也。（《诗经·卫风·氓》，324 中）

（2）故能禁贲、育之所不能犯，守盗跖之所不能取，则暴者守愿，邪者反正。（《韩非子·守道》，534）

此时的 "反正" 中间可插入其他成分，尚处于词组阶段。例如：

（3）是故先王之制礼乐也。非以极口腹耳目之欲也，将以教民平好恶而反人道之正也。（《礼记·乐记》，982）

（4）君子曷为为《春秋》？拨乱世，反诸正，莫近诸《春秋》，则未知其为是与？（《公羊传·哀公十四年》，356 上）

汉代以后，"反正" 凝固成词，常以 "拨乱反正" 的形式出现。例如：

（5）汉承百王之弊，高祖拨乱反正，文景务在养民，至于稽古礼文之事，犹多阙焉。（《汉书·武帝纪》，212）

（6）汉兴，拨乱反正，日不暇给，犹命叔孙通制礼仪，以正君臣之位。（《汉书·礼乐志》，1030）

（7）高皇帝时，天下初定，发德音，行一切之令，权也，非拨乱反正之常也。（《盐铁论·诏圣》，594）

例（5）"拨乱反正"，颜师古注："拨去乱俗而还于正道也。" 例（6）、例（7）义同。

"拨乱反正"这个词语，在后世文献中存在用例，一直沿用到今天。例如：

(8) 天下荡荡，王道已沦，自非神英，拨乱反正，则宗社非复宋有。(《宋书·范泰传》，1623)

(9) 大丞相、勃海王降神挺生，固天纵德，负图作宰，知机成务，拨乱反正，决江疏河，效显勤王，勋彰济世。(《魏书·律历志》，2696)

(10) 如原宪只是一个吃菜根底人，邦有道，出来也做一事不得；邦无道，也不能拨乱反正。(《朱子语类》卷二四，578)

(11) 今天运将转，不过数十年，真人当出，拨乱反正。诸公行且先后出世，为创功立业之名臣矣。(《喻世明言》卷三二，515)

"反正"由"还归正道"的意义引申出了表示"帝王复位"的用法。例如：

(12) 义熙元年正月，毅等至江津，破桓谦、桓振，江陵平，天子反正。(《宋书·武帝纪上》，11)

(13) 晋惠帝永宁初，齐王冏唱义兵，诛除乱逆，乘舆反正。……是时齐王冏匡复王室，天下归功。(《宋书·五行志五》，1005)

此用法一直延续到清代，在现代汉语则已基本消失。后世举例如下：

(14) 继踵迷反正，汉家崇建章。力役弊万人，瑰奇殚八方。(《全唐诗》卷八五三吴筠《览古十四首》之三，9644)

(15) 当此时世，只做得到恁地。狄梁公终死于周，然荐得张柬之，迄能反正。(《朱子语类》卷一三二，3178)

(16) 洎破伪主，而僖皇反正，裴、郑等皆罹大辟。(宋孙光宪《北梦琐言》卷六，45)

(17) 所患江西民风柔弱，见各属并陷，遂靡然以为天倾地坼，

不复作反正之想。(《曾国藩全集·家书·咸丰六年九月·致沅弟九月十七日》,323)

此外,"反正"由"还归正道"还引申出了"指敌方的军队投到己方"的意义。例如:

(18) 寻而襄邓反正,朝廷欲征凿齿,使典国史,会卒,不果。(《晋书·习凿齿传》,2154)

(19) 徐州去保安百里,行省闻之来讨,会禄已反正,乃以便宜授禄行元帅左都监,就佩忽土虎符。(《金史·完颜仲德传》,2607)

(20) 借知兵之名,则逆党可以然灰,宽反正之路,则逃臣可以汲引,而阁部诸臣且次第言去矣。(《明史·刘宗周传》,6586)

(21) 其实,怀远一带,吕肇受早反正了。(《花月痕》四六回,365)

(22) 浙人徐海,潜居日本,其有宠姬王翠翘,不肯背弃中国,可以计诱,俾其反正。恳赐重赉以招徕之。(《歧路灯》一〇四回,972)

(23) 如其缚献渠魁,可勿劳征讨;如其枭獍成群,不肯反正,则必手刃其帅,不与俱生。(《阅微草堂笔记》卷二〇,492)

前文中已经提到,这里的"反正","反"为"返"的假借字。因此,在文献中也有"返正"的例子:

(24) 圣魏之初,拨乱返正,未遑建终丧之制。(《魏书·李彪传》,1389)

(25) 投鞭可填江,一扫不足论。皇运有返正,丑虏无遗魂。(《全唐诗》卷一八〇李白《登金陵冶城西北谢安墩》,1835)

(26) 昭宗返正,改元天复。(宋王溥《唐会要》卷六五,1131)

(27) 六月,大捷于雩都,进攻兴国县,县返正,于是驻屯遣大

兵攻赣州。（《文天祥全集·集杜诗·〈赣州〉序》，413）

例（24）中的"返正"指"（由邪）归正、还归正道"，例（25）、（26）中的"返正"指"帝王复位"，例（27）中的"返正"指"返归己方"。

二　反义复合词"反正"

虽然，"反"在先秦时期就已经产生了与"正"相对的意义，但"反"的这一义项却很少和"正"并列连用。文献中所见到的大多数"反正"都不是反义复合关系，它们只是反义复合词"反正"的同形词。据笔者调查，反义复合词"反正"产生的时间相当晚，一直到清代文献中才出现相关用例。而且，它的用法在产生之初就已非常丰富。这不太符合词语发展演变的一般规律。因此，笔者推测，反义复合词"反正"可能是对某个语义已发展成熟的词语的替换。

大约在南北朝时期，开始出现表反义关系的"反"和"正"连用的情况。此时的"反正"为并列关系的词组，尚未凝固成词。例如：

（1）又以事对，各有反正，指类而求，万条自昭然矣。（《文心雕龙·丽辞》，448）

清代以前，"反正"都一直以词组的身份出现，而且用例相当少。例如：

（2）盖于时诸公刬以一言半句为终身之目，未若后来人士俛焉下笔，始定名价。临川善述，更自高简有法。反正之评，戾实之载，岂不或有？（宋陆游《〈世说新语〉序目》，931）

"反正之评"和"戾实之载"相对成文，"反正"的结构方式当与"戾实"相同，即反义并列。"反正之评"就是"反之评和正之评"的意思。"反正"为反义并列结构的词组。

到了清代白话小说中，表反义复合的"反正"开始大量出现，且已凝固成词。例如：

（3）咱们分四面叫他首尾不能顾，反正扔他一个跟头，咱们就算不输。（《彭公案》一五七回，697）

（4）反正我们今天是吃定了，你说出大天来也是白饶！（《红楼真梦》五八回，680）

以上例句中的"反正"均为副词，表示坚定的语气，含有"不因条件不同而改变"的意思。下面，我们将具体分析它的语篇功能和句类分布。

（一）"反正"的语篇功能

副词"反正"在语篇中的位置比较灵活，既可出现在主语之前（往往是在句首），也可出现在主语之后。但大多数情况下，"反正"都是居于句首的，修饰限定的范围为整个句子。张谊生（1996）指出："从整个篇章的角度看，许多位于句首的双音节副词，虽然其本身也许并不属于整个信息表述中的主位（theme）和述位（rheme）的一部分，但它们确实在篇章的线性序列中占有一定的位置。可以这样认为，这些位于句首的副词，既是篇章的插入语，又是句、段的连接语；既是篇章组织的黏合剂，又是语义转换的调节器；既是篇章顺序发展的路标，又是读者和听话者理解的向导。"分析文献用例，我们发现反义复合词"反正"确实具有很强的篇章衔接功能，无论是出现在主语之前还是出现在主语之后，它的句法位置都和篇章的连贯有关。

我们先来看"反正"居于主语之前的情况：

（5）贾夫人道："这可说不一定，反正这里是要来的，老太太就不想我，你妹妹也那里肯放。"（《红楼真梦》四〇回，463）

（6）（宋八仙）一听这话，又有银子，又有吃的，反正官司大概是活不了，乐一时算一时，先不用受罪，心中很愿意。（《济公全传》二一三回，636）

（7）纪有德说："反正咱们往东南走，管它对不对！"（《彭公案》二〇八回，884）

在上述例句中，"反正"的管辖范围是全句，是对整个命题进行表述。它的句法位置和连词相似，功能也相近，具有较强的篇章连接功能。

再看"反正"居于主语之后的情况：

（8）他有个旧友叫做曾根的，是馆中的老旅客，暗忖自己反正没事，何妨访访他，也许得些机会。（《孽海花》二九回，284）

（9）我们反正是丫头的命，一辈子当丫头罢了，那里像人家有造化的去当奶奶。（《红楼真梦》四七回，546）

（10）石铸说："废话，你上茅房，我就在外面看着，大人有话，我反正不能叫你走了。"（《彭公案》一四一回，504）

（11）自己一想，有了，我反正家败人亡，我就应允他画阵图。（《彭公案》二一四回，979）

以上例句中的"反正"出现在主语之后，它的管辖范围是句子的述题部分。此时，句子的主语往往是一个新的话题，并与后文形成相承接的话语链。为了突出新旧话题的转换，让听话人能正确理解语篇的含义，主语需要置于"反正"之前。

因为"反正"具有较强的语篇衔接功能，所以它通常出现在复句中，用以连接前后分句。

按照"反正"在复句中所处的位置，可将它的使用情况分为两类：一类是出现在始发句中的"反正"，另一类则是出现在后续句中的"反正"。例如：

（12）黛玉道："反正那册子上有的，你一接了事，自然就明白了。"（《红楼真梦》七回，73）

（13）反正找不着小姐，你我不能回去。（《济公全传》二三八回，709）

（14）宝玉微笑道："回来就知道了，反正瞒不了你。"（《红楼真梦》五七回，661）

（15）和尚说："有三位堂客，反正一个跑不了。"（《济公全传》六三回，192）

例（12）、例（13）中的"反正"出现在始发句中，而例（14）、例（15）中的"反正"则出现在后续句中。从句子焦点的角度来看，"反正"所在的那个分句，往往是说话人所要突出强调的部分。"反正"具有提示语义焦点的功能。

按照"反正"在篇章连接中的作用，又可将其分为以下四种类型：表因果、表转折、表并列和表条件。

1. 表因果。例如：

（16）这里反正没外人，你坐着陪我吃吧！（《孽海花》二七回，259）

（17）这两天表嫂正病着，我给她买点毒药，把她毒死，反正她娘家也没人！（《彭公案》一八七回，796）

（18）黛玉道："藕官本是唱小生的，反正由着他胡乱调度罢。"（《红楼真梦》四○回，469）

（19）林士佩心中说："反正我不跟你碰家伙啦，我的臂膀虎口都发麻啦。"（《三侠剑》三回，525）

以上例句中的"反正"连接的是因果复句。根据说话人的语用需要，它或强调原因，如例（16）、例（17）；或强调结果，如例（18）、例（19）。

2. 表转折。例如：

（20）湘云道："我昨儿捉摸着，恐怕未必找得到，反正你们这番意思我是感激的。"（《红楼真梦》五一回，593）

（21）宝玉道："问什么？反正他是必中的，也不过同我一般高下。"（《红楼真梦》五二回，607）

（22）周氏说："你看外面人都围上了，你快设法走罢！我反正不能落到恶霸手里，你要不逃命，连你也饶上了。"（《济公全传》一七二回，514）

以上例句中的"反正"连接的是转折复句。

3. 表并列。例如：

（23）和尚说："没钱你嚷什么，反正吃完了再说。"（《济公全传》六六回，201）

（24）大众说："我们要是管不了，帮你老人家拆他，反正不能帮他跟你反脸。"（《济公全传》一六五回，493）

（25）大爷不便生气，反正不给也就完了。（《彭公案》一五二回，645）

以上例句中的"反正"连接的是并列复句。

4. 表条件。例如：

（26）这几条人命，反正一定案，就得当时立斩之罪。（《济公全传》七八回，237）

（27）反正我在暗中调停，总要把此事办理好了。（《彭公案》二一〇回，917）

（28）纪有德说："反正咱们往东南走，管它对不对！"（《彭公案》二〇八回，884）

以上例句中的"反正"连接的是条件复句。例（26）、例（27）属于一般条件句。前一分句提出条件，后一分句则说明在这种条件下会产生的结果，相当于"只要……就……"例（28）属于无条件句。前一分句表示不管在任何情况下都会产生相同的结果，后一分句则用来指明条件。"反正咱们往东南走，管它对不对！"相当于"反正咱们往东南走，无论它对不对！"

虽然，语气副词"反正"主要是出现在复句中，但是也存在单用的情况。这种情况的出现，和语用的省力原则有关。出于省力的目的，说话人往往会将那些在语境提示下对方能够理解的内容隐去不说。例如：

（29）宝玉笑道："你没听见老太太吩咐咱们三个人亲热亲热，光是你们俩'孟光接了梁鸿案'，那怎么算呢？反正我是不走的了。"

（《红楼真梦》二六回，300）

（30）宝钗道："雪都化了，还能取得多少呢?"湘云道："反正是闹着玩。"说着便同惜春去了，宝钗却和邢岫烟一路下山。（《红楼真梦》五六回，650）

（31）董士宏说："这个和尚真真不知人情世务。我白送给他银子，他还说不好，临走连我姓没问，也不知谢我，真正是无知之辈。唉，反正是死。"（《济公全传》二回，5）

（32）和尚说："反正你们两人心里明白。"焦亮、何清一听，暗想这可活该，晚上省的我们找寻。（《济公全传》一一七回，350）

以上例句中的"反正"都出现在单句中，我们可根据语境提示补出省略的内容。例（29）可扩充为"反正我是不走的了，你们也和我亲热亲热吧"。例（30）可扩充为"反正是闹着玩，能取多少算多少吧"。例（31）可扩充为"反正是死，就不和这个和尚计较了"。例（32）可扩充为"反正你们两人心里明白，我就不说出来了"。

（二）"反正"的句类分布

副词"反正"不仅能出现在陈述句中，还能出现在感叹句和疑问句中。例如：

（33）这个狠毒的贼，反正出不了你们这一堆人!（《孽海花》二六回，255）

（34）反正我是一条心，决没有三心两意!（《红楼真梦》五七回，663）

（35）八魔说："你见去罢，反正你还跑的了么?"（《济公全传》二三四回，698）

（36）反正我也是往钱塘关去，我为何不在后头跟随着他?（《三侠剑》三回，737）

"反正"表示坚定的语气，带有强烈的主观色彩，当它出现在感叹句中，能够起到突出强调说话人主观态度的作用。而当它出现在疑问句中时，则会减弱句子的疑问色彩，使之从真性疑问句变为假性疑问句。"使用语气副词改变疑问性质的语用功能主要是为了加强发话人的主观色彩。众所周知，真性疑问句的主要功能在于询问，基本不体现发话人的主观色彩；而假性疑问句的主要功能在于表达，是用问句的形式阐述发话人的主观看法。应该说，用疑问形式加语气副词这种格式能收到一石二鸟之功效。"（段业辉，1995）

第五节　"高下"和"高低"的比较研究

"高下"和"高低"是一组相互联系的反义复合词。龙潜庵《宋元语言词典》（1985：143）收录了"不知高低"，但其释义有待商榷。本节将在全面梳理其语义演变轨迹的基础上，对两者展开比较研究，以期揭示相关规律。

一　"高下"的形成及演变

"高"和"下"是表反义关系的一对形容词。"高"指的是"从下向上距离大"，"下"则相当于"低"，表示"从下向上距离小"。"高"和"下"的连用在先秦文献中就已经出现了。例如：

（1）清浊大小，短长疾徐，哀乐刚柔，迟速高下，出入周疏，以相济也。（《左传·昭公二十年》，861上）

（2）卑身而伏，以候敖者；东西跳梁，不辟高下；中于机辟，死于罔罟。（《庄子·逍遥游》，40）

（3）地有高下，天有晦明，民有君臣，国有都鄙，古之制也。（《国语·楚语上》，499）

以上例句中的"高下"都还只是词组。"高"和"下"都是对空间距离的描绘，没有发生语义的演变和融合。

"高"和"下"除了可以表示纵向的空间关系以外，还可以用来表示"好坏、优劣"等抽象的对立关系。例如：

（4）操事则苦，不知高下，民乃逾处。（《吕氏春秋·任地》，

3107)

（5）晏子使于晋，晋平公问曰："吾子之君，德行高下如何?"（《晏子春秋·内篇·问下》，267）

（6）大王一日得楚之亡卒，未知其高下，而即与同载，反使监护军长者！（《史记·陈丞相世家》，2053）

以上例句中的"高下"相当于"好坏、优劣"，"高下"的所指范围从空间域扩展到了其他领域，语义发生了一定的改变。

到了南北朝时期，"高下"产生了表偏义的用法，多偏指"高"。例如：

（7）三年，华林园醴泉堂东忽有瑞云，周圆十许丈，高下与景云楼平。（《南齐书·祥瑞志》，385）

（8）康生性粗武，言气高下，又稍惮之，见于颜色，康生亦微惧不安。（《魏书·奚康生传》，1632）

（9）（王充）善敷奏，明习法律，而舞弄文墨，高下其心。（《隋书·王充传》，1894）

例（7），"高下与景云楼平"即"高与景云楼平"，意思是"高度和景云楼齐平"。例（8），"言气高下"即"言气高"，意思是"言辞声气高亢响亮"。例（9），"高下其心"即"高其心"，意思相当于"心高气傲"。

表偏义的"高下"得到了后世的继承和发展。在后世文献中，它的句法位置有了新的变化，可以出现在数量词语之后，指高度。例如：

（10）那柜有四尺宽，七尺长，三尺高下，里面可睡六七个人。（《西游记》八四回，1074）

（11）四天师即引行者至披香殿里看时，见有一座米山，约有十丈高下；一座面山，约有二十丈高下。（《西游记》八七回，1108）

（12）那运河内的水，暴涨有十来丈高下，犹如白拂汤一般，又

紧又急。(《醒世恒言》卷一〇，206）

以上例句中的"高下"均指的是"高"。"三尺高下"即"三尺高"，"十丈高下"即"十丈高"，"二十丈高下"即"二十丈高"，"十来丈高下"即"十来丈高"。

隋唐时期，"高下"的语义进一步发展，出现了"反复"的意义。例如：

(13) 素又禀性高下，公卿股栗，不敢措言。(《隋书·刑法志》，715）

(14) 加以偏毁邻境，密疏事情，反覆百端，高下万变，心无耻愧，事至满盈。(《旧唐书·卢从史传》，3654）

例 (13)，"禀性高下"指的是"本性反复多变"。例 (14)，"高下"和"反覆"相对成文，意义相同，可译为"翻来覆去、重复再三"。

除了表示"反复、多变"外，"高下"在唐代还衍生出了"或高或低、参差起伏"的意义。例如：

(15) 齐鲁西风草树秋，川原高下过东州。(《全唐诗》卷二四二张继《秋日道中》，2724）

(16) 远别秦城万里游，乱山高下出商州。(《全唐诗》卷四七七李涉《再宿武关》，5434）

(17) 高下亭台山水境。两畔清辉，中有垂杨径。(《全宋词》黄裳《蝶恋花》，376）

(18) 山形高下远相吞。古寺楼台依碧嶂，烟景遥分。(《全宋词》裴湘《浪淘沙》，203）

以上例句中的"高下"都是形容山川、亭台的参差起伏。

二 "高低"的形成及演变

虽然"高"和"低"在先秦就已存在，但两者连用的情况却到晋代前后才出现，比"高下"的出现时间要晚得多。例如：

（1）视形象，体变貌，犹同逐势瞻颜，高低有趣；分均点画，远近相须。（《佩文斋书画谱》卷五晋王羲之《笔势论·视形》，二册129上）

（2）或眼睛睐，视眄高低。或口喝斜，而复多齿。（隋阇那崛多译《佛本行集经》卷二六，3/776/c）

（3）时序寒热，国土高低，产育精粗，食物浓淡。（隋智顗《摩诃止观》卷六上，46/76/b）

例（1），"高低"和"远近"相对成文，其构成成分间的结构都较为松散，"高低"可拆分为"高和低"，"远近"可拆分为"远和近"。因此，它们都还只是反义并列的词组。例（2）、例（3）中的"高低"均与空间关系有关，"高"和"低"的语义没有进一步发展和融合，当属词组，而非词。

唐代以后，"高低"不仅可以表示具体的空间关系，还可以用来表示各种抽象的对立关系，如：社会地位的"尊卑贵贱"、声音的"大小"和价格的"多少"。例如：

（4）百年身后一丘土，贫富高低争几多。（《全唐诗》卷六九三杜荀鹤《自遣》，7982）

（5）如今老去语尤迟，音韵高低耳不知。（《全唐诗》卷三五六刘禹锡《武昌老人说笛歌》，4000）

（6）自还知，自要见，休苦贪求添爱羡。不论富贵与高低，皆似水中墨一片。（《敦煌变文校注》卷五《维摩诘经讲经文（三）》，836）

（7）若论肯卖，不诤价之高低；若死腰楔（要挟），方便直须下脱。（《敦煌变文校注》卷四《降魔变文》，555）

例（4）和例（6）中的"高低"指的是社会地位的"尊卑贵贱"。例（5）中的"高低"指的是声音的"大小"。例（7）中的"高低"指的是价格的"多少"。从认知角度看,"高低"的使用范围从空间领域拓展到其他领域的过程是一个隐喻的过程,是以相似性为基础的不同认知域之间的语义投射。

前文中提到,在唐代诗文中"高下"衍生出了"或高或低、参差起伏"的意义。通过调查,我们发现"高低"也同样存在这样的用法。例如:

(8) 灵岩有路入烟霞,台殿高低释子家。(《全唐诗》卷二四二张继《游灵岩》,2723)

(9) 日夕寻未遍,古木寺高低。(《全唐诗》卷三一〇于鹄《游瀑泉寺》,3503)

(10) 一到天台寺,高低景旋生。(《全唐诗》卷六九一杜荀鹤《登天台寺》,7927)

(11) 殿影高低云掩映,松阴缭绕步徘徊。(《全唐诗》卷七五五徐铉《阁皂山》,8591)

以上例句中的"高低"均指的是"或高或低、参差起伏"。

元代以后,"高低"的语义进一步发展,出现了"不知高低"的用法。具体而言,"不知高低"可以表示四种意义。

(一)"不知高低"指"不知好歹、不识好坏"。例如:

(12)【村里迓鼓】(谢金吾云)你这个老人家好不知高低,我尽让你说几句便罢,则管里倚老卖老,口里唠唠叨叨的说个不了。(《全元戏曲》卷六无名氏《清风府》一折,324)

(13)那童子不知高低,贼前贼后的骂个不住。(《西游记》二六回,330)

(14)八戒喝道:"泼贱人,不知高低!饶了你的性命,就罢了,还要讨甚么扇子,我们拿过山去,不会卖钱买点心吃?"(《西游记》六一回,789)

(二)"不知高低"指"不知究竟、不明内情"。例如:

（15）（大郎）道："这一百两白银，干娘收过了，方才敢说。"婆子不知高低，那里肯受。（《喻世明言》卷一，10）

（16）这妮子不知高低，轻意应承，岂知同父是个杀人不眨眼的汉子？（《二刻拍案惊奇》卷一二，251）

（三）"不知高低"指"（说话或做事）不知轻重"。例如：

（17）（琼英）便向墙边拣取鸡卵般一块圆石，不知高低，试向卧房脊上的鸱尾打去，正打个着。（《水浒全传》九八回，1184）

（18）行者怒道："你那老头子，说话不知高低！我们是拜佛的圣僧，又会偷马！"（《西游记》一五回，197）

（19）那安妈妈是妇道家，不知高低，便向乐公撺掇其事。（《警世通言》卷二三，332）

（20）万一他见了，说上两句不知高低的话，奴才持不住。（《儿女英雄传》一四回，227）

（四）"不知高低"指"不管声音的大小"。例如：

（21）（计安）觉道浮子沉下去，钩起一件物事来，计安道声好，不知高低："只有钱那里讨！"（《警世通言》卷二〇，274）

（22）宋江看见，喝声采，不知高低。（《水浒全传》四八回，611）

（23）洞宾见了，叫声好，不知高低。（《醒世恒言》卷二一，456）

（24）押番见了，吃了一惊，叫声苦，不知高低："我这性命休了！"浑家也吃一惊道："没甚事，叫苦连声！"（《警世通言》卷二〇，275）

（25）老子摸得起来，摸了两手血迹，叫声苦，不知高低。几家邻舍听得，都开了门出来。（《水浒全传》四五回，577）

表示该意义的"不知高低"，通常出现在言语动作之后，起补充说明的作用。《汉语大词典》（后简称《大词典》）将其解释为"犹言不管好歹"。龙潜庵《宋元语言词典》（1985：143）则认为它指的是"遇到意外，心中惊疑不定"。从文献用例来看，这两种解释都有待商榷。我们先看例（21）。按照《大词典》的解释，"计安道声好，不知高低"，意思是"计安道声好，不管好歹"。从前后文来看，"道声好"只是计安钓到鱼后发出的自然行为，并不存在"管不管好歹"的问题。《大词典》的解释没有揭示出"不知高低"的真正内涵。而《宋元语言词典》的解释也是片面的。该解释只适用于例（24）、例（25）"叫声苦"的情况。而例（21）"道声好"，例（22）"喝声采"，例（23）"叫声好"，都不可能是"心中惊疑不定"。笔者认为，从"不知高低"出现的语境来看，它应该和声音有关，"高低"指的当是声音的大小。"不知高低"即"不管（声音的）大小"。

明代以后，"高低"出现了"高低不就"的用法，意思是高者无力得到，低者又不屑迁就，多用以形容谋求职业或婚配上的两难处境。例如：

（26）因此高低不就，把女儿直挨到一十八岁，尚未许人。（《喻世明言》卷二七，436）

（27）采卿有心叫他去学生意，却又高低不就。（《二十年目睹之怪现状》四九回，446）

此用法又作"高不成，低不就"。例如：

（28）事有凑巧，这里乐和立誓不娶，那边顺娘却也红鸾不照，天喜未临，高不成，低不就，也不曾许得人家。（《警世通言》卷二三，333）

（29）过善只因是个爱女，要觅个嗜嗹女婿为配，所以高不成，低不就，拣择了多少子弟，没个中意的，蹉跎至今。（《醒世恒言》卷一七，340）

此外，"高低"还出现了语气副词的用法，表示"无论如何，不管怎样"。例如：

（30）【前腔】（樱桃）也罢，今日到十郎书院，见他家青儿，到也眉目干净爱人子，不如明日十郎到我府中，高低把青儿舍与我吧。（《汤显祖戏曲集·紫箫记》一二出，912）

（31）你只说是那里见来，或是听见谁说，我好到那里刨着根子，就使一百千钱，我高低买一套与你。（《醒世姻缘传》六五回，927）

（32）顾氏道："没有上门怪人的理。我高低让狄大嫂到家吃盅茶儿。"（《醒世姻缘传》八九回，1274）

（33）夏鼎道："不难，不难，我高低叫他上钩就是，只是迟早不定。"（《歧路灯》三七回，342）

以上例句中的"高低"都出现在对话语境中，带有强烈的主观色彩，相当于"无论如何、不管怎样"。

三　"高下"和"高低"的比较分析

通过前文的研究，我们对"高下"和"高低"的语义演变过程有了一个较为全面的认识。下面，笔者将对这组语义相关的反义复合词进行比较分析。

（一）"高下"和"高低"的使用频率统计

表 3-4　　　　　"高下"和"高低"在文献中的出现次数

	高下	高低
《宋书》	4	0
《佛本行集经》	8	1
《全唐诗》	77	100
《全宋词》	45	32
《全元杂剧》	11	42
《水浒全传》	4	25
《金瓶梅词话》	0	14
《儿女英雄传》	2	9
《红楼梦》	1	6

　　由表 3-4 可知，在汉语发展的历史过程中，反义复合词"高下"和"高低"之间存在此消彼长的相互竞争。最初，"高下"在文献中的所占份额多于"高低"，经过唐宋时期的相持阶段后，"高低"逐渐战胜"高下"，最终取得了优势地位。

（二）"高下"和"高低"的语义分布

表 3-5　　　　　　　　　　"高下"和"高低"的义项分布情况

	高下	高低
表示抽象的对立关系	+	+
表偏义	+	−
反复	+	−
或高或低、参差起伏	+	+
"不知 XX"	−	+
"XX 不就"	−	+
无论如何，不管怎样	−	+

　　通过前文对"高下"和"高低"语义脉络的梳理，我们发现，就义项的多少而言，"高下"在演变过程中所形成的义项要少于"高低"。唐宋以后它的语义发展基本处于停滞状态，而"高低"的语义在元明时期仍有长足发展，出现了不少新用法。就义项的语法化程度来看，"高下"也不及"高低"，因为它没有发展出语法化程度较高的语气副词用法。

第四章　反义复合词的同素异序研究

同素异序是指词语的构成语素相同而排列顺序不同，如："羊羔-羔羊""救援-援救""长久-久长"等。相关学术成果主要有：郑奠《古汉语中字序对换的双音词》（1964），丁邦新《国语中双音节并列语两成分间的声调关系》（1969）和《论〈孟子〉及〈诗经〉中并列成分之间的声调关系》（1975），陈爱文、于平《并列式双音词的字序》（1979），曹先擢《并列式同素异序同义词》（1979），张永绵《近代汉语中字序对换的双音词》（1980），张国宪《并列式合成词的语义构词原则与中国传统文化》（1992），张博《先秦并列式连用的制约机制》（1996），伍宗文《先秦汉语中字序对换的双音词》（2000），车淑娅《〈韩非子〉同素异序双音词研究》（2005）等。本章将对反义复合词的同素异序现象进行研究。

第一节　概况描述

在我们所调查的 245 个反义复合词中，彼此互为同素异序关系的有 8 组，它们是："薄厚-厚薄""沉浮-浮沉""弟兄-兄弟""儿女-女儿""来往-往来""枘凿-凿枘""士女-女士"和"子女-女子"。在剩下的 229 个反义复合词中，曾经出现过同素异序现象的有 58 个。

现将反义复合词同素异序的整体情况列举如下：①

| 标本-本标 | 表里-里表 | 宾主-主宾 | 薄厚-厚薄 |
| 长短-短长 | 沉浮-浮沉 | 迟早-早迟 | 出入-入出 |

---

① 排列在前的是《现代汉语词典》所收录的词语，排列在后的是其曾经出现过的同素异序形式。两者均为《现代汉语词典》所收录时，则加框表示。

雌雄–雄雌	大小–小大	得失–失得	弟兄–兄弟
东西–西东	多少–少多	儿女–女儿	方圆–圆方
寒暑–暑寒	寒暄–暄寒	黑白–白黑	呼吸–吸呼
缓急–急缓	晦明–明晦	晦朔–朔晦	来去–去来
来往–往来	离合–合离	买卖–卖买	矛盾–盾矛
卯榫–榫卯	男女–女男	内外–外内	乾坤–坤乾
亲疏–疏亲	轻重–重轻	日月–月日	枘凿–凿枘
上下–下上	深浅–浅深	升降–降升	生死–死生
胜负–负胜	始末–末始	始终–终始	士女–女士
授受–受授	舒卷–卷舒	损益–益损	吞吐–吐吞
往还–还往	翕张–张翕	逦迤–迤逦	先后–后先
向背–背向	休戚–戚休	轩轾–轾轩	言行–行言
妍媸–媸妍	异同–同异	盈亏–亏盈	幽明–明幽
远近–近远	臧否–否臧	皂白–白皂	真伪–伪真
主次–次主	子女–女子		

按照构成语素的语法功能，我们将这 66 组同素异序词分为三种类型："名+名""动+动""形+形"。它们各自所占的份额和比率如下：

表 4-1　　　　　　　　　同素异序词的组合类型和数量分布情况

	数量	比率
名+名	22	33%
动+动	21	32%
形+形	23	35%

从上表可知，由不同功能的语素所构成的同素异序词在整体中所占的份额基本呈平衡状态。

前面，我们已经提到在这 66 组同素异序词中，只有 8 组是两种语序共存的，其他 58 组在现代汉语中都只保留了一种形式。那么，人们是以什么为依据来做出选择的呢？陈爱文、于平（1979）指出："决定并列双音词的字序的因素有两个：意义和声调。意义的作用是人们自觉注意到的，声调的作用是发音的生理机能所要求的，是不自觉的。”

首先，我们从声调的角度对 58 组只保留了一种形式的同素异序词进行考察。因为对同素异序中某一语序的选择是一个历时的渐变过程，我们很难界定其发生的具体时间。因此，在对声调进行考察时，将兼顾中古和现代两个声调系统。按照中古声调系统，这 58 组同素异序词的声调排列状况如下：（不符合“平、上、去、入”排列顺序的加着重号）

标本-本标	表里-里表	宾主-主宾	长短-短长	迟早-早迟
平上 上平	上上 上上	平上 上平	平上 上平	平上 上平
出入-入出	雌雄-雄雌	**大小**-**小大**	得失-失得	东西-西东
入入 入入	平平 平平	去上 上去	入入 入入	平平 平平
多少-少多	方圆-圆方	寒暑-暑寒	寒暄-暄寒	黑白-白黑
平上 上多	平平 平平	平上 上平	平平 平平	入入 入入
呼吸-吸呼	缓急-急缓	**晦明**-**明晦**	晦朔-朔晦	来去-去来
平入 入平	上入 入上	去平 平去	去入 入去	平去 去平
离合-合离	买卖-卖买	矛盾-盾矛	卯榫-榫卯	男女-女男
平入 入平	上去 去上	平上 上平	上上 上上	平上 上平
内外-外内	乾坤-坤乾	亲疏-疏亲	轻重-重轻	日月-月日
去去 去去	平平 平平	平平 平平	平上 上平	入入 入入
上下-下上	深浅-浅深	升降-降升	生死-死生	**胜负**-**负胜**
上去 去上	平上 上平	平去 去平	平上 上平	去上 上去
始末-末始	**始终**-**终始**	**授受**-**受授**	舒卷-卷舒	损益-益损
上入 入上	上平 平上	去上 上去	平上 上平	上入 入上
吞吐-吐吞	**往还**-**还往**	**翕张**-**张翕**	遐迩-迩遐	先后-后先

平上 上平　　　上平 平上　　　入平 平入　　　平上 上平　　　平上 上平

向背-背向　　　休戚-戚休　　　轩轾-轾轩　　　言行-行言　　　妍媸-媸妍
去去 去去　　　平入 入平　　　平去 去平　　　平平 平平　　　平平 平平

异同-同异　　　盈亏-亏盈　　　幽明-明幽　　　远近-近远　　　臧否-否臧
去平 平去　　　平平 平平　　　平平 平平　　　上上 上上　　　平上 上平

皂白-白皂　　　真伪-伪真　　　主次-次主
上入 入上　　　平去 去平　　　上去 去上

　　根据中古声调系统，在这 58 组同素异序词中，保留下来的形式不符合"平、上、去、入"排列规则的有 8 个，它们是："大小""晦明""胜负""始终""授受""往还""翕张"和"异同"。除去同声调的情况（19 个），合调序和不合调序的词语之比为 31：8。

　　按照现代声调系统，这 58 组同素异序词的声调排列状况如下：（不符合"阴、阳、上、去"排列顺序的加着重号）

标本-本标　　　表里-里表　　　宾主-主宾　　　长短-短长　　　迟早-早迟
阴上 上阴　　　上上 上上　　　阴上 上阴　　　阳上 上阳　　　阳上 上阳

出入-入出　　　雌雄-雄雌　　　大小-小大　　　得失-失得　　　东西-西东
阴去 去阴　　　阳阳 阳阳　　　去上 上去　　　阳阴 阴阳　　　阴阴 阴阴

多少-少多　　　方圆-圆方　　　寒暑-暑寒　　　寒暄-暄寒　　　黑白-白黑
阴上 上阴　　　阴阳 阳阴　　　阳上 上阳　　　阳阴 阴阳　　　阴阳 阳阴

呼吸-吸呼　　　缓急-急缓　　　晦明-明晦　　　晦朔-朔晦　　　来去-去来
阴阴 阴阴　　　上阳 阳上　　　去阳 阳去　　　去去 去去　　　阳去 去阳

离合-合离　　　买卖-卖买　　　矛盾-盾矛　　　卯榫-榫卯　　　男女-女男
阳阳 阳阳　　　上去 去上　　　阳去 阳去　　　上上 上上　　　阳上 上阳

内外–外内	乾坤–坤乾	亲疏–疏亲	轻重–重轻	日月–月日
去去 去去	阳阴 阳阴	阴阴 阴阴	阴去 去阴	去去 去去

上下–下上	深浅–浅深	升降–降升	生死–死生	胜负–负胜
去去 去去	阴上 上阴	阴去 去阴	阴上 上阴	去去 去去

始末–末始	始终–终始	授受–受授	舒卷–卷舒	损益–益损
上去 去上	上阴 阴上	去去 去去	阴上 上阴	上去 去上

吞吐–吐吞	往还–还往	翕张–张翕	遐迩–迩遐	先后–后先
阴上 上阴	上阳 阳上	阴阴 阴阴	阳上 上阳	阴去 去阴

向背–背向	休戚–戚休	轩轾–轾轩	言行–行言	妍媸–媸妍
去去 去去	阴阴 阴阴	阴去 去阴	阳阳 阳阳	阳阴 阴阳

异同–同异	盈亏–亏盈	幽明–明幽	远近–近远	臧否–否臧
去阳 阳去	阳阴 阴阳	阴阳 阳阴	上去 去上	阴上 上阴

皂白–白皂	真伪–伪真	主次–次主		
去阳 阳去	阴去 去阴	上去 去上		

根据现代声调系统，在这 58 组同素异序词中，保留下来的形式不符合"阴、阳、上、去"排列规则的有 11 个，它们是："大小""得失""寒暄""缓急""晦明""乾坤""始终""往还""妍媸""异同"和"皂白"。除去同声调的情况（17 个），合调序和不合调序的词语之比为30∶11。

综合以上调查，我们可以得出这样的结论：大部分同素异序词的语序选择都遵循调序原则。既不符合中古声调排序规则，又不符合现代声调排序规则的词语只有 5 个，它们是："大小""晦明""始终""往还"和"异同"。

接着，我们从意义的角度对这 5 个不合调序原则的词语进行分析和解释。根据张国宪（1992）的调查和总结，并列式复合词的语义构词原则大致有以下6种："1. 由尊及卑原则，2. 由长及幼原则，3. 由亲及疏原则，4. 由善及恶原则，5. 由先及后原则，6. 由大及小原则"。"大小"的语序排列符合"由大到小原则"。"晦明""始终"和"往还"的语序排列符合"由先及后原则"。"异同"的语序排列则是认知规律的反映。"异"体现的是事物之间的不同之处，是事物的区别性特征。和"同"相比，"异"更容易引起人们的关注，也更值得人们去关注。因此，人们从自身的认知经验出发，在语言使用中将"异"排列在"同"之前，以突出其重要性。

第二节　个案分析
——以"始终""终始"为例

"始"和"终"是一对反义词，它们在先秦文献中就已出现。"始"指"开始、开端"。例如：

（1）礼义之始，在于正容体，齐颜色，顺辞令。（《礼记·冠义》，1411）

（2）养生丧死无憾，王道之始也。（《孟子·梁惠王上》，55）

"终"指"结束、终点"。例如：

（3）靡不有初，鲜克有终。（《诗经·大雅·荡》，552下）

（4）岁终，则会其党政，帅其吏而致事。（《周礼·地官·党政》，876）

"始"和"终"经常相对成文。例如：

（5）子曰："事君慎始而敬终。"（《礼记·表记》，1315）

"始"和"终"还经常相连使用，其排列顺序主要有两种："始终"和"终始"。例如：

（6）生有所乎萌，死有所乎归，始终相反乎无端而莫知乎其所穷。（《庄子·田子方》，712）

（7）古之君子，举大事必慎其终始，而众安得不喻焉？（《礼记·文王世子》，579）

下面，笔者将从历时角度探讨"始终""终始"在汉语史各个阶段的使用情况，系统描绘其语法化过程，对比分析两者在使用中的兴衰消长，并从认知视角解释其发展演变的动因。

一　先秦时期的"始终"和"终始"

笔者选取《礼记》《左传》《庄子》《荀子》作为语料，对"始终""终始"的出现频率进行抽样调查。结果如下：

表 4-2　　　　　"始终""终始"在先秦典籍中的出现次数

	《礼记》	《左传》	《庄子》	《荀子》	合计
始终	0	0	1	0	1
终始	9	1	10	13	33

在我们所调查的典型文献中，"始终"仅出现 1 例，而"终始"共出现 33 例，前者的出现频率大大低于后者。下面，我们来具体分析两者在先秦时期的使用状况。

（一）始终

"始终"在先秦时期使用得非常少，构成成分之间无紧密联系，尚处于词组阶段。例如：

（1）生有所乎萌，死有所乎归，始终相反乎无端而莫知乎其所穷。（《庄子·田子方》，712）

晋郭象注："所谓迎之不见其首，随之不见其后。"唐成玄英疏："死生终始，反复往来，既无端绪，谁知穷极！故至人体达，任其变也。"此处的"始""终"与"生""死"相对应，分别表示生命的起点和终点。"始终"之间结构较为松散，还未凝固成词。

（二）终始

"终始"在先秦时期已经大量出现。其中，有一些"终始"是并列结构的词组。例如：

　　（2）物有本末，事有终始，知所先后，则近道矣。（《大学》，3）
　　（3）得其所一而同焉，则四支百体将为尘垢，而死生终始将为昼夜而莫之能滑，而况得丧祸福之所介乎！（《庄子·田子方》，714）
　　（4）故生而不说，死而不祸，知终始之不可故也。（《庄子·秋水》，568）

例（2）中的"终始"与"本末"相对成文，"终始""本末"均为反义并列式词组，可用"终和始""本和末"来替换，而语义不变。例（3）中的"终始"与"死生"相连用，"终"和"始"之间结构松散，尚未凝固成词。例（4）前言"生""死"，后言"终始"，"终"与"死"相对应，指生命的终点，"始"与"生"相对应，指生命的开端。"终始"在此处可译为"死和生"，是词组，而非词。

值得注意的是，在先秦文献中，有一部分"终始"已经逐渐出现了词汇化的倾向。例如：

　　（5）今亦以天下之显诸侯诚义乎志意，加义乎法则度量，著之以政事，案申重之以贵贱杀生，使袭然终始犹一也。（《荀子·王霸》，204）

因缺乏语境提示，我们对"终始"的理解变得模棱两可。"使袭然终始犹一也"，唐杨倞注："使相掩袭无间隙，终始如一也。""终始"既可理解为"终和始"，也可理解为"从始至终"。从句法结构上看，前一种理解是将"终始"视为句子的主语，"犹一"作句子的谓语，用以说明"终始"的情况或状态。而后一种理解则是将"终始"视为状语，修饰谓语"犹一"。考虑到词汇演变的一般规律，我们倾向于仍将例（5）中的"终始"解释为"终和始"，但此时的"终始"已经处在了从非词到词的过渡阶段。"终始犹一"是时间副词"终始"的来源。

如果说例（5）中的"终始"还处在从非词到词的过渡阶段。那么，以下例句中的"终始"则已经凝固成词。

（6）诚者，物之终始，不诚无物。是故君子诚之为贵。（《中庸》，34）

例（6）中的"终始"为偏义复合词。"诚者，物之终始"即"诚者，物之始"。"终始"偏指"始"。"始"有"根本"义。《国语·晋语二》："夫坚树在始，始不固本，终必槁落。"三国吴韦昭注："始，根本也。"《荀子·王制》："天地者，生之始也；礼义者，治之始也；君子者，礼义之始也。"唐杨倞注："始，犹本也。言礼义本于君子也。"因此，"诚者，物之终始"可翻译为"诚信是物的根本"。例（6）中的"终始"通过其中一个构成成分语义的失落完成了词汇化。

"终始"的词汇化还表现为构成成分间语义的融合，中间不能插入其他成分。例如：

（7）缘民臣之心，不可一日无君。缘终始之义，一年不二君，不可旷年无君。缘孝子之心，则三年不忍当也。（《公羊传·文公九年》，169下）

例（7）中的"终始"不能简单地理解为"终和始"。"终始之义"强调的是要"有始有终""慎始慎终"，因此后文才会说"一年不二君，不可旷年无君"。"终始"从具体的"结尾和开端"抽象为了一种道德规范、行事准则。

综上，先秦时期"始"与"终"连用有两种排序方式："始终"和"终始"。"始终"的使用频率低于"终始"。在此时期，"始终"尚未凝固成词，是反义并列式词组。而"终始"则已逐步词汇化，主要有两个义项：①偏指"始"；②指"有始有终""慎始慎终"的道德规范和行事准则。

二　两汉时期的"始终"和"终始"

笔者选取《史记》《汉书》《论衡》《淮南子》和《汉纪》作为语料，

对"始终""终始"在两汉时期的使用情况进行抽样统计。结果如下：

表4-3　　　　　　　　"始终""终始"在两汉文献中的出现次数

	《史记》	《汉书》	《论衡》	《淮南子》	《汉纪》	合计
始终	2	1	0	1	2	6
终始	21	36	5	21	5	88

从上表可知，在两汉时期，"始终"的使用频率仍然非常低，"终始"仍旧占有绝对优势。

（一）始终

虽然"始终"在两汉时期的使用频率远低于"终始"，但和它在先秦时期的使用情况相比，出现的频率已经有所上升。例如：

（1）故先王见始终之变，知存亡之机，是以牧民之道，务在安之而已。（《史记·秦始皇本纪》，284）

（2）别其分部左右上下阴阳所在，病之始终，愿闻其道。（《素问·皮部论》，105上）

此时期的"始终"仍处在词组阶段。例（1）中，"始终"与"存亡"相对成文，结构一致，均为反义并列式词组。例（2），从上下文可推知"病之始终"指的是"病的开始和结束"，"始终"为词组。

（二）终始

在两汉时期，反义复合词"终始"的语义有了进一步的发展，产生了一些新义。先秦时期，表偏义的"终始"主要偏指"始"。这一用法在两汉得以延续。例如：

（3）虽无攻之，名为弑君。然而好事之君，喜攻之臣，发号用兵，未尝不以周为终始。是何也？见祭器在焉，欲器之至而忘弑君之乱。（《史记·楚世家》，1734）

（4）莽使太医、尚方与巧屠共刳剥之，量度五藏，以竹筳导其脉，知所终始，云可以治病。（《汉书·王莽传中》，4145）

例（3）中谈到虽然攻打周王朝会背上弑君的罪名，但为了夺得祭器，"好事之君""喜攻之臣"往往以攻打周王朝为其根本。"未尝不以周为终始"即"未尝不以周为始"，"始"为"根本、出发点"之义。例（4）"知所终始，云可以治病"，唐颜师古注："以知血脉之原，则尽攻疗之道也。""终始"指的是"血脉之原"，"终"不表义，偏指"始"。

先秦时期尚处于过渡阶段的表"从始至终"的"终始"在汉代得以凝固成词。例如：

（5）以善劝上，悉施于民，终始无懈。（东汉支曜译《成具光明定意经》，15/457/a）

（6）夫季子耻吴之乱，吴欲共立以为主，终不肯受，去之延陵，终身不还，廉让之行，终始若一。（《论衡·书虚》，168）

"终始无懈"义即"从始至终毫不懈怠"。"廉让之行，终始若一"义即"清廉逊让的行为从始至终都一样"。

除了原有意义的进一步发展和稳固之外，"终始"还萌生了新的意义和用法。它可以作专有名词，指代论述"终而复始"规律的书籍。例如：

（7）驺衍睹有国者益淫侈，不能尚德，若《大雅》整之于身，施及黎庶矣。及深观阴阳消息而作怪迂之变，《终始》《大圣》之篇十余万言。（《史记·孟子荀卿列传》，2344）

（8）余读谍记，黄帝以来皆有年数。稽其历谱谍终始五德之传，古文咸不同，乖异。（《史记·三代世表》，488）

例（7）、例（8）中的"终始"虽然是专有名词，但究其命名之由，它表示的是"终而复始"的意思。例（8）"稽其历谱谍终始五德之传"，唐司马贞《史记索隐》："谓帝王更王，以金木水火土之五德传次相承，终而复始，故云终始五德之传也。"

此外，"终始"还从"事情的终点和开端"推导出了"首尾经过、原委、底细"的意义。例如：

（9）然窃恨足下不深惟其终始，而猥随俗之毁誉也。（《汉书·
杨敞传》，2894）

（10）皆引为政之一方，未究治体之终始，圣人之大德也。（《汉
纪·元帝纪下》，407）

例（9）"惟其终始"，唐颜师古注："惟，思也。""惟其终始"即
"思其终始"，意思是"思索它的首尾经过"。例（10）中的"究治"为
"追究处理"义，"究治体之终始"义即"追究体的原委"。

综上，两汉时期"始终"仍未词汇化，"终始"的语义有了进一步的
拓展。主要表现为：①表"从始至终"的"终始"已凝固成词；②"终
始"可以作专有名词，指代论述"终而复始"规律的书籍；③"终始"
萌生出了"首尾经过、原委、底细"的意义。

三　魏晋南北朝时期的"始终"和"终始"

笔者选取《全三国文》《六度集经》《全晋文》《大智度论》《宋书》
《南齐书》和《魏书》作为语料，对"始终""终始"在魏晋南北朝时期
的使用情况做抽样调查。结果如下：

表4-4　　　　　　　　　"始终""终始"在魏晋文献中的出现次数

	《全三国文》	《六度集经》	《全晋文》	《大智度论》	合计
始终	5	0①	21	4	30
终始	22	7	39	5	73

"始终""终始"在南北朝文献中的出现次数统计

	《宋书》	《南齐书》	《魏书》	合计
始终	12	3	8	23
终始	9	5	15	29

---

① 《六度集经》有1例："自今日始终命，奉佛五戒，为清信士，敢履众恶。"（卷七，3/
42/c）该句中，"始"和"终"虽然相连，却分属不同的句法层面。"自今日始终命"的断句应
为"自今日始｜终命"，故将此例排除。

由上表可知，魏晋时期"终始"的使用频率仍高于"始终"。不过，两者之间的差距正在慢慢缩小。根据《全晋文》《大智度论》的统计数据，我们推知两晋时期是"始终"迅速发展的重要阶段。到了南北朝，"始终"和"终始"出现了相互竞争的状态，两者的使用频率基本持平。

（一）始终

受"终始"的类化影响，"始终"在魏晋南北朝时期终于实现了从非词到词的转变。成词后的"始终"主要有以下几个义项：

1. 有始有终，常用来指代臣子对君王的始终辅佐。例如：

　　（1）臣诚小人，不能始终，知而为之，敢谓非罪！（《全三国文》卷六一孟达《辞先主表》，1384下）

　　（2）君臣始终之义，在三忘躯之诚，戮力同之，以建晋郑之美。（《全晋文》卷一五二王永《宣檄州郡》，2339下）

2. 从始至终。例如：

　　（3）详观之遗烈，书于记传者，或毁发肤之体，以绝求者之望，或自经沟中，苟全不夺之志，虽操存而身亡，行立而形亏，寡能兼全其道始终若斯者也。（《全晋文》卷一四〇湛方生《上贞女解》，2269上）

　　（4）前废帝凶暴无道，殿省旧人，多见罪黜，唯爱巧于将迎，始终无迕。（《宋书·恩幸·徐爰传》，2310）

3. 表偏义，偏指"终"。例如：

　　（5）先生从此去矣，天下莫知其所终极。盖陵天地而与浮明遨游，无始终自然之至真也。（《全三国文》卷四六阮籍《大人先生传》，1318上）

　　（6）王夷甫，先朝风流士也，然吾薄其立名非真，而始终莫取。（《全晋文》卷三七庾翼《贻殷浩书》，1676上）

　　（7）若允天听，垂之史笔，则幽显荷荣，始终无恨。（《宋书·

氐胡·胡大且渠蒙逊传》，2416)

(8) 始终大期，贤圣不免，吾行年六十，亦复何恨。但皇业艰难，万机事重，不能无遗虑耳。(《南齐书·武帝纪》，61)

例 (5) 前言 "天下莫知其所终极"，后言 "陵天地而与浮明遨游无始终"，"终极" 与 "始终" 相照应。由此可知，"始终" 偏指 "终"，表示 "终点、尽头" 之义。例 (6) "始终莫取" 即 "终莫取"，"终" 相当于 "终究，到底"。例 (7) "始终无恨" 的意思是 "终究没有遗憾"，"始终" 为偏义复合词，"始" 不表义。例 (8) "始终" 与 "大期" 连言，均指 "死亡"。"始终" 义即 "终"，表示 "终没、死亡"。

4. 原委、首尾经过。例如：

(9) 考其潜跃始终，事情缠绵，实大晋之俊辅，义笃于曩臣矣。(《全晋文》卷二七王献之《上疏议谢安赠礼》，1613 上)

(10) 且贤圣抑引，皆是究其始终，定其才行。故虽事有惊俗，而理必获申。(《宋书·郑鲜之传》，1694)

(11) 景曜进代父答，申叙萧鸾篡袭始终，辞理横出，言非而辩，高祖异焉。(《魏书·田益宗传》，1375)

在以上例句中，"始终" 分别充当 "考" "究" "申叙" 等动词的宾语，表示 "原委" 之义。

(二) 终始

魏晋南北朝时期，"终始" 产生于前代的各个义项被广泛使用。聊举数例以资参考：

(12) 大夫投危，济吾重命，恩喻二仪，终始弗忘，愿为奴使，供给所乏。(吴康僧会译《六度集经》卷六，3/33/a)

(13) 余览扬雄《酒赋》，辞甚瑰玮，颇戏而不雅，聊作《酒赋》，粗究其终始。(《全三国文》卷一四曹植《酒赋》，1128 下)

(14) 三者不去，患祸将生，但能慎此，足以全身远害，光国荣家，终始之德成矣。(《魏书·景穆十二王下·南安王桢传》，494)

例（12），"终始"指"从始至终"。例（13），"终始"指"原委、首尾经过"。例（14），"终始"指"有始有终"。

除此以外，由于"终"可以用来隐喻"人的死亡"，"始"可以用来隐喻"人的诞生"，"终始"衍生出了"一生、平生"的意义。例如：

（15）子建自出为藩牧，董司山南，居脂膏之中，遇天下多事，正身洁己，不以财利经怀。及归京师，家人衣食常不周赡，清素之迹，著于终始。（《魏书·自序》，2323）

综上，魏晋南北朝时期是"始终""终始"此消彼长的重要阶段。"始终"的迅速发展使得两者的使用频率渐趋平衡。"始终"在此时期完成了词汇化，形成了以下几个义项：①有始有终，常用来指代臣子对君王的始终辅佐；②从始至终；③表偏义；④原委、首尾经过。"终始"延续了前代的意义，并通过隐喻产生了"一生、平生"的意义。

四　唐宋时期的"始终"和"终始"

笔者选取《全唐诗》《敦煌变文集新书》《祖堂集》《朱子语类》《全宋词》《景德传灯录》和《碧岩录》作为语料，调查"始终""终始"在从唐到宋这段时间内的使用情况。结果如下：

表 4-5　　　"始终""终始"在唐五代时期文献中的出现次数

	《全唐诗》	《敦煌变文集新书》	《祖堂集》	合计
始终	19	4	27	50
终始	49	5	28	82

表 4-6　　　"始终""终始"在宋代文献中的出现次数

	《朱子语类》	《全宋词》	《景德传灯录》	《碧岩录》	合计
始终	52	3	12	8	75
终始	95	8	1	3	107

根据表中的统计数据可知，"始终"和"终始"在唐宋时期仍处于相互竞争的状态，"终始"略占优势。唐宋时期，我们将关注点主要放在

"始终"之上，重点研究它在这一时期的发展和演变情况。这一时期里，"始终"的时间副词用法开始逐步拓展，其使用频率也越来越高。作副词的"始终"一般出现在动词之前，表示动作行为从始至终保持不变。最初，它只能用于已然句中，表示某一动作状态在过去一段时间内的持续不变。例如：

（1）古者礼学是专门名家，始终理会此事，故学者有所传授，终身守而行之。(《朱子语类》卷八四，2184)

后来，副词"始终"的使用范围逐渐拓展，不再限于表示已然状态，也可用来强调时间的持续。例如：

（2）能保此十戒，始终无亏，则天道佑之，神明辅之，欲求凶横，不可得也。(《云笈七签》卷四〇《初真十戒》，879)
（3）师谓曰："其中事即易道，不落其中事，始终难道。"(《景德传灯录》卷一五，51/318/a)

"始终"能用在否定句中，位置居于否定词之前。例如：

（4）曰："恁么即始终不离于幻也？"师曰："觅幻相不可得。"(《景德传灯录》卷一七，51/336/a)

"始终"能和其他副词连用，共同修饰句子的谓语。例如：

（5）它当初本只是要讨官职做，始终只是这心。(《朱子语类》卷一三七，3260)
（6）穴云："始终只教某甲一向作主。"(《碧岩录》卷四，48/176/b)

在以上例句中，时间副词"始终"和范围副词"只"连用，时间副词居于范围副词之前。

此外，"始终"还可用来喻指人的"一生、平生"。例如：

（7）惜哉汉文，虽以策求士，迨我明天子，然后能以策济人，则臣始终之愿毕矣。（《全唐文》卷六五二元稹《对才识兼茂明于体用策》，6625上）

综上，唐宋时期"始终"和"终始"仍处于相互竞争状态。"始终"的副词用法在唐宋时期有了进一步的拓展。"始终"还产生了"一生、平生"的意义。

五　明清时期的"始终"和"终始"

笔者选取《三国演义》《水浒全传》、"三言二拍"、《阅微草堂笔记》《儿女英雄传》《红楼梦》和《二十年目睹之怪现状》作为语料，调查"始终""终始"在明清时期的使用情况。结果如下：

表4-7　　　　　"始终""终始"在明代文献中的出现次数

	《三国演义》	《水浒全传》	"三言二拍"	合计
始终	3	3	15	21
终始	1	1	5	7

表4-8　　　　　"始终""终始"在清代文献中的出现次数

	《阅微草堂笔记》	《儿女英雄传》	《红楼梦》	《二十年目睹之怪现状》	合计
始终	9	17	2	19	47
终始	1	0	0	0	1

从抽样统计的数据可知，明清时期"始终"的使用频率渐渐超过了"终始"，经过长期竞争"始终"最终取得了优势地位。"终始"的使用领地逐渐被"始终"所吞噬，以至于清后期的文献中已很难见到"终始"的影子。在这一部分中，我们主要讨论"始终"的副词用法。

（一）"始终"的语义特征

"始终"作副词主要有以下几个义项：①时间副词，从始至终，表示在某一时间段内动作或状态的持续不变；②时间副词，到底、终于，表示经过较长过程最后出现某种结果；③语气副词，强调原因，相当于"毕竟"；④语气副词，常用于祈使句中，强调主观意愿，相当于"一定"。我们分别用"始终$_1$""始终$_2$""始终$_3$""始终$_4$"来表示这四个义项。

1. 始终$_1$：从始至终。

（1）沈灿若始终心下不快，草草完事。（《拍案惊奇》卷一六，265）

（2）如今真人面前讲不得假话，我在店里听了姑娘你那番话，始终半信半疑。（《儿女英雄传》八回，127）

"始终$_1$"表示在某一时间段内动作或状态的持续不变，这与转喻机制有关。"始"和"终"本指时间的起点和终点，"始终$_1$"则强调从起点到终点的整个过程，用事件的起止时间来指代整个时间段，是以部分代整体的转喻过程。

"始终$_1$"一般用在已然句中，是对既定事实的客观陈述。但在特定的语用环境下，它也能用于未然句。例如：

（3）妇人道："妾愿始终随君，未识许否？"（《警世通言》卷三四，517）

（4）倘蒙伯父始终成全，我何玉凤纵然今世不能报你的恩情，来世定来作你的儿女！（《儿女英雄传》二三回，410）

从以上例句可知，"始终$_1$"主要出现在表意愿或表假设的未然句中。"始终$_1$"能和动态助词"着"共现。例如：

（5）但骥东的娶英女玛德，始终瞒着法国夫人。（《孽海花》三一回，314）

（6）话虽如此说，假如果然始终顺着他的性儿，说到那里应到那里，那就只好由着他当姑子去罢！（《儿女英雄传》二三回，402）

"始终₁"能和"着"共现是因为两者在语义上有共通之处。"始终₁"表示一段时间内动作或状态的持续，而"着"则表示某种动作或状态在继续进行或持续存在，两者均与持续体相关，所以能够共现。

"始终₁"与动态助词"过"的共现具有不对称性，它们只能在否定句中共现，而不能在肯定句中共现。例如：

（7）不但提来的人，他一个不审，一个不问；就是调来的案卷，他老人家始终没有瞧过一个字，只吩咐交给司员们看。（《官场现形记》一八回，290）

在文献检索的过程中，我们没有发现"始终₁"和动态助词"了"共现的例子。从语义上分析，"始终₁"也不太可能与"了"同时使用。因为"了"往往强调动作的终点，与"始终₁"的语义不能兼容。

2. 始终₂：到底、终于。

（8）百千伎俩终归正，八九元功自异常。两国始终成好合，认由月老定鸾凰。（《封神演义》五五回，402）

（9）早知这东西始终还是我的，何须性急！（《警世通言》卷三一，474）

"始终₂"的"到底、终于"义来自于构词语素"终"，"始"的语义特征已经完全脱落。例（8）中，"百千伎俩终归正"的"终"与"两国始终成好合"的"始终"相对成文，意义相同，这充分说明了"始终₂"的语义倾向。

"始终₂"表示经过较长过程后出现某种结果，主要用于已然句。但在对某一未然情况进行假设时，它也可以出现。例如：

（10）倘或说骗盘缠到手，又去还脂粉钱，父亲知道，将好意翻成恶意，始终只是一怪，不如辞了干净。（《警世通言》卷三二，488）

"始终$_2$" 能和动态助词 "了" 共现。例如：

(11) 始终还是在夹峰山住了一夜。（《小五义》一〇八回，692）

(12) 后来又被折奏师爷钉不过，始终委了他一个略次一点的差事，也拿到他一万多银子，才把这事过去。（《官场现形记》三七回，639）

3. 始终$_3$：强调原因，相当于 "毕竟"。

(13) 看官听说：世上只有一夫一妻，一竹竿到底的，始终有些正气，自不甘学那小家腔派。（《拍案惊奇》卷二〇，340）

(14) 盘龙三太子虽是有些武艺，有些胆略，到底是一不敌两，心上始终有些惧怯。杀来杀去，不觉的闪了一个空。（《三宝太监西洋记通俗演义》六四回，824）

(15) 展爷连忙扶住道："五弟，且看愚兄薄面。此事始终皆由展昭而起，五弟如有责备，你就责备展昭就是了。"（《七侠五义》五七回，374）

例（13），"始终有些正气" 是 "自不甘学那小家腔派" 的原因。例（14），"心上始终有些惧怯" 是 "不觉的闪了一个空" 的原因。例（15），"此事始终皆由展昭而起" 是 "五弟如有责备，你就责备展昭就是了" 的原因。此三例均为原因句在前，结果句在后，"始终$_3$" 出现在原因句中，起强调原因焦点的作用。

也有结果句在前，原因句在后的情况。例如：

(16) 万中书丢了这边，便向武正字、迟衡山道："二位先生高才久屈，将来定是大器晚成的。就是小弟这就职的事，原算不得，始终还要从科甲出身。"（《儒林外史》四九回，562）

(17) 爵兴回眼一看，果然见杨福手里拿着一枝令箭，心中暗想道："今番要死了！怎么动起令箭来？但不知是抚院那里始终瞒不紧

呢？还是天来又到督署去上控呢？"（《九命奇冤》二六回，131）

例（16）"小弟这就职的事，原算不得"是由"始终还要从科甲出身"推导出来的结果，属于结果句在前，原因句在后。例（17）"动起令箭来"是结果，而导致这一结果的原因可能是"抚院那里始终瞒不紧"，也可能是"天来又到督署去上控"。"始终"有强调原因焦点的作用，当几个原因并存时，"始终"所在的那个原因句往往是说话人主观上更倾向的原因。

4. 始终₄：语气副词，一定。

（18）今同乳母前来扫墓，不幸忽遇强梁。尚求恩人始终垂救，倘脱虎口，没世难忘！（《镜花缘》二八回，198）

（19）（末）不干我事，那马瑶草知你拒绝田仰，动了大怒，差一班恶仆登门强娶。下官怕你受气，特为护你而来。（小旦）这等多谢了，还求老爷始终救解。（《桃花扇》二二出，150）

以上例句中的"始终"相当于"一定"，表达强烈的祈使语气。

按照语法化程度的高低，我们可将副词"始终"的四个义项作如下排列：

"始终₁"＜"始终₂"＜"始终₃"＜"始终₄"

从"始终₁"到"始终₄"语法化程度逐渐加深。

（二）"始终"的使用环境

1. "始终"的句法位置

副词"始终"在句中的位序比较灵活，既可位于主语之前，也可位于主语之后。相较而言，位于主语之后的情况更为多见。例如：

（20）后来呈虽递准，这贼始终不曾拿住。（《醒世姻缘传》六五回，930）

（21）他却始终说是没有法子。（《二十年目睹之怪现状》三〇回，258）

"始终"位于主语之前时，它的辖域是整个句子，具有一定的篇章衔接功能。例如：

（22）后来那些人拉你入局，他也只装不知，始终他也不来入局，等你把钱都输光了，他却去按股分赃。（《二十年目睹之怪现状》二一回，175）

（23）内中只有首府来的时候，黄知府同他极其客气。无奈做此官，行此礼，凭你是谁，总跳不过这个理去。始终那首府按照见上司的规矩见的他。（《官场现形记》三回，39）

（24）那班打麻雀牌的人也不打了，一齐拿眼睛盯住他俩，听他说些什么。始终随凤占熬了半天，熬不住了，把前任预支年礼的话，原原本本述了一遍。（《官场现形记》四四回，751）

例（22），"始终"句的话题和前文相同，都是"他"。"始终"居于句首，具有强调话题的作用。例（23）、例（24），"始终"句的话题都和前文不同。例（23），前文的话题是"黄知府"，而"始终"句的话题则是"首府"。例（24），前文的话题是"那班打麻雀牌的人"，而"始终"句的话题则是"随凤"。"始终"居于句首，起转换话题的作用。

2. "始终"与否定词的共现

副词"始终"常出现在否定句中。笔者选取四部清代小说《儿女英雄传》《小五义》《二十年目睹之怪现状》和《官场现形记》作为语料，对"始终"出现在肯定句和否定句中的次数进行统计。结果如下：

表 4-9　　　　　　　"始终"在肯定句和否定句中的出现次数

	出现在肯定句中	出现在否定句中
《儿女英雄传》	4	13
《小五义》	1①	12

① 《小五义》中有两例"始终"看似处于状语位置，但其实是主语，"始终"是词组而非词。引例如下："过往神祇在上，弟子钟雄与北侠、智化结义为友，有官同作，有马同乘，祸福共之，始终如一，义同生死。"（二七回，159）"过往神祇在上，弟子卢珍与展国栋结义为友，从此往后，有官同作，有马同乘，祸福共之，始终如一。"（六二回，381）

续表

	出现在肯定句中	出现在否定句中
《二十年目睹之怪现状》	6	13
《官场现形记》	6	25
合计	17	63

　　根据数据统计，"始终"出现在否定语境中的频率远远高于其出现在肯定语境中的频率。沈家煊（1999：108—109）在研究现代汉语极性词的肯定和否定问题时得出了相似的结论："汉语中有一些表极大量的副词，如'从来，老，总，始终'，用在否定句中很自由，用在肯定句中反而受限制。"由此可见，"始终"与否定词的高频共现一直从古代延续到了现代。

　　能和"始终"共现的否定词主要有以下几组：

不/不曾：

　　（25）然而他到底是个忠厚人，始终不涉于邪，并好像不知那咸水妹是女人似的。（《二十年目睹之怪现状》五七回，525）

　　（26）这鸦片烟我也知道是要禁的，然而你看他拜折子也说禁烟，出告示也说禁烟，下札子也说禁烟，却始终不曾说出禁烟的办法来。（《二十年目睹之怪现状》二一回，177）

未/未曾：

　　（27）自从胡统领到严州，一直等到回省，始终未见一面。（《官场现形记》一八回，284）

　　（28）但是看他童妃一案，始终未曾当面，又令人不能不生疑心。（《二十年目睹之怪现状》九七回，923）

没/没有：

　　（29）我听一句，答应一句，始终没说话。（《二十年目睹之怪现

状》二三回，193)

（30）后来老太爷会试多次，始终没有会上，在家里教教馆，遂以举人而终。(《官场现形记》一九回，302)

无/无有：

（31）然始终无一语，问亦不答，惟含笑流盼而已。(《阅微草堂笔记》卷一，19)

（32）过了好几天，胜爷仍不见三太等回来，老头子可就着急了，遂遣人四外打探，始终无有下落。(《三侠剑》二回，375)

莫：

（33）一处处弄得天怒人怨，在他自己始终亦莫明其所以然。(《官场现形记》四二回，709)

3. "始终"与"是"的共现

（34）你想他那里译书，始终是这一个人，难道这个人就能晓尽了天文、地理、机器、算学、声光、电化各门么？(《二十年目睹之怪现状》三〇回，263)

（35）他若不照例好好的办，我便到京里上控，方见得我始终是为公事。(《二十年目睹之怪现状》四七回，427)

（36）（湘莲）说道："你这人始终是拖泥带水，倒还要落发受戒去当苦行和尚，不要叫我羞你啦!"(《红楼真梦》二回，14)

例（34）中的"始终是"既有判断的作用，又有强调的功能。"是"用作系动词，表判断，"始终"起强化判断的作用。例（35）、例（36）中，"是"充当焦点标记词，"始终"起凸显强调语义焦点的作用。去掉"始终是"，句子的意义不会有太大变化，但其语义焦点却会变得模糊不清。"始终"能和用于判断整个命题或充当焦点标记的"是"共现，说明两者之间存在语义上的兼容性。

综上，明清时期"始终"最终战胜了"终始"，取得了使用上的绝对优势。在这一时期里，"始终"的副词用法得到了充分的发展和完善。根据语义特征，可细分出四个义项：①时间副词，从始至终，表示在某一时间段内动作或状态的持续不变；②时间副词，到底、终于，表示经过较长过程最后出现某种结果；③语气副词，强调原因，相当于"毕竟"；④语气副词，常用于祈使句中，强调主观意愿，相当于"一定"。其语法化程度呈依次递增的状态。此时的"始终"在句中的位序比较灵活，既可位于主语之前，也可位于主语之后。它常常出现在否定句中，并且能和"是"共现。

六　现代汉语中的"始终"和"终始"

在现代汉语中，"终始"的使用频率非常低。笔者使用北大现代汉语语料库进行检索，在约 1.15 亿字的语料中，只找到 20 条①"终始"的例子，除去引用古文和用作专有名词的《终始》以外，可被视为现代汉语语料的"终始"仅 9 例。例如：

（1）前无古人，后无来者；所言止此："为主为奴相终始！"（《冰心文集》卷二《春水·信誓》，161）

（2）至于蔚然处，亦望露沙随时开导，云诚不愿陷人滋深，且愿终始以友谊相重，其他问题都非所愿闻，否则只得从此休矣！（庐隐《海滨故人》，129）

（3）水的温冷惟得尝者自知，而自知又是最不可靠的，于是恋和欺诳遂终始同在着。（《俞平伯散文选集·析"爱"》，38）

笔者认为，以上例句中的"终始"是文言语体或作家个人言语风格的反映，不能代表语言使用的普遍情况。查阅《现代汉语词典》（第5版）、《现代汉语大词典》、《现代汉语方言大词典》以及《汉语方言大词

---

① 检索结果为 21 条，但其中有一条"终"和"始"虽然相连，却不在同一句法层面上。邓贤《大国之魂》："松山之战不应以占领山头为目的，而必须将敌人堡垒逐个予以摧毁，消灭其有生力量，最终始能大功告成。"

典》，均未找到对"终始"的记录和解释。由此可见，在普通话和绝大部分方言中，"终始"已经消失。

与"终始"的趋于消亡相比，"始终"则显得相当活跃。《现代汉语词典》（第5版）"始终"条有两个义项：①名 指从开始到最后的整个过程：贯彻始终。②副 表示从头到尾；一直：始终不懈｜始终不赞成他的看法。笔者认为，"贯彻始终"的"始终"可以视为词组，因为"始"和"终"之间结构并不紧密，可插入"和"而语义不变。"贯彻"有"贯通"义，"贯彻始终"可理解为"贯通始和终"。因此，"始终"的第一个义项还有待斟酌。《现代汉语大词典》"始终"条列出两个义项：①从始至终，一直。②毕竟，终究。第一义项是对古汉语中"始终"的时间副词用法的继承，而第二个义项则是对古汉语中"始终"的语气副词用法的继承。《汉语方言大词典》"始终"条列出一个义项：<副>终于。粤语。《现代汉语方言大词典》"始终"条列出一个义项：从开始到最后：我们说了半天，他始终没有开口（扬州）‖口话_{虽说}是亲戚，始终都不来往（南昌）。从词典释义来看，"始终"在汉语普通话和方言中都主要用作副词。笔者检索北大现代汉语语料库，得到的结论与之一致。

在现代汉语中，副词"始终"的句法位置比较灵活，既可在主语之前，也可在主语之后。例如：

（4）其实他早已明白我的意思，始终他就没留心听我的话。（《老舍文集》卷八《歪毛儿》，76）

（5）因为始终我就没有一个仇人值得去打一枪。（《沈从文作品精选·虎雏》，124）

（6）可是南京却好歹的有个"政府"，而北平则始终是华北日军司令的附属物。（《老舍文集》卷五《四世同堂》四五，152）

（7）她俩始终很理智很平静，各自做着些具体要做的事。[《中国当代作家选集（方方）·桃花灿烂》，337]

例（4）、例（5）中的"始终"在主语之前，而例（6）、例（7）中的"始终"则在主语之后。

副词"始终"能出现在同语式的句子中。"主语、表语同一词语，构成压缩性的判断句，叫做同语式。"（张弓，1963：169）我们可将带有"始终"的同语式描述为"X_1+始终+是+X_2"。例如：

（8）只有女子，惟独女子，是始终纯洁，始终是女子，始终奋斗：总觉得天生下来的脸不好，而必擦些白粉。（《老舍文集》卷七《猫城记》，377）

（9）"交男朋友，你说，等不等于拍拖？"

"怎会呢？朋友，始终是朋友。"（岑凯伦《蜜糖儿》一，29）

（10）"他们好像不大相信，因为，你也有好些'蝴蝶'！"

"'蝴蝶'始终是'蝴蝶'，普通男朋友，除非他们不介意。"（岑凯伦《蜜糖儿》二，74）

以上例句中的"始终"为时间副词，强调"从头到尾持续不变"。吕叔湘（1999：496）在讨论"始终"的这一用法时指出，"用'始终'的句子一般都可换用'一直'"。我们对例（8）、例（9）、例（10）作如下替换，前后语义能基本保持一致。

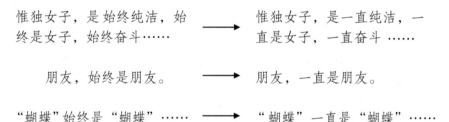

惟独女子，是始终纯洁，始终是女子，始终奋斗……　——→　惟独女子，是一直纯洁，一直是女子，一直奋斗……

朋友，始终是朋友。　——→　朋友，一直是朋友。

"蝴蝶"始终是"蝴蝶"……　——→　"蝴蝶"一直是"蝴蝶"……

张弓（1963：169）认为，同语式的"主语、表语辞面虽然相同，而意义实在不一样。表语的含义实际比主语更复杂些，能引起听众读者的深刻思考，耐人寻味"。笔者认为在"始终"为时间副词的"X_1+始终+是+X_2"同语式中，X_1和X_2的意义应该是完全相同的，因为"始终"表示的是某一事物或状态在一段较长时间内的持续不变，"X_1+始终+是+X_2"实际上就是"X+始终+是+X"，X_1和X_2之间没有任何区别。

而在"始终"为语气副词的"X_1+始终+是+X_2"同语式中，X_1和X_2的关系则和张弓所说的一致。此时，"X_1表示的只是一种指称意义，而X_2

才具有 X 这个事物的理性意义，而且这种理性意义不是对 X 全面的解释，而是带有强烈的主观评价色彩"（王振昆等，1983：139—147）。

　　（11）在外国，谁当选了总统，谁当选了州长，再留意，也不大有息息相关的感觉，异乡人始终是异乡人。人家的国家再美好，我也有在街外隔着窗户看人家的圣诞树的感觉，不是不欣赏，而是明知那不是我的树，我始终是个站在窗外的人。（林燕妮《死在昨日》一辑《我们的家》，31）

　　（12）可惜，女人始终是女人，虽然痛苦又内疚，却会永远悄悄记着弃她的情人，因为说什么也好，他曾是她单调生活中的台风。（林燕妮《男痴女迷》七辑《禁果》，200）

　　（13）自古成功，全在一个做字，空谈始终是空谈，可惜太多人谈得多了便当自己是专家，根本没有做过，做起来可能根本不懂。（林燕妮《男痴女迷》九辑《"拖"字累人》，265）

　　以上例句中的"始终"为语气副词，可用功能相近的"毕竟"替换而整个句子的意义不变。

在外国，谁当选了总统，谁当选了州长，再留意，也不大有息息相关的感觉，异乡人始终是异乡人。	在外国，谁当选了总统，谁当选了州长，再留意，也不大有息息相关的感觉，异乡人毕竟是异乡人。
可惜，女人始终是女人……	可惜，女人毕竟是女人……
自古成功，全在一个做字，空谈始终是空谈……	自古成功，全在一个做字，空谈毕竟是空谈……

　　在"始终"为语气副词的例（11）、例（12）、例（13）中，X_1 和 X_2 不是同指关系。X_1 指称客观的事物或动作，而 X_2 则侧重于强调该事物或动作在某一方面的本质特征。例（11）中的 X_2 指的是作为异乡人的隔阂感、距离感。例（12）中的 X_2 指的是女人对感情执迷、不忘旧情的特质。

例（13）中的 X_2 指的是空谈的不切实际的本质。这种同语式往往出现在原因句中，带有强烈的主观评判色彩。

综上，在现代汉语中"始终"主要用作副词，可居于主语之前，也可居于主语之后。在"始终"为时间副词的"X_1+始终+是+X_2"同式句中，X_1 等于 X_2。而在"始终"为语气副词的"X_1+始终+是+X_2"同语式中，X_1 指称客观的事物或动作，X_2 则侧重于强调该事物或动作在某一方面的本质特征，带有强烈的主观评判意味。

七 "始终""终始"的语义演变机制及兴替原因

"始终""终始"是一对同素异序词。它们的构成语素相同，语义来源一致，影响其成词及演变的内在机制也是共同的。为避免重复，笔者选择"始终"作为代表来讨论其演变机制和认知动因。

"始"和"终"分别居于时间轴的两端，通过转喻，可转指整个时间过程。

始   终   始终
- - - - - - - - - - - - - - - -   ——————————
（Ⅰ）   （Ⅱ）

图4-1 "始""终"与"始终"的转喻关系

转喻是认知的基本特征之一。人们常常采用某一事物易理解或易领悟的方面，来表示该事物的整体或该事物的其他部分或方面。就"始终"而言，它属于概念转喻中的"以部分代整体"。"始"和"终"是时间段的两个顶点，通过它们可以将此时间段与彼时间段分隔开来。从这个意义上看，它们是时间段最显著的标记。用"始终"来指代整个时间过程符合心理学完形知觉理论的突显原则，即人们的注意力更容易观察和记忆事物比较突显的方面。

接着，我们来谈"始终""终始"之间发生兴替的原因。从调序上看，"终始"符合"平、上、去、入"的排序规则。从先秦汉民族的文化心理来看，"始"和"终"虽然都是时间段的临界点，但"终"的地位却比"始"更重要。《诗经·大雅·荡》曰："靡不有初，鲜克有终。"开始很容易，要坚持到底，善始善终则很难。从这个意义上说，"终"比"始"更为重要，也更为凸显。再加上汉族先民有"善终者如始"（《礼记·祭统》，1242）的观念，当语言使用中出现"始"和"终"相连的情况时，古人往往会倾向于选择"终始"这种"终"在前"始"在后的排列顺序。调序原则和文化因素决定了先秦时期人们对"始"和"终"排列位置的选择。但是，因为"始终"这一排序方式符合时间流程的自然顺序，所以，虽然它在上古阶段一度处于劣势，却一直没有被"终始"排挤掉。白话文献兴起后，人们意识中的时间顺序原则开始逐步战胜调序原则和文化因素的影响，"始终"渐渐发展壮大，到明清时期最终战胜"终始"取得了绝对的优势。而现代汉语则已基本不再使用"终始"。

第五章　反义复合词形成演变的认知动因

认知语言学家指出，"因为语言是人的智能活动之一，是认知过程的产物，是人类认知能力的体现，研究语言必须要探讨语言与认知的关系，观察语言结构的认知特点和认知结构，从而揭示语言的本质"（赵艳芳，2001：8）。在前文对反义复合词的微观研究中，我们已经谈到了一些与认知有关的机制，并运用它们对具体现象进行了分析。本章将从宏观角度探讨影响和推动反义复合词形成演变的认知因素。

第一节　认知经验与反义复合词

认知语言学的哲学基础是主观和客观相结合的经验现实主义，它认为人类经验对语言有着重大的影响。"人类经验的固有结构使概念理解成为可能，并限定了概念和理性结构的可能范围。"（张敏，1998：40）Lakoff和Johnson（1980：117—118）指出，"这些经验来源于：我们的身体（感觉和运动官能、心智能力、情感构成等）、我们和自然环境的相互作用（运动、操控对象、摄取食物等）、我们和他人在社会环境中的相互作用（就社会、政治、经济和宗教制度而言）。换句话说，这些'自然'类别的经验是人类社会的产物。其中的一些具有普遍性，而另一些则因社会环境的不同而不同"。

下面，笔者将通过对"时间词+前后/左右"结构的分析来探讨人类认知经验对反义复合词语义演变及组合功能的决定作用。

在第二章中，我们曾对反义复合词"前后"和"左右"的形成演变过程进行过系统分析。通过研究，我们了解到这两个词最初表示的是空间方位关系，后来则可以出现在时间词的后面，形成"时间词+前后/左右"

的结构，用以表示对时间的估量。现代汉语中，仍然保留了这一用法，如"1999 年前后/左右"。

时间词可分为两类：时点和时段。"时点"表示什么时候，如"一九五四年、昨天、星期六下午"，说的是时间的位置，时间的早晚。"时段"表示多少时候，如"五年、三天、两个钟头"，说的是时间的长短，时间的久暂。（丁声树等，1961：70—71）

"前后"可以用来表示对时点的估量，例如：

1998 年前后   7 月 26 日前后   2 点 30 分前后   今年元旦前后

不能用来表示对时段的估量，例如：

5 小时前后*   3 个月前后*   2 年前后*

"左右"可以用来表示对时点的估量，例如：

1998 年左右   7 月 26 日左右   2 点 30 分左右   今年元旦左右

也可以用来表示对时段的估量，例如：

5 小时左右   3 个月左右   2 年左右

我们将"前后""左右"跟时间词的具体搭配关系概括为下表：

表 5-1   "前后""左右"与时点、时段的搭配关系

	前后	左右
时点	+	+
时段	−	+

"前后""左右"从空间域扩展到时间域的过程，是一个基于人类普遍认知经验的隐喻过程。事实上，世界上很多语言的时间概念都是通过空间概念来表达的。Lakoff 从人类生理构造的角度对此进行了解释。他认为，"时间之所以要借着事物、运动、方位等观念以隐喻的方式理解，这与我们的生理属性有关。人类的视觉系统有运动及物体/方位的感知器，却没有感知时间的器官，因而后者的感知要依赖前者，这是十分自然的一件事"（转引张敏，1998：123）。H. Clark（1973）则通过对儿童语言习得过程的调查，指出儿童对空间概念的习得要早于时间概念，空间概念在人类的认知中很可能占据中心地位。

汉语用空间概念"前后""左右"来表示对时间的估量，既符合人类普遍的认知经验，又存在其特殊性。H. Clark（1973）指出，"时间是不对称的或有方向性的，所以描写时间要用不对称的空间关系'前后'，而不用对称的'左右'。汉语可以说"三天前""三天后"，不能说"三天左""三天右"。这一点和英语是一致的。但是两者在对时间进行估量时所采用的表达方式却不太一样。英语通常用"about"，而汉语则借用空间概念"前后""左右"等来表示。用"前后"来表示时间，符合人类一般的认知经验。因为"前后"是有方向性的、不对称的。这一点很好理解。当人处于自然站立的状态时，他所面向的方向是"前"，背对的方向是"后"。"前"和"后"之间的方向转换，只可能是"从前到后"。如果需要做"从后到前"的动作，则必须先经过"从前到后"的过程。因此，人们从自身体验出发，形成了这样的观念："前"和"后"之间存在着严格的方向性。而时间的流逝也是有方向性的，过去的时间必定在前，而未来的时间必定在后。因此，空间概念"前后"很自然地就被运用到了时间领域。同时，和其他语言相比，用"前后"来表示对时间的估量，又是汉语的一大特色。

　　下面，我们从认知经验的角度来解释：为什么"前后"在表示时间估量时，只能和时点相搭配，而不能和时量相搭配。这和我们刚刚谈到的"前后"的方向性有关。方向性是"前后"发生隐喻的基础，同时也在一定程度上限制了"前后"的使用范围。它只能和具有方向性的时间词搭配，而不能和没有方向性的时间词搭配。时点表示的是时间的位置，是时间轴上具体的一点，它存在方向性，如"3 点 20 分"必定在"3 点 19分"之后，而在"3 点 21 分"之前。而时段表示的是时间的长度，它在时间轴上没有固定的位置，如"3 分钟"，时间轴上任意一段和"3 分钟"相等的长度都可以用来表示它，它是不存在方向性的。如下图：

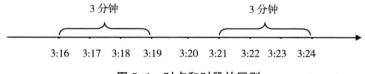

图 5-1　时点和时段的区别

　　正是因为时点有方向性，所以它能和"前后"相搭配，构成"时点+前后"的结构，来表示对时间的估量。而时段没有方向性，所以不能和有方向性的"前后"相搭配。由此可见，人类的认知经验在一定程度上影响和制约着词语之间的搭配关系。

　　"左右"是对称的空间关系，它们之间没有方向性可言。也就是说，"从左到右"和"从右到左"之间不存在像"从前到后"和"从后到前"那样必然的先后次序。从人类的认知经验来看，"左右"和时间之间不存在相似性，没有直接发生隐喻的可能。那么，为什么汉语中会存在用"左右"来估量时间的用法？这一用法是否真的与认知经验相违背？

　　在第二章第二节中，我们曾对"左右"的历时演变过程做过具体的分析。通过文献调查，我们发现，"左右"的估量用法最初并不是出现在时间域之中，而是出现在数量域之中，形成"数量+左右"的结构。① 从人类的认知经验来看，事物总是存在于一定的空间之中，并且占据一定的空间。事物数量的多少直接决定其所占空间的大小。因此，数量概念和空间概念之间存在着发生隐喻的基础。用"左右"来表示对数量的估计，是符合人类基本认知经验的隐喻过程。我们知道，人类对概念的划分是模糊的，概念与概念之间并没有绝对的界限。就数量概念和时间概念而言，两者之间存在一定的重合。如"5个月"，既表示数量，又表示时间。这为"左右"使用范围的拓展提供了契机。当"数量+左右"中的"数量"从物量扩展到时量时，"左右"也就实现了从数量域向时间域的拓展。同时，正是因为"左右"是通过数量域再发展到时间域的，所以它不受方向性的限制，既能和时点结合，也能和时量结合。因此，从"左右"的发展历程来看，它的语义演变和组合功能同样是以人类认知经验为依据的。

第二节　隐喻与反义复合词

　　隐喻是一种重要的认知模式，是新的意义产生的根源之一，它是不同领域内一个范畴向另一个范畴的语义延伸，是用某一认知域的概念来说明另一认知域的概念。被说明的认知域叫作目标域（target domain），而说明的认知域则叫作源域（source domain）。反义复合词的语义发展跟隐喻有着密切联系。

---

① 郭攀（2001）也提到了这一点。

一　隐喻的性质分类

按照隐喻的性质，Lakoff 和 Johnson（1980：3—32）归纳出了三种不同的隐喻类型：结构隐喻（structural metaphor）、方位隐喻（orientational metaphor）和实体隐喻（ontological metaphor）。结构隐喻指的是通过一个概念来建构另一个概念，按照前者的结构系统来组织后者。方位隐喻指的是参照上–下、内–外、前–后、深–浅、中心–边缘等空间方位来组建隐喻。实体隐喻指的是人们将方式、行为、情感、观念等抽象概念视为有形的实体，从而对其进行指称、量化，确认其特征、原因及目标等。有代表性的实体隐喻是容器隐喻，即将抽象概念视为有形的容器。

在反义复合词的语义演变过程中，所涉及的主要是结构隐喻和方位隐喻。

（一）结构隐喻

结构隐喻是通过一个概念来构建另一个概念的隐喻过程。在这个过程中，人们常常会将本只适用于前一概念的词语运用到后一概念之上，于是造成了该词语使用领域的扩大。例如，表示"耗费"义的"花"最初只用于金钱概念，后来基于"时间是金钱"的结构隐喻，"花"被用到了时间概念上，形成了"花时间"的用法。在我们所调查的反义复合词中，存在因结构隐喻而导致语义范围扩大的现象。下面以"炎凉"为例进行具体分析。

"炎凉"本来是用来形容天气的词语。例如：

（1）地势不殊，而炎凉异致，虽隆火盛日，肃若冰谷矣。（《水经注》卷三一《滍水》，2581）

（2）俄惊白日晚，始悟炎凉变。（《全唐诗》卷三一六武元衡《独不见》，3545）

后来，它的使用范围扩大，又可用来形容世态人情。例如：

（3）【鸳鸯煞】想当初风尘落落谁怜悯？到今日衣冠楚楚争亲近。畅道威震诸侯，腰悬六印，也索把世态炎凉，心中暗忖。（《全

元戏曲》卷六无名氏《衣锦还乡》四折，267)

(4) 那三夫人是个女流之辈，只晓得炎凉世态，那里管甚么大道理？(《拍案惊奇》卷九，152)

(5) 这种行径，虽未尝投井，却是从而下石了。炎凉之态，想着实在可笑可怕。(《二十年目睹之怪现状》六五回，598)

"炎凉"使用范围的扩大与"世情是天气"的结构隐喻有着密切关系。在这个隐喻中，"世情"是抽象概念，而"天气"是具体概念。人们借助对具体可感的"天气"概念的理解来认知抽象的"世情"，并按照前者的结构系统来组织后者，由"天气炎凉"隐喻出"世情炎凉"，从而促动了"炎凉"一词使用范围的扩大。

(二) 方位隐喻

在本章的第一节中，我们已经谈到了空间方位概念在人类认知经验中的重要地位。"方位概念是人们较早产生的、可以直接理解的概念，在此基础上，人们将其他抽象概念，如情绪、身体状况、数量、社会地位等投射于这些具体的方位概念上，形成了用表示方位的词语表达抽象概念的语言。"(赵艳芳，2001：107) 反义复合词的语义演变同样离不开方位隐喻。前文中所谈到的"前后""左右"都属于方位隐喻。下面以"升降"为例进行具体分析。

"升降"本指的是空间方位的"上升"和"下降"。例如：

(6) 居丧之礼，毁瘠不形，视听不衰，升降不由阼阶，出入不当门隧。(《礼记·曲礼上》，75)

(7) 夫洗爵以盛水，升降而进粝，礼虽备，然非其贵者也。(《盐铁论·孝养》，308)

后被用来隐喻数量的增减。例如：

(8) 汉因秦制，帝之祖母曰太皇太后，母曰皇太后，妃曰皇后，余则多称夫人，随世增损，非如《周礼》有夫人、嫔妇、御妻之数焉。魏、晋相因，时有升降，前史言之具矣。(《北史·后妃传上》，

486）

（9）开元八年，颁庸调法于天下，好不过精，恶不至滥，阔者一尺八寸，长者四丈。然是时天下户未尝升降。（《新唐书·食货志一》，1345）

"升降"由空间域投射到数量域的过程是一个方位隐喻的过程。这一隐喻的物质基础是：如果你往容器或物品堆里加更多的东西，其水平线会上升。反之，则会下降（Lakoff & Johnson，1980：15—16）。基于这一认知经验，人们将数量的增减和方位的上下联系在了一起，并用后者来隐喻前者，以便于理解和记忆。

二　隐喻的功能分类

按照隐喻的功能特点，反义复合词的隐喻类别又可分为三种：名词性隐喻、动词性隐喻和形容词性隐喻。以下分别论述。

（一）名词性隐喻

所谓名词性隐喻，指的是由名词构成的隐喻。名词性隐喻通常和具体的事物相联系，易于理解和记忆。现以反义复合词"天壤""水火"为例展开分析。

"天渊"原指"高天和深渊"，后喻指"差别极大、相隔悬殊的事物或关系"。例如：

（10）一则那诸王子心坚，二则亏孙大圣先授了神力，此所以那千斤之棒，八百斤之钯杖，俱能举能运。较之初时，自家弄的武艺，真天渊也！（《西游记》九〇回，1147）

（11）那徐言、徐召，虽也挣起些田产，比着颜氏，尚有天渊之隔，终日眼红颈赤。（《醒世恒言》卷三五，754）

"水火"原指"水和火"，后喻指"不能相容的事物或关系"。例如：

（12）玄德曰："今与吾水火相敌者，曹操也。"（《三国演义》六〇回，520）

　　（13）子胥乃吴之忠臣，屡谏不入，已成水火。（《东周列国志》八二回，809）

　　（14）今大王所恃重臣二人，而使自相水火，非社稷之福也。（《东周列国志》九六回，971）

　　隐喻的生成是以概念之间的相似性为基础的。"天渊"和"水火"的隐喻过程可用下列图示来表示：①

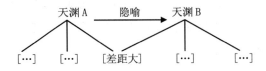

图5-2　"天渊"的语义隐喻过程

图5-3　"水火"的语义隐喻过程

　　图式（Ⅰ）、（Ⅱ）分别显示了"天渊"和"水火"两个词语新旧语义之间转换的机制和动因。语义上的相似性使得属于不同认知域的概念联系在了一起，并通过隐喻来实现从源域向目标域的投射。这一投射在人们的言语行为中被反复使用，最终凝固下来，成为原有词语的新义项。

（二）动词性隐喻

　　动词性隐喻指的是由动词所构成的隐喻，即话语中使用的动词与逻辑上的主语或宾语构成的冲突所形成的隐喻。认知语言学家认为，一般情况下，我们可以区分出四种不同的动作过程：①物质过程：身体行为或事件；②心理过程：感觉、情感和认知；③语言过程：说话、象征；④存在、关系过程：存在与存在状态。而隐喻的构成可以通过过程之间或过程

---

　　①　A表示原义，B表示新义，[　]表示语义特征。

内部的替代来实现（束定芳，2000：63）。前文中我们曾经提到，反义复合词"呼吸"（详见第二章第三节）、"俯仰"（详见第二章第四节）存在隐喻"时间短暂"的用法。"呼吸"和"俯仰"都属于物质过程，而"时间短暂"描述的是存在状态，属于存在、关系过程。因此，动词"呼吸""俯仰"的隐喻过程实际上就是用物质过程来替代和说明存在、关系过程。下面，笔者以"起伏"为例对反义复合词的动词性隐喻进行具体分析。

"起伏"原指空间方位的"上升和下降"，后喻指"思想情绪的波动"。例如：

（15）觉新坐在轿内，思绪起伏得厉害，他愈想愈觉得人生无味。（《春》二〇，346）

（16）窗外，蒙蒙细雨一阵阵飘到他的脸上，阵阵寒意勉强帮助着他平息心潮的起伏。（《红岩》六章，98）

"起伏"的隐喻过程可用下面的图示来表示：

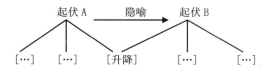

图 5-4　"起伏"的语义隐喻过程

从动作过程的角度来看，"起伏"隐喻义的形成涉及物理过程对心理过程的替代。空间方位的升降是一个物理的运动过程，而思想情绪的波动则属于心理的运动过程。在人们的认知经验中，存在着一个基本的隐喻观念——"人是容器"。人通过皮肤跟外界分隔开来，皮肤就像是容器壁，而体内的组织器官甚至是人的思维情绪都像是装在一个大的容器之中。于是，当人的思维情绪发生变化时，它在容器里所占据的空间位置也会随之改变，因而可以用与空间域相关的"升降"来表示。从隐喻的性质来看，"起伏"的语义变化是一种以容器隐喻为基础的空间隐喻。

（三）形容词性隐喻

形容词性隐喻指的是由形容词所构成的隐喻。它体现为形容词所属认知域的改变。在反义复合词的语义演变过程中存在这类隐喻。现以"甘苦"为例展开具体分析。

"甘苦"本是用来形容味道的词语，后喻指"生活的美好和艰难"。例如：

（17）（寡人）仿效禹王治水，与万民同受甘苦，沐浴斋戒，昼夜焚香祈祷。（《西游记》三七回，472）

（18）东西南北之民，甘苦不同，布帛粟米力役之法，征纳不同。惟守令自知其甘苦，而通融其征纳。（《明史·食货志二》，1903）

"甘苦"的隐喻过程可用下面的图示来表示：

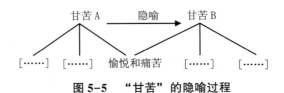

图5-5　"甘苦"的隐喻过程

"甘苦"的隐喻体现了不同认知域之间的语义投射，具体而言，是从具体域投射到抽象域。味道的"甘苦"可以通过人的味觉系统直接感知。当人的舌头接触到甜的食物时，往往会形成愉悦的心理感受，而接触到苦的食物时，则往往会形成痛苦的心理感受。于是，人们根据自身的生活体验将具体可感的"甜和苦"与抽象的"美好和艰难"联系在了一起，通过隐喻机制生成"甘苦"的新义。

总之，作为语义演变的重要推动力量，隐喻机制在反义复合词的发展过程中发挥着重要作用。

第三节　转喻与反义复合词

转喻是认知的基本特征之一。人们常常采用某一事物易理解或易领悟的方面，来表示该事物的整体或该事物的其他部分或方面，这就是转喻。转喻作为人类重要的认知方式，对于事物概念的形成和语言的发展都起着重要的作用。转喻观念允许我们按照事物之间的相互关系来形成对事物的概念。"事实上，转喻的基础往往比隐喻更显而易见，因为它通常涉及直接的物理或因果联系。"（Lakoff & Johnson，1980：39）在反义复合词的语义演变过程中，转喻机制所发挥的作用远远大于隐喻机制。

Lakoff（1987：84—85）指出，一个转喻模式通常具有以下特征：

·出于某种目的，有一个"目标"概念 A 在某些语境中不言而喻。

·有一个概念结构包括了 A 和另一个概念 B。

·B 或是 A 的一部分，或在概念结构中与 A 有着紧密的联系。更准确点说，在该概念结构中，选择 B 也就唯一确定了 A。

·与 A 相比，B 或较易理解，或较易记忆，或较易识别，或是在一定的语境中对于既定的目的更为直接有用。

·转喻模式是指一个概念结构中，A 与 B 是如何发生关系的模式；其关系特指 B 对 A 的作用。

根据转喻模式中 A 和 B 的相互关系，我们可以将转喻大致分为三类：部分代整体、整体代部分以及部分代部分。就我们所调查的反义复合词而言，主要涉及的是"部分代整体"的转喻。"部分代整体的转喻源于我们的认知经验：部分通常与整体相关联。"（Lakoff & Johnson，1980：39—40）这一转喻模式是反义复合词词汇化的最主要手段。绝大部分的反义复合词都是通过这一途径而得以凝固成词的。

在个案分析中，我们曾多次提到，因为反义复合词的构成要素之间具有相对或相反的关系，它们要发生语义融合的难度很大，于是出现了一种较为极端的结合方式——偏义复合，即通过其中一个成分语义的失落来完成词汇化，如"好歹"偏指"歹"（详见第三章第一节）。从认知角度看，偏义复合实际上是一种"部分代整体"的转喻。以"好歹"为例，"好"和"歹"作为构词语素共同构成"好歹"一词，语素和词之间是部分和整体的关系。用其中的一个部分"歹"来表示整个词语的意义属于"部分代整体"的转喻。这种转喻在反义复合词中大量存在。例如：

"恩怨"偏指"怨"。例如：

（1）城内乏粮，器械不足，徒赖免兵仓头三四百人，造次相附，

恩怨夙结。(《宋书·文五王·竟陵王诞传》，2035)

（2）是一言之间，志在报复而自忘其过，尚能置大恩怨乎？(宋叶梦得《避暑录话》卷上，22)

"得失"偏指"失"。例如：

（3）诸从事各奏二千石官长得失，至和独无言。(《世说新语·规箴》，566)

（4）而用贤性刚，负气傲物，数訾议大臣得失。(《明史·赵用贤传》，6001)

"兴亡"偏指"亡"。例如：

（5）家国兴亡身独存，玉容还受楚王恩。(《全唐诗》卷六〇二汪遵《息国》，6955)

（6）斜阳废苑朱门闭。吊兴亡、遗恨泪痕里。(《全宋词》陆游《月上海棠》，1588)

"缓急"偏指"急"。例如：

（7）孝文且崩时，诫太子曰："即有缓急，周亚夫真可任将兵。"(《史记·绛侯周勃世家》，2075)

（8）合淝最为紧要之地，吾令张辽为主将，乐进、李典为副将，保守此地。但有缓急，飞报将来。(《三国演义》五〇回，435)

"深浅"偏指"深"。例如：

（9）那地下掘不到三尺深浅，只见一个石碣，正面两侧，各有天书文字。(《水浒全传》七一回，883)

（10）那浴池约有五丈余阔，十丈多长，内有四尺深浅，但见水清彻底。(《西游记》七二回，921)

反义复合词词汇化的另一条途径是用表示相对或相反关系的词语来转指其上位概念。如用"买卖"来转指"商业经营"（详见第二章第二节），用"俯仰"来转指"动作行为"（详见第二章第四节）等。这一过程同样是"部分代整体"的转喻。"买"和"卖"是"商业经营"的组成部分，"俯"和"仰"是"动作行为"的组成部分，因此，用前者来指代后者都属于"部分代整体"。在反义复合词的语义衍生过程中，这种转喻机制发挥了重大的作用。例如：

"规矩"原指"校正方形和圆形的两种工具"，后转指"标准、规范"。例如：

（11）人道经纬万端，规矩无所不贯，诱进以仁义，束缚以刑罚，故德厚者位尊，禄重者宠荣，所以总一海内而整齐万民也。（《史记·礼书》，1157）

（12）夫治政任贤，宜亲疏相辅，得其经纬，则结绳可及，失其规矩，则危亡可期。（《宋书·文五王·桂阳王休范传》，2047）

"春秋"原指"春天和秋天"，后转指"光阴、岁月"。例如：

（13）鸾歌无岁月，鹤语记春秋。臣朔真何幸，常陪汉武游。（《全唐诗》卷五四崔湜《幸白鹿观应制》，663）

（14）仙籞龙媒下，神皋凤跸留。从今亿万岁，天宝纪春秋。（《全唐诗》卷一二七王维《三月三日曲江侍宴应制》，1286）

"稼穑"原指"耕种和收获"，后转指"农业生产"。例如：

（15）民务稼穑，衣食滋殖。（《史记·吕太后本纪》，412）

（16）以玄默为稼穑，以义理为丰年。（《世说新语·赏誉》，432）

"操纵"原指"收和放"，后转指"控制、掌握"。例如：

(17) 颜子如将百万之兵，操纵在我，拱揖指挥如意。(《朱子语类》卷四二，1074)

(18) 朝廷虽在忠贤之操纵，而忠贤又在客氏之掌握。(《梼杌闲评》四三回，383)

在通过转喻凝固成词的过程中，有些反义复合词的语法功能发生了改变。主要表现为"动→名"，如"裁缝""动静"等。

"裁缝"原指"裁剪和缝制"的动作行为，在转喻机制的推动下，它被用来转指动作的发出者，即"从事裁剪和缝制工作的人"。例如：

(19) 次日，叫庄客寻个裁缝，自去县里买了三匹红锦，裁成三领锦袄子。(《水浒全传》二回，31)

(20) 因为这么样，我现叫裁缝赶两套给他。(《红楼梦》三二回，451)

"动静"原指"行动和静止"，后转指"情况"。例如：

(21) 若要杀他，须要看看动静。那个白脸的似易，那个毛脸的似难；万一杀他不得，却不反招己祸？(《西游记》一六回，205)

(22) 到第二天打听动静，知是何三被他们打死，已经报了文武衙门。(《红楼梦》一一二回，1539)

"裁缝""动静"的词性变化，在语音上则表现为后一音节的弱化，"缝"和"静"均读轻声。

反义复合词的语义转喻具有一定的系统性。上位概念相同的一组词语会分别通过"部分代整体"的转喻机制来转指其上位概念。如："进退""进止""举止""行止"等都可以转指"行为"。

"进退"转指"行为"。例如：

(23) 人君者，摄天地之政，秉四海之维，举动不可以违圣法，进退不可以离道规。(《后汉书·陈蕃传》，2166)

（24）入门上家堂，进退无颜仪。（《玉台新咏》卷一《古诗为焦仲卿妻作》，47）

"进止"转指"行为"。例如：

（25）宣为人好威仪，进止雍容，甚可观也。（《汉书·薛宣传》，3391）

（26）奉事循公姥，进止敢自专？（《玉台新咏》卷一《古诗为焦仲卿妻作》，45）

"举止"转指"行为"。例如：

（27）官属侍从莫不碎魄，而权举止颜色自若。（《三国志·蜀志·黄权传》，1044）

（28）（谢尚）既而收涕告诉，举止有异常童，峤甚奇之。（《晋书·谢尚传》，2069）

"行止"转指"行为"。例如：

（29）蕃性有威严，行止自若，晧大怒，呵左右于殿下斩之。（《三国志·吴志·王蕃传》，1453）

（30）候官告岳衣服鲜丽，行止风采，拟仪人君。（《魏书·庾业延传》，685）

　　总之，转喻和隐喻是人类重要的认知模式。在反义复合词的形成及演变过程中，它们发挥了极大的推动作用。对于具体的某个词而言，它的不同义项可能来源于不同的认知模式，其语义发展是转喻机制和隐喻机制共同作用的结果，如"买卖"（详见第二章第二节）。

附录：反义复合词词表（245个）

[以《现代汉语词典》（第5版）所收词条为选词范围]

A　安危

B　捭阖 褒贬 本末 彼此 标本 表里 宾主 薄厚

C　裁缝 操纵 长短 唱和 朝野 沉浮 晨昏 成败 乘除 迟早 出没 出纳 出入 春秋 雌雄 粗细 存亡

D　大小 旦夕 得失 弟兄 东西 动静 多寡 多少

E　恩怨 儿女

F　反正 方圆 肥瘦 凤凰 夫妇 夫妻 浮沉 俯仰 父母

G　干支 甘苦 纲目 高矮 高低 高下 公婆 公私 功过 功罪 供求 供需 购销 官兵 广袤 规矩 贵贱

H　寒热 寒暑 寒暄 行列 好歹 好赖 好恶 黑白 横竖 横直 厚薄 呼吸 呼应 缓急 毁誉 晦明 晦朔

J　吉凶 稼穑 奖惩 将士 交接 教学 姐妹 今昔 进出 进退 举止 巨细 绝续 军民

K　开关 考妣 快慢 宽窄

L　来回 来去 来往 劳逸 劳资 老少 老小 老幼 冷暖 离合 利弊 利钝 利害 录放

M　买卖 矛盾 卯榫 明灭

N　男女 南北 内外 浓淡 女儿 女士 女子

P　平仄 铺盖

Q　起伏 起落 起降 起讫 起止 阡陌 前后 乾坤 亲疏 轻重 曲直 取舍 去就 去留

R　人物 任免 日夕 日夜 日月 荣辱 枘凿

S　僧尼 僧俗 山水 赏罚 上下 伸缩 参商 深浅 升降 生死 胜败 胜负

始末 始终 士女 是非 是否 收发 收支 手脚 手足 首尾 授受 舒卷 输赢 水火 睡觉 朔望 死活 松紧 夙夜 损益

T 题跋 天地 天壤 天渊 吞吐

W 往返 往复 往还 往来 忘记 文武 问答

X 翕张 逶迤 先后 向背 消息 消长 霄壤 兴衰 兴亡 行止 兄弟 休戚 虚实 序跋 轩轾

Y 言行 妍媸 炎凉 扬弃 依违 异同 抑扬 因果 阴阳 隐现 盈亏 优劣 幽明 鸳鸯 宇宙 原委 源流 远近

Z 臧否 凿枘 早晚 皂白 增删 赠答 涨落 朝夕 真伪 质量 治乱 中外 中西 昼夜 主次 主从 装卸 子女 姊妹 纵横 祖孙 左右 作息

征引文献

古籍

经部

李道平撰，潘雨廷点校：《周易集解纂疏》，中华书局 1994 年版。

孙星衍撰，陈抗、盛冬铃点校：《尚书今古文注疏》，中华书局 1986 年版。

毛亨传，郑玄笺，孔颖达疏：《毛诗正义》（《十三经注疏》本），中华书局 1980 年版。

孙诒让撰，王文锦、陈玉霞点校：《周礼正义》，中华书局 1987 年版。

孙希旦撰，沈啸寰、王星贤点校：《礼记集解》，中华书局 1989 年版。

杜预注，孔颖达等正义，黄侃经文句读：《春秋左传正义》（附校勘记），上海古籍出版社 1990 年版。

何休注，徐彦疏，黄侃经文句读：《春秋公羊传注疏》（附校勘记），上海古籍出版社 1990 年版。

范宁注，杨士勋疏，黄侃经文句读：《春秋谷梁传注疏》（附校勘记），上海古籍出版社 1990 年版。

刘宝楠撰，高流水点校：《论语正义》，中华书局 1990 年版。

焦循撰，沈文倬点校：《孟子正义》，中华书局 1987 年版。

朱熹：《四书章句集注》，中华书局 1983 年版。

苏舆撰，钟哲点校：《春秋繁露义证》，中华书局 1992 年版。

许慎撰，徐铉校定：《说文解字》，中华书局 1963 年版。

颜师古：《匡谬正俗》（丛书集成初编本），中华书局 1985 年版。

史部

徐元诰撰，王树民、沈长云点校：《国语集解》，中华书局 2002 年版。

吴则虞：《晏子春秋集释》，中华书局 1962 年版。

诸祖耿：《战国策集注汇考》，江苏古籍出版社 1985 年版。

司马迁撰，裴骃集解，司马贞索隐，张守节正义：《史记》，中华书局 1959 年版。

班固撰，颜师古注：《汉书》，中华书局 1962 年版。

荀悦撰，张烈点校：《汉纪》（《两汉纪》本），中华书局 2002 年版。

陈寿撰，裴松之注：《三国志》，中华书局 1959 年版。

袁宏撰，张烈点校：《后汉纪》（《两汉纪》本），中华书局 2002 年版。

范晔撰，李贤等注：《后汉书》，中华书局 1965 年版。

萧子显：《南齐书》，中华书局 1972 年版。

郦道元注，杨守敬、熊会贞疏，段熙仲点校，陈桥驿复校：《水经注疏》，江苏古籍出版社 1989 年版。

魏收：《魏书》，中华书局 1974 年版。

房玄龄等：《晋书》，中华书局 1974 年版。

姚思廉：《梁书》，中华书局 1973 年版。

姚思廉：《陈书》，中华书局 1972 年版。

李百药：《北齐书》，中华书局 1972 年版。

李延寿：《北史》，中华书局 1974 年版。

魏征等：《隋书》，中华书局 1973 年版。

刘知几撰，浦起龙释：《史通通释》，上海古籍出版社 1978 年版。

刘昫等：《旧唐书》，中华书局 1975 年版。

王溥：《唐会要》（丛书集成初编本），中华书局 1985 年版。

王溥：《五代会要》（丛书集成初编本），中华书局 1985 年版。

欧阳修、宋祁：《新唐书》，中华书局 1975 年版。

龙衮：《江南野史》（《五代史书汇编》本），杭州出版社 2004 年版。

陆游：《南唐书》（丛书集成初编本），中华书局 1985 年版。

脱脱等：《宋史》，中华书局 1977 年版。

脱脱等：《金史》，中华书局 1975 年版。

佚名撰，鲍思陶点校：《元朝秘史》，齐鲁书社 2005 年版。

辛文房撰，傅璇宗主编：《唐才子传校笺》，中华书局 1990 年版。

宋濂等：《元史》，中华书局 1976 年版。

张廷玉等：《明史》，中华书局 1974 年版。

子部

朱谦之：《老子校释》，中华书局 1984 年版。

郭庆藩撰，王孝鱼点校：《庄子集释》，中华书局 2004 年版。

王先谦撰，沈啸寰、王星贤点校：《荀子集解》，中华书局 1988 年版。

韩非撰，陈奇猷校注：《韩非子新校注》，上海古籍出版社 2000 年版。

孙诒让撰，孙启治点校：《墨子间诂》，中华书局 2001 年版。

王利器：《吕氏春秋注疏》，巴蜀书社 2002 年版。

《黄帝内经素问》，人民卫生出版社 1956 年版。

刘文典撰，冯逸、乔华点校：《淮南鸿烈集解》，中华书局 1989 年版。

刘向撰，向宗鲁校证：《说苑校证》，中华书局 1987 年版。

王利器：《盐铁论校注》（定本），中华书局 1992 年版。

黄晖：《论衡校释》（附刘盼遂集解），中华书局 1990 年版。

王符撰，汪继培笺，彭铎校正：《潜夫论笺校正》，中华书局 1985 年版。

荀悦：《申鉴》（丛书集成初编本），中华书局 1985 年版。

张机：《金匮要略方论》，人民卫生出版社 1956 年版。

刘徽注，李淳风注释：《九章算术》，上海古籍出版社 1990 年版。

张华撰，范宁校证：《博物志校证》，中华书局 1980 年版。

干宝撰，汪绍楹校注：《搜神记》，中华书局 1979 年版。

王明：《抱朴子内篇校释》（增订本），中华书局 1985 年版。

余嘉锡撰，周祖谟、余淑宜整理：《世说新语笺疏》，中华书局 1983 年版。

贾思勰撰，缪启愉校释：《齐民要术校释》（第二版），中国农业出版社 1998 年版。

　　王利器：《颜氏家训集解》（增补本），中华书局 1993 年版。

　　范摅：《云溪友议》（丛书集成初编本），中华书局 1985 年版。

　　郑棨：《开天传信记》（丛书集成初编本），中华书局 1985 年版。

　　冯翊：《桂苑丛谈》（丛书集成初编本），中华书局 1985 年版。

　　黄征、张涌泉：《敦煌变文校注》，中华书局 1983 年版。

　　潘重规：《敦煌变文集新书》，台北文津出版社 1994 年版。

　　静、筠编：《祖堂集》（高丽海印寺本），日本花园大学禅文化研究所
1994 年版。

　　王定保：《唐摭言》（丛书集成初编本），中华书局 1985 年版。

　　《大正新修大藏经》，台北新文丰出版公司 1996 年修订版。

　　孙光宪撰，林艾园点校：《北梦琐言》，上海古籍出版社 1981 年版。

　　李昉等编：《太平广记》，中华书局 1961 年版。

　　张君房编，李永晟点校：《云笈七签》，中华书局 2003 年版。

　　叶梦得：《避暑录话》（丛书集成初编本），商务印书馆 1939 年版。

　　文莹撰，郑世刚、杨立扬点校：《玉壶清话》，中华书局 1984 年版。

　　司马光撰，邓广铭、张希清点校：《涑水记闻》，中华书局 1989
年版。

　　沈括撰，胡道静校证：《梦溪笔谈校证》，上海古籍出版社 1987
年版。

　　洪迈：《容斋随笔》，上海古籍出版社 1978 年版。

　　陆游撰，李剑雄、刘德权点校：《老学庵笔记》，中华书局 1979
年版。

　　蔡绦撰，冯惠民、沈锡麟点校：《铁围山丛谈》，中华书局 1983
年版。

　　叶绍翁撰，沈锡麟、冯惠民点校：《四朝闻见录》，中华书局 1989
年版。

　　普济撰，苏渊雷点校：《五灯会元》，中华书局 1984 年版。

　　周密：《武林旧事》，西湖书社 1981 年版。

　　黎靖德编，王星贤点校：《朱子语类》，中华书局 1994 年版。

　　陶宗仪：《南村辍耕录》，中华书局 1959 年版。

汪维辉编:《朝鲜时代汉语教科书丛刊》,中华书局 2005 年版。

罗贯中:《三国演义》,人民文学出版社 1973 年版。

吴承恩:《西游记》,人民文学出版社 1980 年版。

叶盛撰,魏中平点校:《水东日记》,中华书局 1980 年版。

洪楩编,石昌渝点校: 《清平山堂话本》,江苏古籍出版社 1990
年版。

冯梦龙编著,严敦易校注: 《警世通言》,人民文学出版社 1956
年版。

冯梦龙编著,顾学颉校注: 《醒世恒言》,人民文学出版社 1956
年版。

冯梦龙编著,许政扬校注: 《喻世明言》,人民文学出版社 1958
年版。

冯梦龙、蔡元放编:《东周列国志》,人民文学出版社 1979 年版。

凌濛初撰,章培恒整理,王古鲁注释:《拍案惊奇》,上海古籍出版
社 1982 年版。

凌濛初撰,章培恒整理,王古鲁注释:《二刻拍案惊奇》,上海古籍
出版社 1983 年版。

罗懋登撰,陆树仑、竺少华点校:《三宝太监西洋记通俗演义》,上
海古籍出版社 1985 年版。

许仲琳编,张耕点校:《封神演义》,中华书局 2002 年版。

兰陵笑笑生撰,陶慕宁校注:《金瓶梅词话》,人民文学出版社 2000
年版。

西湖渔隐主人:《欢喜冤家》,华夏出版社 1995 年版。

天然痴叟撰,弦声点校:《石点头》,江苏古籍出版社 1994 年版。

无名氏撰,金心点校:《梼杌闲评》,中华书局 2005 年版。

姚福:《青溪暇笔》,中华书局 1991 年版。

王士性撰,吕景琳点校:《广志绎》,中华书局 1981 年版。

朱长祚撰,仇正伟点校:《玉镜新谭》,中华书局 1989 年版。

张岱撰,夏咸淳、程维荣校注:《陶庵梦忆》,上海古籍出版社 2001
年版。

方汝浩:《禅真逸史》,浙江古籍出版社 1987 年版。

文秉：《烈皇小识》，上海书店 1982 年版。

陈贞慧：《过江七事》，神州国光社 1947 年版。

西周生撰，黄肃秋校注：《醒世姻缘传》，上海古籍出版社 1981 年版。

伏雌教主：《醋葫芦》，时代文艺出版社 2003 年版。

郭小亭：《济公全传》，岳麓书社 1994 年版。

蒲松龄撰，张友鹤辑校：《聊斋志异》（会校会注会评本），上海古籍出版社 1978 年版。

邵廷采：《东南纪事》，上海书店 1982 年版。

佚名撰，冯伟民点校：《平山冷燕》，人民文学出版社 1983 年版。

褚人获：《隋唐演义》，上海古籍出版社 1981 年版。

吴敬梓：《儒林外史》，人民文学出版社 1977 年版。

王原祁等纂辑：《佩文斋书画谱》，中国书店 1984 年版。

李绿园撰，栾星校注：《歧路灯》，中州书画社 1980 年版。

文康撰，松颐校注：《儿女英雄传》，人民文学出版社 1983 年版。

曹雪芹、高鹗：《红楼梦》，人民文学出版社 1982 年版。

纪昀：《阅微草堂笔记》，上海古籍出版社 1980 年版。

恽敬：《大云山房文稿》，商务印书馆 1936 年版。

李汝珍撰，张友鹤校注：《镜花缘》，人民文学出版社 1955 年版。

陈少海撰，张乃、范惠点校：《红楼复梦》，北京大学出版社 1988 年版。

梁章钜撰，陈铁民点校：《浪迹丛谈》，中华书局 1981 年版。

无名氏：《狄公案》，大众文艺出版社 2000 年版。

杨挹殿：《彭公案》，大众文艺出版社 2000 年版。

魏秀仁撰，杜维沫点校：《花月痕》，人民文学出版社 1982 年版。

石玉昆撰，古谷点校：《小五义》，宝文堂书店 1988 年版。

刘鹗撰，陈翔鹤校，戴鸿森注：《老残游记》，人民文学出版社 2000 年版。

吴趼人：《九命奇冤》，山西人民出版社 1981 年版。

吴趼人撰，张友鹤校注：《二十年目睹之怪现状》，人民文学出版社 2000 年版。

李宝嘉撰，张友鹤校注：《官场现形记》，人民文学出版社 1957 年版。

徐珂编撰：《清稗类钞》，中华书局 1984 年版。

曾朴：《孽海花》（增订本），上海古籍出版社 1980 年版。

刘体智撰，刘笃龄点校：《异辞录》，中华书局 1988 年版。

郭则沄撰，华云点校：《红楼真梦》，北京大学出版社 1988 年版。

八咏楼主人编：《西巡回銮始末记》（近代中国史料丛刊本），台北文海出版社 1985 年版。

孙静庵：《栖霞阁野乘》，北京古籍出版社 1999 年版。

张杰鑫撰，李寅、思齐点校：《三侠剑》，北京十月文艺出版社 1995 年版。

集部

朱熹：《楚辞集注》，上海古籍出版社 1979 年版。

严可均校辑：《全上古三代秦汉三国六朝文》，中华书局 1958 年版。

黄叔琳注，李详补注，杨明照校注拾遗：《增订文心雕龙校注》，中华书局 2000 年版。

徐陵编，吴兆宜注，程琰删补，穆克宏点校：《玉台新咏笺注》，中华书局 1985 年版。

项楚：《寒山诗注》（附拾得诗注），中华书局 2000 年版。

《全唐诗》，中华书局 1960 年版。

《全唐文》，中华书局 1982 年版。

张璋、黄畬编：《全唐五代词》，上海古籍出版社 1986 年版。

欧阳修：《欧阳修全集》，中国书店 1986 年版。

苏洵撰，曾枣庄、金成礼笺注：《嘉祐集笺注》，上海古籍出版社 1993 年版。

苏轼撰，王文诰辑注：《苏轼诗集》，中华书局 1982 年版。

陆游撰，钱仲联校注：《剑南诗稿校注》，上海古籍出版社 1985 年版。

文天祥：《文天祥全集》，中国书店 1985 年版。

唐圭璋编：《全宋词》，中华书局 1965 年版。

《全宋诗》，北京大学出版社 1995 年版。

刘坚、蒋绍愚主编：《近代汉语语法资料汇编》（宋代卷），商务印书馆 1992 年版。

董解元：《古本董解元西厢记》，上海古籍出版社 1984 年版。

薛瑞兆、郭明志编纂：《全金诗》，南开大学出版社 1995 年版。

王季思主编：《全元戏曲》，人民文学出版社 1990 年版。

隋树森编：《全元散曲》，中华书局 1964 年版。

何景明：《大复集》（文渊阁《四库全书》本），台北商务印书馆 1986 年版。

汤显祖撰，徐朔方校注：《牡丹亭》，人民文学出版社 1963 年版。

汤显祖撰，钱南扬点校：《汤显祖戏曲集》，上海古籍出版社 1978 年版。

孟称舜撰，欧阳光注释：《娇红记》，上海古籍出版社 1988 年版。

李玉：《清忠谱》，中华书局 1959 年版。

洪升撰，徐朔方校注：《长生殿》，人民文学出版社 1983 年版。

孔尚任撰，王季思、苏寰中、杨德平合注：《桃花扇》，人民文学出版社 1959 年版。

戴名世撰，王树民编校：《戴名世集》，中华书局 1986 年版。

龚自珍撰，钱仲联选注：《龚自珍文选》，苏州大学出版社 2001 年版。

曾国藩：《曾国藩全集》，岳麓书社 1985 年版。

今人著作

巴金：《春》，人民文学出版社 1982 年版。

冰心：《冰心文集》，上海文艺出版社 1983 年版。

岑凯伦：《蜜糖儿》，花城出版社 1997 年版。

陈忠实：《白鹿原》，人民文学出版社 1997 年版。

池莉：《太阳出世》，长江文艺出版社 1992 年版。

邓贤：《大国之魂》，人民文学出版社 1991 年版。

方方：《中国当代作家选集（方方）》，人民文学出版社 1993 年版。

老舍：《老舍文集》，人民文学出版社 1983—1985 年版。

老舍：《四世同堂》，人民文学出版社 2000 年版。

李荣主编，王军虎编纂：《西安方言词典》，江苏教育出版社 1996 年版。

李荣主编，汤珍珠、陈忠敏、吴新贤编纂：《宁波方言词典》，江苏教育出版社 1997 年版。

李荣主编，许宝华、陶寰编纂：《上海方言词典》，江苏教育出版社 1997 年版。

李荣主编，吴建生、赵宏因编纂：《万荣方言词典》，江苏教育出版社 1997 年版。

李荣主编，李如龙、潘渭水编纂：《建瓯方言词典》，江苏教育出版社 1998 年版。

李荣主编：《现代汉语方言大词典》，江苏教育出版社 2002 年版。

林燕妮：《死在昨日》，中国青年出版社 1998 年版。

林燕妮：《男痴女迷》，中国青年出版社 1998 年版。

庐隐：《海滨故人》，人民文学出版社 1985 年版。

路翎：《财主底儿女们》，人民文学出版社 1985 年版。

罗广斌、杨益言：《红岩》，中国青年出版社 2004 年版。

沈从文：《沈从文作品精选》，长江文艺出版社 2004 年版。

萧乾：《萧乾散文选集》，百花文艺出版社 2004 年版。

许宝华、宫田一郎主编：《汉语方言大词典》，中华书局 1999 年版。

俞平伯：《俞平伯散文选集》，上海文艺出版社 1983 年版。

参考文献

专著

白维国：《金瓶梅词典》，中华书局 1991 年版。

北京大学中文系 1955、1957 级语言班编：《现代汉语虚词例释》，商务印书馆 1982 年版。

蔡镜浩：《魏晋南北朝词语例释》，江苏古籍出版社 1990 年版。

陈忠：《认知语言学研究》，山东教育出版社 2006 年版。

丁声树等：《现代汉语语法讲话》，商务印书馆 1961 年版。

丁喜霞：《中古常用并列双音词的成词和演变研究》，语文出版社 2006 年版。

董秀芳：《词汇化：汉语双音词的衍生和发展》（修订本），商务印书馆 2011 年版。

方一新：《东汉魏晋南北朝史书词语笺释》，黄山书社 1997 年版。

方一新、王云路：《中古汉语读本》（修订本），上海教育出版社 2006 年版。

冯春田：《近代汉语语法研究》，山东教育出版社 2000 年版。

冯胜利：《汉语的韵律、词法与句法》，北京大学出版社 1997 年版。

高守纲：《古代汉语词义通论》，语文出版社 1994 年版。

顾之川：《明代汉语词汇研究》，河南大学出版社 2000 年版。

郭锐：《现代汉语词类研究》，商务印书馆 2002 年版。

黄伯荣、李炜：《现代汉语》（第二版·上册），北京大学出版社 2016 年版。

贾彦德：《汉语语义学》，北京大学出版社 1999 年版。

江蓝生：《魏晋南北朝小说词语汇释》，语文出版社 1988 年版。

江蓝生、曹广顺：《唐五代语言词典》，上海教育出版社 1997 年版。

蒋冀骋、吴福祥：《近代汉语纲要》，湖南教育出版社 1997 年版。

蒋礼鸿：《敦煌变文字义通释》（增补定本），上海古籍出版社 1997 年版。

蒋绍愚：《古汉语词汇纲要》，商务印书馆 2005 年版。

蒋绍愚：《近代汉语研究概要》，北京大学出版社 2005 年版。

蒋绍愚、曹广顺：《近代汉语语法史研究综述》，商务印书馆 2005 年版。

蓝纯：《从认知角度看汉语和英语的空间隐喻》，外语教学与研究出版社 2003 年版。

蓝纯：《认知语言学与隐喻研究》，外语教学与研究出版社 2005 年版。

李崇兴、黄树先、邵则遂：《元语言词典》，上海教育出版社 1998 年版。

李勇忠：《语言转喻的认知阐释》，东华大学出版社 2004 年版。

李宗江：《汉语常用词演变研究》，汉语大词典出版社 1999 年版。

利奇：《语义学》，李瑞华等译，上海外语教育出版社 1987 年版。

雷冬平：《近代汉语常用双音虚词演变研究及认知分析》，中国社会科学出版社 2008 年版。

柳士镇：《魏晋南北朝历史语法》，南京大学出版社 1992 年版。

龙潜庵：《宋元语言词典》，上海辞书出版社 1985 年版。

吕叔湘著、江蓝生补：《近代汉语指代词》，学林出版社 1985 年版。

吕叔湘：《现代汉语八百词》（增订本），商务印书馆 1999 年版。

吕叔湘：《汉语语法论文集》（增订本），商务印书馆 2002 年版。

齐沪扬：《语气词与语气系统》，安徽教育出版社 2002 年版。

乔治·莱科夫：《女人、火与危险事物》，梁玉玲等译，台北桂冠图书股份有限公司 1994 年版。

屈承熹、纪宗仁：《汉语认知功能语法》，黑龙江人民出版社 2005 年版。

邵敬敏：《现代汉语通论》（第三版·上），上海教育出版社 2016 年版。

沈家煊：《不对称和标记论》，江西教育出版社 1999 年版。

石毓智：《语法的认知语义基础》，江西教育出版社 2001 年版。

石毓智、李讷：《汉语语法化的历程——形态句法发展的动因和机制》，北京大学出版社 2001 年版。

束定芳：《隐喻学研究》，上海外语教育出版社 2000 年版。

太田辰夫：《中国语历史文法》（修订译本），蒋绍愚、徐昌华译，北京大学出版社 2003 年版。

汪维辉：《东汉—隋常用词演变研究》，南京大学出版社 2000 年版。

王力：《中国现代语法》，商务印书馆 1985 年版。

王力：《古代汉语》（校订重排本）（第一册），中华书局 1999 年版。

王力：《汉语史稿》，中华书局 2004 年版。

王甦、汪安圣：《认知心理学》，北京大学出版社 1992 年版。

王锳：《诗词曲语辞例释》（增定本），中华书局 1986 年版。

王锳：《唐宋笔记语辞汇释》（修订本），中华书局 2001 年版。

王云路、方一新：《中古汉语研究》，商务印书馆 2000 年版。

王振昆等：《语言学基础》，中央广播电视大学出版社 1983 年版。

吴福祥：《敦煌变文语法研究》，岳麓书社 1996 年版。

吴福祥：《敦煌变文 12 种语法研究》，河南大学出版社 2004 年版。

吴福祥：《语法化与汉语历史语法研究》，安徽教育出版社 2006 年版。

徐复：《徐复语言文字学丛稿》，江苏古籍出版社 1990 年版。

徐烈炯：《语义学》，语文出版社 1990 年版。

徐朝华：《上古汉语词汇史》，商务印书馆 2003 年版。

杨吉春：《汉语反义复词研究》，中华书局 2007 年版。

杨荣祥：《近代汉语副词研究》，商务印书馆 2005 年版。

殷国光、龙国富、赵彤：《汉语史纲要》（第二版），中国人民大学出版社 2016 年版。

游汝杰：《汉语方言学教程》，上海教育出版社 2004 年版。

袁宾：《宋语言词典》，上海教育出版社 1997 年版。

袁家骅：《汉语方言概要》（第二版），语文出版社 2001 年版。

袁毓林：《汉语语法研究的认知视野》，商务印书馆 2004 年版。

张伯江、方梅：《汉语功能语法研究》，江西教育出版社 1996 年版。

张弓：《现代汉语修辞学》，天津人民出版社 1963 年版。

张辉：《熟语及其理解的认知语义学研究》，军事谊文出版社 2003 年版。

张金竹：《现代汉语反义复合词式的语义和认知研究》，世界图书出版公司 2015 年版。

张敏：《认知语言学与汉语名词短语》，中国社会科学出版社 1998 年版。

张万起：《世说新语词典》，商务印书馆 1993 年版。

张相：《诗词曲语辞汇释》，中华书局 1953 年版。

张亚军：《副词与限定描状功能》，安徽教育出版社 2002 年版。

张谊生：《现代汉语副词研究》，学林出版社 2000 年版。

张谊生：《现代汉语副词探索》，学林出版社 2004 年版。

赵艳芳：《认知语言学概论》，上海外语教育出版社 2001 年版。

中国社会科学院、澳大利亚人文科学院：《中国语言地图集》，朗文出版（远东）有限公司 1988 年版。

Dieter Stein and Susan Wright, 1995, *Subjectivity and Subjectivisation*: *linguistic perspectives*, Cambridge: Cambridge University Press.

Elizabeth Closs Traugott and Richard B. Dasher, 2002, *Regularity in Semantic Change*, Cambridge: Cambridge University Press.

Eve Sweetser, 1990, *From Etymology to Pragmatics*: *Metaphorical and Cultural Aspects of Semantic Structure*, Cambridge: Cambridge University Press.

George Lakoff and Mark Johnson, 1980, *Metaphors We Live By*, Chicago and London: the University of Chicago Press.

George Lakoff, 1987, *Women*, *Fire*, *and Dangerous Things*: *What Categories Reveal about the Mind*, Chicago and London: the University of Chicago Press.

Jackendoff, R. , 1972, *Semantic Interpretation in Generative Grammar*, Cambridge, MA: MIT Press.

Joan Bybee, Revere Perkins and William Pagliuca, 1994, *The Evolution of Grammar*, Chicago and London: the University of Chicago Press.

Laurel Brinton and Elizabeth Closs Traugott, 2005, *Lexicalization and Grammaticalization in Language Change*, Cambridge: Cambridge University Press.

Marina Rakova, 2003, *The Extent of the Literal: Metaphor, Polysemy and Theories of Concepts*, Houndmills: Palgrave Publishers Ltd.

Mark Johnson, 1987, *The Body in the Mind*, Chicago and London: the University of Chicago Press.

Ning Yu, 1998, *The Contemporary Theory of Metaphor: A Perspective from Chinese*, Amsterdam/Philadelphia: John Benjamins Publishing Company.

Paul J. Hopper and Elizabeth Closs Traugott, 2003, *Grammaticalization (Second Edition)*, Cambridge: Cambridge University Press.

Raymond W. Gibbs, Jr. and Gerard J. Steen, 1999, *Metaphor in Cognitive Linguistics: Selected Papers from the Fifth International Cognitive Linguistics Conference, Amsterdam, 1997*, Amsterdam/Philadelphia: John Benjamins Publishing Company.

René Dirven and Ralf Pörings, 2003, *Metaphor and Metonymy in Comparison and Contrast*, New York: Mouton de Gruyter.

Ronald W. Langacker, 1987, *Foundations of Cognitive Grammar Vol. Ⅰ: Theoretical Prerequisites*, Stanford, California: Stanford University Press.

Ronald W. Langacker, 1991, *Foundations of Cognitive Grammar Vol. Ⅱ: Descriptive Application*, Stanford, California: Stanford University Press.

论文

曹先擢:《并列式同素异序同义词》,《中国语文》1979 年第 6 期。

车淑娅:《〈韩非子〉同素异序双音词研究》,《语言研究》2005 年第 1 期。

陈爱文、于平:《并列式双音词的字序》,《中国语文》1979 年第 2 期。

陈昌来、占云芬:《"多少"的词汇化、虚化及其主观量》,《汉语学报》2009 年第 3 期。

陈伟武:《论先秦反义复合词的产生及其偏义现象》,《古汉语研究》

1989 年第 1 期。

陈晓燕：《现代汉语词汇中反义语素并行构词现象说略》，《盐城工学院学报》（社会科学版）2004 年第 1 期。

程湘清：《先秦双音词研究》，载程湘清主编《先秦汉语研究》，山东教育出版社 1992 年版。

戴浩一：《以认知为基础的汉语功能语法刍议》，叶蜚声译，《国外语言学》1990 年第 4 期。

戴惠本：《对立词的构成及其他》，《思维与智慧》1993 年第 1 期。

丁邦新：《国语中双音节并列语两成分间的声调关系》，《历史语言研究所集刊》1969 年 39 本下册。

丁邦新：《论〈孟子〉及〈诗经〉中并列成分之间的声调关系》，《历史语言研究所集刊》1975 年 47 本 1 分册。

丁烨：《汉语反义语素合成词的产生及其文化探析》，《现代语文》（语言研究版）2006 年第 7 期。

董正存：《情态副词"反正"的用法及相关问题研究》，《语文研究》2008 年第 2 期。

段业辉：《语气副词的分布及语用功能》，《汉语学习》1995 年第 4 期。

段益民：《略论单音反义形容词 A_1A_2 组结的语法性质和语义特征》，《汉语学习》1996 年第 1 期。

樊莹莹：《反义复词的词序研究》，《绵阳师范学院学报》2011 年第 7 期。

弗洛伊德：《原始词汇的对偶意义》，载弗洛伊德《论创造力与无意识》，孙恺祥译，中国展望出版社 1986 年版。

龚俊恒：《现代汉语反义对立式语气副词研究》，硕士学位论文，河南大学，2009 年。

顾琳：《汉韩反义合成词方位词比较研究——以语料库语料为对象》，硕士学位论文，南京师范大学，2012 年。

郭攀：《"时点性参照点+双向复合性方位词"的综合考察》，《汉语学习》2001 年第 5 期。

郭奕晶：《反义相成词探究》，硕士学位论文，山东师范大学，

2000 年。

黄溢芝：《反义对立式语气副词研究》，硕士学位论文，南京大学，2012 年。

黄月圆：《复合词研究》，《国外语言学》1995 年第 2 期。

江蓝生：《助词"似的"的语法意义及其来源》，《中国语文》1992 年第 6 期。

江蓝生：《语法化程度的语音表现》，载江蓝生《近代汉语探源》，商务印书馆 2001 年版。

江蓝生：《时间词"时"和"後"的语法化》，《中国语文》2002 年第 4 期。

江蓝生：《跨层非短语结构"的话"的词汇化》，《中国语文》2004 年第 5 期。

江蓝生：《"VP 的好"句式的两个来源——兼谈结构的语法化》，《中国语文》2005 年第 5 期。

姜艳红、王清：《汉俄语反义词构成的复合词和成语的语序对比》，《中国俄语教学》2014 年第 3 期。

蒋绍愚：《"给"字句、"教"字句表被动的来源——兼谈语法化、类推和功能扩展》，载吴福祥、洪波主编《语法化与语法研究（一）》，商务印书馆 2003 年版。

兰玉英：《反义连文词语研究》，《内江师专学报》1998 年第 3 期。

李宏：《副词"反正"的语义语用分析》，《语言教学与研究》1999 年第 4 期。

李明：《从言语到言语行为——试谈一类词义演变》，《中国语文》2004 年第 5 期。

李思纯：《说歹》，载李思纯《江村十论》，上海人民出版社 1957 年版。

李勇忠、方新柱：《理想化认知模型与转喻的语用功能》，《山东外语教学》2003 年第 3 期。

刘才秀：《浅谈汉语的反义复合词》，《广州师院学报》（社会科学版）1987 年第 2 期。

刘丹青：《语法化中的共性与个性，单向性与双向性——以北部吴语的同义多功能虚词"搭"和"帮"为例》，载吴福祥、洪波主编《语法化与语法研究（一）》，商务印书馆 2003 年版。

刘道锋：《古汉语好恶偏义复词的语义指向与语言拜物教》，《唐山师范学院学报》2005 年第 6 期。

刘坚、曹广顺、吴福祥：《论诱发汉语词汇语法化的若干因素》，《中国语文》1995 年第 3 期。

刘宁生：《汉语偏正结构的认知基础及其在语序类型学上的意义》，《中国语文》1995 年第 2 期。

刘善涛、李敏：《副词"反正"的产生和发展》，《汉字文化》2010 年第 2 期。

刘叔新：《论反义聚合的条件和范围》，载刘叔新《词汇研究》，外语教学与研究出版社 2006 年版。

刘艳芬：《越南语反义复合词特点探究（与汉语反义复合词比较）》，硕士学位论文，四川外国语大学，2018 年。

刘哲：《反义复合词"死活"的语法化》，《安康学院学报》2011 年第 2 期。

卢志宁：《近代汉语中的"早晚"与"多咱"》，硕士学位论文，河北师范大学，2003 年。

吕云生：《论汉语并列复合词形成的条件与原因》，《古汉语研究》1990 年第 4 期。

马清华：《词汇语法化的动因》，《汉语学习》2003 年第 2 期。

马叔俊：《谈"多少"》，《汉字文化》1999 年第 4 期。

马喆、邵敬敏：《论反义方位复合词的约量表达》，《学术研究》2009 年第 5 期。

牛顺心：《对举的方位复合词》，《郧阳师范高等专科学校学报》2004 年第 1 期。

齐沪扬：《语气副词的语用功能分析》，《语言教学与研究》2003 年第 1 期。

齐红飞：《现代汉语反义合成词研究》，硕士学位论文，河北师范大学，2004 年。

秦礼君：《论反义汉字构成的日语复合词》，《日语学习与研究》2000

年第 1 期。

沈家煊：《“语法化”研究综观》，《外语教学与研究》1994 年第 4 期。

沈家煊：《“有界”与“无界”》，《中国语文》1995 年第 5 期。

沈家煊：《实词虚化的机制——〈演化而来的语法〉评介》，《当代语言学》1998 年第 3 期。

沈家煊：《转指和转喻》，《当代语言学》1999 年第 1 期。

沈家煊：《语言的“主观性”和“主观化”》，《外语教学与研究》2001 年第 4 期。

沈家煊：《语用原则、语用推理和语义演变》，《外语教学与研究》2004 年第 4 期。

沈家煊：《“糅合”和“截搭”》，《世界汉语教学》2006 年第 4 期。

石毓智：《时间的一维性对介词衍生的影响》，《中国语文》1995 年第 1 期。

史金生：《语气副词的范围、类别和共现顺序》，《中国语文》2003 年第 1 期。

束定芳、黄洁：《汉语反义复合词构词理据和语义变化的认知分析》，《外语教学与研究》2008 年第 6 期。

谭达人：《略论反义相成词》，《语文研究》1989 年第 1 期。

谭耀炬：《“早晚”一词将来义探源》，《语文研究》2002 年第 2 期。

汪梅枝：《从〈论衡〉看“反义连文”》，《安阳师范学院学报》2005 年第 6 期。

王冠：　《反义语素合成词研究》，硕士学位论文，东北师范大学，2006 年。

王天佑：《“死活”考释》，《汉字文化》2010 年第 6 期。

王婉玉：《“死活+VP”格式考察——兼及反义语素合成副词的主观化问题》，《海外华文教育》2017 年第 5 期。

王晓辉：《反义复合词“彼此”的词汇化及其成因》，《宁波大学学报》（人文科学版）2016 年第 1 期。

王兴社：《汉语反义复合词的 MP 模型分析》，硕士学位论文，四川外国语大学，2014 年。

王寅：《语法化的特征、动因和机制——认识语言学视野中的语法化研究》，《解放军外国语学院学报》2005 年第 4 期。

魏达纯：《〈颜氏家训〉中反义语素并列双音词研究》，《东北师大学报》（哲学社会科学版）1998 年第 1 期。

闻石：《词的反义分化与反义复合》，《咸宁学院学报》1989 年第 1 期。

吴福祥：《汉语能性述补结构"V 得/不 C"的语法化》，《中国语文》2002 年第 1 期。

吴福祥：《汉语伴随介词语法化的类型学研究——兼论 SVO 型语言中伴随介词的两种演化模式》，《中国语文》2003 年第 1 期。

吴福祥：《汉语语法化研究的当前课题》，《语言科学》2005 年第 2 期。

吴福祥：《汉语语法化演变的几个类型学特征》，《中国语文》2005 年第 6 期。

吴建勇：《反义语素构词的结构和语义考察》，《现代语文》（语言研究版）2006 年第 5 期。

伍宗文：《先秦汉语中字序对换的双音词》，《汉语史研究集刊》（第 4 辑），巴蜀书社 2000 年版。

萧红：《汉语反义复合疑问词语的发展》，《长江学术》2012 年第 4 期。

谢信一：《汉语中的时间和意象》，《国外语言学》1991 年第 4 期。

邢福义：《说"兄弟"和"弟兄"》，《方言》1999 年第 4 期。

邢福义：《说"生、死"与"前"的组合》，《中国语文》2003 年第 3 期。

徐复岭：《副词"横竖"流变考略》，《汉字文化》2013 年第 4 期。

徐山：《〈潜夫论〉反义并列复词与〈汉语大词典〉编纂》，《保定师范专科学校学报》2006 年第 3 期。

徐盛桓：《疑问句的语用性嬗变》，《外语教学与研究》1998 年第 4 期。

徐时仪：《"歹"字演变探微》，《上海师范大学学报》1993 年第 4 期。

徐晓蕾：《副词"横竖"的词汇化历程及现状考察》，《常州工学院学报》（社科版）2012 年第 4 期。

徐朝华：《古代汉语中的偏义复词》，《天津师院学报》1982 年第 4 期。

杨伯峻：《反义复词作单词例证》，《语言研究》1984 年第 1 期。

杨吉春：《论汉语反义复词的外部结构》，《云南师范大学学报》（哲学社会科学版）2007 年第 5 期。

杨吉春：《反义复词内部结构分析与词汇教学》，《汉语学习》2008 年第 4 期。

杨荣祥：《〈世说新语〉中的反义词聚合及其历史演变》，《语言学论丛》（第 24 辑），商务印书馆 2001 年版。

杨润陆：《由比喻造词形成的语素义》，《中国语文》2004 年第 6 期。

于立昌：《"早晚"的词汇化与主观化》，《语言科学》2017 年第 4 期。

袁宾：《略论近代汉语偏义语词》，《教学与进修》（语言文学版）1984 年第 3 期。

袁嘉：《"早晚"的词汇化》，《西南民族大学学报》（人文社科版）2009 年第 9 期。

袁毓林：《句子的焦点结构及其对语义解释的影响》，《当代语言学》2003 年第 4 期。

袁毓林：《容器隐喻、套件隐喻及相关的语法现象——词语同现限制的认知解释和计算分析》，《中国语文》2004 年第 3 期。

张博：《先秦并列式连用的制约机制》，《语言研究》1996 年第 2 期。

张国宪：《并列式合成词的语义构词原则与中国传统文化》，《汉语学习》1992 年第 5 期。

张慧贞：《汉韩反义语素合成词对比分析》，《汉语学习》2010 年第 3 期。

张培成：《英语成对词与汉语联合式复合词比较》，《外语教学》2000 年第 1 期。

张敏：《从类型学和认知语法的角度看汉语重叠现象》，《国外语言学》1997 年第 2 期。

张谦：《现代汉语反义语素合成词研究》，硕士学位论文，河北大学，2006 年。

张薇：《现代汉语反义复合情态副词的语法化研究》，硕士学位论文，吉林大学，2013 年。

张延成：《也谈"多少"》，《汉字文化》2000 年第 2 期。

张延成：《"多少"是"多"还是"少"？——偏义复词"多少"小史》，《语文学刊》2000 年第 2 期。

张谊生：《副词的篇章连接功能》，《语言研究》1996 年第 1 期。

张谊生：《论与汉语副词相关的虚化机制——兼论现代汉语副词的性质、分类与范围》，《中国语文》2000 年第 1 期。

张永绵：《近代汉语中字序对换的双音词》，《中国语文》1980 年第 3 期。

张豫峰：《"X+前后/左右/上下"的分析》，《语言教学与研究》2004 年第 3 期。

张媛：《反义形容词共现构式的认知语法分析》，《外语学刊》2015 年第 1 期。

郑奠：《古汉语中字序对换的双音词》，《中国语文》1964 年第 6 期。

郑亚南：《英语成对反义词的运用》，《南京社会科学》2000 年第 10 期。

宗守云、高晓霞：《"反正"的语篇功能》，《张家口师专学报》1999 年第 1 期。

Clark, Herbert H. 1973. Space, time, semantics and the child, *in Cognitive Development and the Acquisition of Language*, edited by Timothy E. Moore. New York：Academic Press.

Tai, James H－Y（戴浩一）. 1985. Temporal Sequence and Chinese Word Order, *Iconicity in Syntax*, Amsterdam/Philadelphia：John Benjamins Publishing Company.